2025 최신개정판

LOGIN

TAT 2급
기출문제집

김영철 지음

도서출판
어울림
www.aubook.co.kr

머리말

회계는 기업의 언어입니다. 회계를 통해서 많은 이용자들이 정보를 제공받고 있습니다.
회계는 약속이며 그리고 매우 논리적인 학문입니다.

회계를 잘하시려면
왜(WHY) 저렇게 처리할까? 계속 의문을 가지세요!!!
  1. 이해하시려고 노력하세요.
     (처음 접한 회계와 세법의 용어는 매우 생소할 수 있습니다.
     생소한 단어에 대해서 네이버나 DAUM의 검색을 통해서 이해하셔야 합니다.)
  2. 그리고 계속 쓰세요.(특히 분개)
  3. 이해가 안되면 암기하십시오.

수험생 여러분!!

회계를 공부하시는 수험생들 중 대다수는 이론실력이 없는 상태에서 전산프로그램 입력연습에 많은 시간을 할애합니다. 그런 수험생들을 보면 너무 안쓰럽습니다. 회계이론의 기초가 바탕이 되지 않은 상태에서 입력에 치중해 시험을 대비한 수험생이라면 십중팔구 실패의 쓴 맛을 보게 될 것입니다.

TAT2급 기초이론과 실무능력을 먼저 공부하시고 최종적으로 본 교재에 있는 TAT2급 기출문제를 90분 안에 푸시는 연습을 계속하세요. 그래서 수험생 자신이 시간안분과 실력을 테스트하시고 부족한 부분은 보충하시기 바랍니다.

회계는 여러분 자신과의 싸움입니다. 자신을 이기십시오!!!

마지막으로 이 책 출간을 마무리해 주신 도서출판 어울림 임직원들에게 감사의 말을 드립니다.

2025년 2월
김 영 철

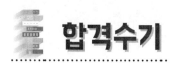

합격수기

> DAUM카페 "로그인과 함께하는 전산회계/전산세무"에 있는 수험생들의 공부방법과
> 좌절과 고통을 이겨내면서 합격하신 경험담을 같이 나누고자 합니다.

전교꼴찌 TAT2급 합격수기

형민킴

안녕하세요 전교꼴찌 김형민입니다. 2018년 10월에 취득한 TAT2급 합격수기를 이제서야 작성을 하네요. 저는 7월부터 공부를 시작해서 8월에 전산회계2급을 취득하고, 곧바로 다음 10월 시험에 전산회계1급, 세무2급, TAT2급을 취득하였습니다. 제 인생 처음으로 공부를 시작했는데 늦었다면 늦게 시작한 나이일 수 있지만 다행이 세개의 자격증을 모두 취득을 했네요 ㅎㅎ 사실 6주 동안 세가지 자격증을 준비하는게 무모하고 불가능한 도전이라고 생각했지만 다행이 좋은 결과가 나와서 스스로에게 대견한 마음도 있습니다. 저는 TAT2급을 고득점은 아니지만 79점으로 합격했습니다.

저는 일단 이전과 같이 이론위주로 공부를 하였습니다.

전산세무2급 시험을 보고 일주일 뒤에 TAT2급 시험이 있었는데 이론 내용이 거의 비슷해서 전산세무2급이 끝날 때까지 다른 공부를 하지 않았으며, 세무2급 시험이 끝난 후 Smart-A프로그램을 약 5일정도 연습을 하고 합격을 했습니다.

제가 전달 드리고 싶은 말은 전산세무2급을 어느 정도 공부를 하시면 TAT2급을 취득하기에 큰 어려움이 없을 것이라는걸 전해드리고 싶네요~

케이랩프로그램이 아닌 더존으로 시험을 보기 때문에 프로그램 사용법만 큰 틀에서 연습하시면 케이랩과 대동소이하기 때문에 어려움을 없을 것 같다는게 저의 생각입니다. 지금부터는 제가 자격증을 취득할 때 어떻게 시간을 분배해서 공부했는지 전해드리겠습니다!!

전산세무 2급 시험 후

1일차 : Smart-A의 기초정보관리, 일반전표입력, 매입매출전표입력, 결산에 대해서 한번 입력해보았습니다. 케이렙 입력방법이나 서식이 거의 똑같습니다. 그냥 케이렙이 화면만 바뀌었다고 생각하시면 됩니다.

2일차 : 부가가치세 부속서류와 소득세를 교재대로 입력해 보았습니다.

　　　　이 역시 거의 동일하여 별로 힘들지는 않았습니다.

3일~ 4일차 : 매일 하루에 3~4회의 기출문제를 풀어보았습니다.

　　　　　　처음에는 합격점수에 도달하지 않고 시간이 부족해서 90분만에 풀지

　　　　　　못했으나, 10회분이상 풀어보니 60분이면 풀 수 있다는 자신감을

　　　　　　갖게 되었습니다.

5일차 : 기출문제를 모두 풀어보니 자신감을 갖고 있었고, 시간도 남아서 이론공부로 마지

　　　　막을 정리하였습니다. 그리고 TAT2급에서는 연금소득이 객관식문제에 자주 출제가

　　　　되기 때문에 이 부분을 놓치면 2점은 날라 간다고 보시면 됩니다.

전산세무2급을 본 날은 매우 긴장을 했지만 가채점한 결과 80점될 것 같아,

TAT2급 시험에서의 마음 부담은 없었습니다. 어차피 최종목표는 전산세무1급이기 때문에 한번 보자는 마음이었습니다. 시험을 보고 난 후 가채점을 하지 않고 바로 전산세무 1급 공부를 했고, 5주만에 전산세무 1급 시험을 응시한 결과 64점으로 낙방하였습니다. 시간도 부족하고, 아직 이론에서 합격할 정도의 이론공부가 덜 되어 있다는 것을 알게 되었습니다. 2018년에는 전산세무1급과 TAT1급이 목표이기 때문에 반드시 합격할 것입니다.

그러기 위해서 이론에 더욱 더 투자할 생각입니다.

저 역시 국어실력이 별로여서 세법을 이해하는데 어려웠으나, 노력으로 안되는 것이 없다는 것을 깨달았습니다. 이러한 시험을 마무리하고 음악전공에서 회계나 세무전공으로 편입할 예정입니다.

그리고 여건이 되면 세무사에도 도전하고 싶고요….지금의 희망사항이지만…

전교꼴찌도 해본 저도 해냈으니 여러분도 할 수 있을 것입니다.

항상 응원하겠습니다 화이팅!!

TAT 2급도 합격했어요! ^^

송다솜

전산세무 2급에 이어서 TAT 2급도 합격하였습니다.

무리한 도전이었을 수 있습니다. 전산세무 2급의 경우 약 한 달간 공부하였지만, TAT2급의 경우에는 일주일 정도만 공부하고 시험을 보았기 때문입니다. 그래서 더 걱정이 많았는데, 오히려 전산세무 2급보다 더 높은 점수로 합격하여서 더 기쁜 것 같습니다.

회차	등급	구분	수험번호	고사장	응시여부	점수	합격
47회	TAT 2급	개인접수	●●●●●	삼일상업고등학교	응시	91	합격 (공인)

전산세무 2급과 TAT2급의 차이점으로는 **이론 부분은 원가회계가 나오냐 안 나오냐 정도의 차이점이 있고, 실기 부분에서는 사용하는 프로그램이 다르다는 점이 있습니다.**

TAT2급의 경우에는 전산세무 2급 시험 일주일 후에 시험이 치러지기 때문에 프로그램 사용법을 빠르게 익히는 것이 중요하다고 생각해서 그 부분을 중점에 두고 공부를 하였습니다.

5년 전 FAT2급에 합격한 이후 더존 프로그램을 사용해 본 적이 없었기에 완전 기초적인 프로그램 사용법부터 익혀야 했었습니다.

[공부 방법]

- 1일 : 로그인 유튜브 채널에 올라와 있는 FAT2급, FAT1급 클립 영상들을 보았습니다. 어음 등록 방법부터 기초적인 것들을 보았습니다.
- 2일 : 주말이었기에 정말 하루 종일 기출문제를 풀어 보았습니다. 이때도 큐알 코드를 통해 유튜브 영상들의 많은 도움을 받았습니다. 프로그램이 익숙하지 않아서 그런지 저는 전산세무 2급을 공부할 때 보다 더 어렵게 느껴졌었어요.
- 3일 ~ 5일 : 2일부터 5일차 까지는 정말 실기 문제만 풀어 보았습니다. 실기 문제들만 풀어 보면서 나름 작성법들을 연습장에 정리하였습니다. 그러면서 최대한 많은 문제들을 풀어 보려고 노력하였습니다.
- 6일 ~ 7일 : 이론 문제들을 풀어 보았습니다. 이때도 내용을 정리하면서 풀어 보았습니다. 전산세무 2급 이론과 차이점이라면 TAT2급 이론이 계산 문제가 더 많았다는 점이었습니다. 계산 문제들 경우 보면 규칙이 있었습니다. 그 규칙을 연습장에 정리하면서 풀면서 그 규칙을 외웠습니다.
- 8일 (시험 전날) : 이론, 실기를 공부하면서 정리하였던 내용과 책 앞부분에 정리되어있는 핵심요약 부분을 최대한 많이 보고 가기 위해 노력하였습니다.

[시험 당일]

전산세무 2급 시험일 때는 1시간 전부터 입실이 가능했던 반면, TAT2급 시험의 경우 30분 전부터 입실이 가능하였습니다. 시험 보러 가실 때 참고하세요

시험을 보고 나서 느낀 점은 기출 이론 부분도 소홀히 공부하여서는 안 되겠다는 생각이었습니다. 예전에 이론 문제로 나왔던 내용이 제가 본시험에서 실기 문제 내용으로 변형돼서 나왔더라고요.

제가 그 부분을 한번 보고 가지 않았다면 저는 그 부분을 틀렸을 거라는 생각이 많이 들었습니다.

[이외]

- 저 같은 경우는 기본서를 구입한 것이 아니라 「로그인 TAT 2급 핵심요약 및 기출문제집」을 구입하여 공부하였습니다.
- 전산세무 2급과 비슷한 것이 많은 시험이므로 저처럼 기출문제집을 구입하여 공부하신 후에 시험을 보셔도 될 거 같아요. 전산세무 2급을 취득하셨다면 TAT2급은 프로그램 사용법만 익히시면 취득하실 수 있을 거 같습니다.
- 앞에 핵심요약 부분 의 경우는 전산세무 2급 시험을 공부할 때도 많은 도움이 되었습니다.
- **TAT2급을 공부하면서 유튜브 강의가 정말 정말 많은 도움이 되었어요!!!!** 없었으면 저 떨어졌을 거 같아요 ㅠㅠ
- 앞으로 전산세무 1급과 TAT1급 취득에 도전을 해 보려고 합니다. 이 자격증들도 로그인 책들과 함께 할 생각이고요. 꼭 합격해서 또 합격 수기 작성하러 오고 싶습니다! ^^

다음(Daum)카페 **"로그인과 함께하는 전산회계/전산세무"**

1. 실습 데이터(도서출판 어울림에서도 다운로드가 가능합니다.)
2. 오류수정표 및 추가 반영사항
3. Q/A게시판

로그인카페

NAVER 블로그 **"로그인 전산회계/전산세무/AT"**

1. 핵심요약(순차적으로 올릴 예정입니다.)
2. 오류수정표 및 추가반영사항
3. 개정세법 외

2025년 AT 자격시험 일정

1. 시험일자

회차	종목 및 등급	원서접수	시험일자	합격자발표
79회		02.06~02.12	02.22(토)	02.28(금)
80회		03.06~03.12	03.22(토)	03.28(금)
81회		04.03~04.09	04.19(토)	04.25(금)
82회		06.05~06.11	06.21(토)	06.27(금)
83회	FAT1,2급 TAT1,2급	07.03~07.09	07.19(토)	07.25(금)
84회		08.07~08.13	08.23(토)	08.29(금)
85회		10.10~10.16	10.25(토)	10.31(금)
86회		11.06~11.12	11.22(토)	11.28(금)
87회		12.04~12.10	12.20(토)	12.27(토)

2. 시험종목 및 평가범위

등급			평가범위
TAT 2급 (90분)	이론 (30)	재무회계	
		세무회계	부가가치세, 소득세(근로소득원천징수)
	실무 (70)	거래자료 입력	적격증빙관리 및 어음관리 외
		부가가치세 관리	(수정)전자세금계산서 발급 및 부가가치세 부속서류 작성
		결산	
		원천징수	근로소득의 원천징수

3. 시험방법 및 합격자 결정기준

1) 시험방법 : 실무이론(30%)은 객관식 4지 선다형 필기시험으로, 실무수행(70%)은
교육용 더존 Smart A 실무프로그램으로 함.
2) 합격자 결정기준 : 100점 만점에 70점 이상

4. 원서접수 및 합격자 발표

1) 접수기간 : 각 회별 원서접수기간내 접수
2) 접수 및 합격자 발표 : 자격시험 홈페이지(http://at.kicpa.or.kr)

차 례

머리말 ·· 3

2025년 AT 자격시험 일정 ·· 8

기출문제

2024년~2023년 시행된 기출문제 중 합격률이 낮은 11회분 수록

2025년 주요 개정세법(TAT2급 관련) ·· 20

1. 77회 (합격율 : 49%, 2024.11) ··· 22
2. 74회 (합격율 : 42%, 2024.07) ··· 57
3. 73회 (합격율 : 44%, 2024.06) ··· 87
4. 72회 (합격율 : 35%, 2024.05) ·· 118
5. 70회 (합격율 : 46%, 2024.03) ·· 151
6. 65회 (합격율 : 48%, 2023.08) ·· 182
7. 64회 (합격율 : 22%, 2023.07) ·· 211
8. 63회 (합격율 : 22%, 2023.06) ·· 242
9. 62회 (합격율 : 21%, 2023.05) ·· 274
10. 61회 (합격율 : 39%, 2023.04) ··· 305
11. 59회 (합격율 : 46%, 2023.02) ··· 336

[로그인 시리즈]

전기	당기	차기	차차기
20x0	**20x1**	20x2	20x3
2024	**2025**	2026	2027

백데이터 다운로드 및 설치

1 도서출판 어울림 홈페이지(www.aubook.co.kr)에 접속한다.

2 홈페이지에 상단에 자료실 – 백데이타 자료실을 클릭한다.

3 자료실 – 백데이터 자료실 – LOGIN FAT1급 기출문제 백데이터를 선택하여 다운로드한다.

4 **압축이 풀린 데이타는 "내컴퓨터\C드라이브\duzonbizon\백업 데이타 복구\login" 폴더 안에 풀리도록 되어 있습니다**

5 백업 데이타 복구
   ㉠ [데이타관리]→[백업데이타 복구]를 클릭한다.
   ㉡ 데이터 경로 "내컴퓨터\C드라이브\duzonbizon\백업 데이타 복구\login"으로 지정하고
      회사를 선택한다.

데이터 복구 설정			
데 이 터 경 로	C:₩DuzonBizon₩백업 데이타 복구₩login		선택
파 일 이 름	3320_#_(주)글로벌시계-로그인_#_회계_#_8_2019.공인회계사		
3310	(주)데미걸즈-로그인	회계	3310
3320	(주)글로벌시계-로그인	회계	3320

   ㉢ 복구하기를 실행하면 다음화면에서 데이터 복구를 할 수 있다. 새롭게 회사코드를 설정도 가능하고
      기존 회사코드로도 복구할 수 있다.

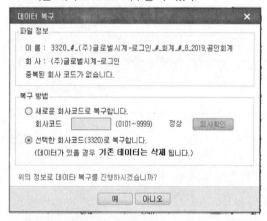

   ㉣ 복구를 실행하면 작업결과에 성공이라는 메시지가 뜨면 정상적으로 복구가 된 것이다.

**이해가 안되시면 도서출판 어울림 홈페이지에 공지사항(82번)
"더존 스마트에이 데이터 백업 및 복구 동영상"을 참고해주십시오**

1분강의
QR코드 활용방법

본서 안에 있는 QR코드를 통해 연결되는 유튜브 동영상이 수험생 여러분들의 학습에 도움이 되기를 바랍니다.

방법 1

❶ 스마트폰에서 다음(Daum)을 실행한 후 검색창의 오른쪽 아이콘 터치

❷ '코드검색'을 터치하면 카메라 앱이 실행됨

❸ 도서의 QR코드를 촬영하면 유튜브의 해당 동영상으로 자동 연결

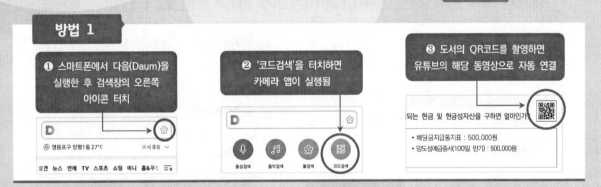

방법 2

카메라 앱을 실행하고, QR코드를 촬영하면 해당 유튜브 영상으로 이동할 수 있습니다.

개정세법 반영

유튜브 상단 댓글에 고정시켰으니, 참고하시기 바랍니다.

댓글 1개   정렬 기준

LOGIN   댓글 추가...

LOGIN   @loginat1 1년 전
<개정세법 2023> 2023년 0.8억 원 2024.7.1~2025.06.30
👍 👎 ♡   답글

✔ 과도한 데이터 사용량이 발생할 수 있으므로, Wi-Fi가 있는 곳에서 실행하시기 바랍니다.

실무수행평가

1. 장부조회

전표입력→부가가치세→결산 입력 후 장부 및 재무제표 조회를 통하여 실무수행평가(재무회계)를 작성하여야 한다. 따라서 장부 및 재무제표 조회가 아주 중요한 부분이 되었다.

〈주요 장부조회 항목〉

조회문제는 하나의 장부에 답이 있는게 아니라, 여러 가지 장부를 조회하여 해답을 찾을 수 있습니다.

1. 현금거래액 또는 대체거래액	월계표/일계표
2. 채권/채무거래중 **거래처별** 잔액비교	거래처원장
3. 일정시점을 주고 계정과목별금액 (B/S계정 : 누계, I/S계정 : 1월~해당월) 비교	합계잔액시산표
4. 현금의 입출금내역	현금출납장
5. 계정과목별 **전기와 비교시**	재무상태표/손익계산서/잉여금처분계산서
6. 제조원가관련(제품제조원가)	제조원가명세서
7. 어음현황	받을어음/지급어음현황
8. 기타	영수증수취명세서, 경비등 송금명세서 등

실무수행평가(재무회계)

㈜대동(2004)의 회계정보를 조회하여 다음의 답을 구하시오.

→ <u>**1.거래자료입력 → 2.부가가치세 → 3.결산이 입력된 후의 계정과목 변동금액을 물어보는 문제임.**</u>

번호	평가문제
1	1월에 발생한 복리후생비(제조) 총액은 얼마인가?
2	경비등송금명세서에 반영되는 거래 총액은 얼마인가?
3	영수증수취명세서에 반영되는 명세서제출 대상 금액은 얼마인가?
4	2월 중 약속어음을 배서양도한 금액은 얼마인가?
5	1/4사분기(1월~3월)에 발생한 보통예금(국민은행)의 입금액과 출금액은 각각 얼마인가? ① 보통예금(국민은행) 입금액: ② 보통예금(국민은행) 출금액:
6	당사가 1/4분기(1월~3월)에 상환예정인 지급어음 총액은 얼마인가?
7	6월 30일 현재 매도가능증권평가익과 매도가능증권평가손의 잔액은 각각 얼마인가? ① 매도가능증권평가익: ② 매도가능증권평가손:
8	12월 31일 현재 선급비용 및 미지급비용 잔액은 얼마인가? ① 선급비용: ② 미지급비용:
9	당기에 발생한 영업외비용 및 영업외수익 총액은 얼마인가? ① 영업외비용: ② 영업외수익:
10	12월 31일 현재 국민은행의 외화장기차입금 잔액은 얼마인가?
11	결산작업 후 확인되는 당기완성품제조원가와 제품매출원가의 금액은 각각 얼마인가? ① 당기완성품제조원가: ② 제품매출원가:
12	12월 31일 현재 미처분이익잉여금(이월이익잉여금) 잔액은 얼마인가?

해답

1	〈제조원가명세서〉→〈과목별〉→〈01월〉 [500,000원]/합계잔액시산표

	차변		대변	
Ⅲ. 경 비	4,300,000			120,575,988
복 리 후 생 비	500,000		11,168,410	
여 비 교 통 비	300,000		0	

2	〈경비등의 송금명세서〉 [600,000원]

번호	⑥거래일자	⑦법인명(상호)	⑧성명	⑨사업자(주민)등록번호	⑩거래내역	⑪거래금액	⑫송금일자	CD	⑬은행명	⑭계좌번호	계정코드
1	20×1-01-02	(주)극동사무	홍길동	224-81-21411	소모품대	600,000	20×1-01-02	003	기업은행	123-456-789	

3	〈영수증수취명세서〉→〈영수증수취명세서(1)〉→〈명세서(2)불러오기 F4〉 [100,000원]

1. 세금계산서, 계산서, 신용카드 등 미사용내역

		3만원 초과 거래분		
9. 구분		10. 총계	11. 명세서제출 제외대상	12. 명세서제출 대상(10-11)
13. 건수		2	1	1
14. 금액		150,000	50,000	100,000

4	〈받을어음현황〉→〈만기일별〉→〈거래일〉(2월 1일~2월 말일) [500,000원]

만기일(월)별	거래처별	어음조회	부분할인/분할배서조회

조회구분 1.일별 ▼ 2.거래일 ▼ 20×1 년 02 월 01 일 ~ 20×1 년 02 월 28 일 ? 거래처 처음 ? ~ 끝 ?

만기일	어음번호	코드	거래처	원금	보유금액(분할배서후금액)	미보유금액(분할배서금액)	거래일	구분	코드	금융기관	지점
20×1-08-15	00420150215123456781	02000	(주)전자월드	12,000,000	11,500,000	500,000	20×1-02-20	배서양도	300	우리은행	구로

5	〈거래처원장〉→〈잔액〉→〈1월1일~3월31일〉→〈보통예금〉→〈국민은행〉 ① 입금액 17,958,061원 ② 출금액 5,000,000원

잔액	내용	총괄잔액	총괄내용

기 간 20×1 년 01 월 01 일 ~ 20×1 년 03 월 31 일 ? 계정과목 103 ? 보통예금 거래처분류 ? ~ ?
거래처 98001 ? 국민은행 ~ 99608 ? 삼성카드 부서/사원 ?
금 액 0.전체 ▼ ~

	코드	거래처	전기(월)이월	차변	대변	잔액	사업자번호	코드	거래처분류명	은행명	계좌번
	98001	국민은행	67,330,000	17,958,061	5,000,000	80,288,061					234-2323-1

6	〈지급어음현황〉→〈만기일별〉→〈거래일〉(1월 1일~3월 31일) [25,000,000원]

만기일(월)별	지급은행별	거래처별

조회구분 1.일별 ▼ 만 기 일 20×1 년 01 월 01 일 ~ 20×1 년 03 월 31 일 ?
어음구분 1.전체 ▼ 거 래 처 처음 ? ~ 끝 ? 만기일〉거래처코드〉발행일〉어음

만기일	코드	거래처	어음번호	금액	발행일	구분	코드	지급은행
20×1-03-30	00106	대일건기(주)	00420140531223456781	25,000,000	2022-01-30	발행	98005	

7	〈합계잔액시산표〉→〈6월 30일〉/재무상태표 ① 매도가능증권평가익 300,000원 ② 매도가능증권평가손 0원

	차 변		계 정 과 목	대 변	
잔 액	합 계			합 계	잔 액
			◀기타포괄손익누계액▶	300,000	300,000
			매도가능증권평가익	300,000	300,000

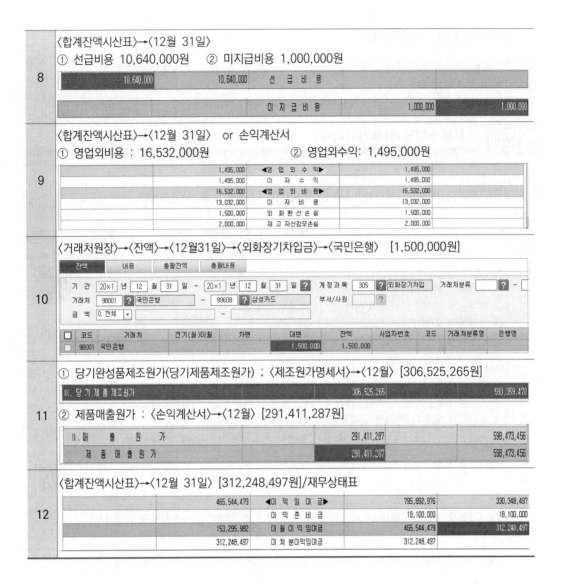

8	〈합계잔액시산표〉→〈12월 31일〉 ① 선급비용 10,640,000원 ② 미지급비용 1,000,000원

8	10,640,000	10,640,000	선 급 비 용		
			미 지 급 비 용	1,000,000	1,000,000

9

〈합계잔액시산표〉→〈12월 31일〉 or 손익계산서
① 영업외비용 : 16,532,000원   ② 영업외수익: 1,495,000원

	1,495,000	◀영 업 외 수 익▶	1,495,000	
	1,495,000	이 자 수 익	1,495,000	
	16,532,000	◀영 업 외 비 용▶	16,532,000	
	13,032,000	이 자 비 용	13,032,000	
	1,500,000	외 화 환 산 손 실	1,500,000	
	2,000,000	재 고 자산감모손실	2,000,000	

10

〈거래처원장〉→〈잔액〉→〈12월31일〉→〈외화장기차입금〉→〈국민은행〉 [1,500,000원]

잔액	내용	총괄잔액	총괄내용

기 간 20×1 년 12 월 31 일 ~ 20×1 년 12 월 31 일 [?] 계 정 과 목 305 [?] 외화장기차입 거래처분류 [ ] [?] ~
거래처 98001 [?] 국민은행 ~ 99608 [?] 삼성카드 부서/사원 [ ] [?]
금 액 0. 전체 [▼] ~

[ ] 코드	거래처	전기(월)이월	차변	대변	잔액	사업자번호	코드	거래처분류명	은행명
[ ] 98001	국민은행			1,500,000	1,500,000				

11

① 당기완성품제조원가(당기제품제조원가) ; 〈제조원가명세서〉→〈12월〉[306,525,265원]

IX. 당 기 제 품 제 조 원 가		306,525,265	593,359,478

② 제품매출원가 : 〈손익계산서〉→〈12월〉[291,411,287원]

II. 매 출 원 가		291,411,287	598,473,456
제 품 매 출 원 가		291,411,287	598,473,456

12

〈합계잔액시산표〉→〈12월 31일〉[312,248,497원]/재무상태표

	465,544,479	◀미 익 잉 여 금▶	795,892,976	330,348,497
		미 익 준 비 금	18,100,000	18,100,000
	153,295,982	미 월 미 익 잉여금	465,544,479	312,248,497
	312,248,497	미 처 분미익잉여금	312,248,497	

2. 실무수행평가(부가가치세)

매입매출전표 중 (수정)전자세금계산서 발급 및 전송과 각종 부가가치세 부속서류를 작성 후 그에 관계되는 조회문제가 나온다.

 실무수행평가(부가가치세)

㈜대동(2004)의 부가가치세 관련 정보를 조회하여 다음의 답을 구하시오.

번호	평가문제
1	㈜대동의 회사등록 정보이다. 다음 중 올바르지 않은 것은? ① ㈜대동은 내국법인이며, 사업장 종류별 구분은 "중소기업"에 해당한다. ② ㈜대동의 국세환급사유 발생시 국민은행으로 입금된다. ③ ㈜대동의 지방세납부 법정동은 "서초구청"이다. ④ 전자세금계산서 관리를 위한 담당자 E-mail은 kyc0102271@naver.com 이다.
2	㈜대동의 환경설정 정보이다. 다음 중 올바르지 않은 것은? ① 계정과목코드체계는 세목미사용(3자리) 이다. ② 소수점관리는 수량 1.버림, 단가 1.버림, 금액 3.반올림 으로 설정되어있다. ③ 일반전표 입력시 엔터키 입력으로 거래처코드가 자동으로 복사된다. ④ 거래유형이 카드거래의 매입매출 전표 입력시 카드거래처는 자동으로 복사되지 않는다.
3	8월 03일자 전자세금계산서 승인번호를 입력하시오.
4	5월 03일자 수정후 재발행된 세금계산서의 승인번호를 입력하고 수정사유를 선택하시오. ① 승인번호: ② 수정사유:
5	제1기 예정신고기간의 건물등감가상각취득명세서에서 조회되는 감가상각자산별 공급가액은 얼마인가? ① 건물·구축물: ② 기계장치: ③ 차량운반구: ④ 기타감가상각자산:
6	제1기 예정 신고기간의 부가가치세 신고시에 작성되는 부가가치세 첨부서류에 해당하지 않는 것은? ① 세금계산서합계표 ② 신용카드매출전표등 수령금액합계표(갑) ③ 수출실적명세서 ④ 건물등 감가상각자산 취득명세서
7	제1기 예정 신고기간의 부가가치세신고서에 반영되는 부가율은 얼마인가? (단, 국세청 부가율적용은 "여"를 선택한다.)
8	제1기 예정신고기간의 부가가치세신고서의 과세_세금계산서발급분(1란) 금액은 얼마인가?
9	제1기 예정신고기간의 고정자산매입액은 얼마인가?

번호	평가문제
10	제1기 확정신고기간의 공통매입세액 정산내역에 반영되는 면세비율은 몇 %인가? (저장된 데이터를 불러오세요)
11	제1기 확정신고기간 부가가치세신고서에 반영되는 수입금액제외 총액은 얼마인가?
12	제1기 확정신고기간 부가가치세 납부세액은 얼마인가?

[해답]

번호	조 회
1	〈회사등록〉→〈추가사항〉 [❹] 7. 담당자 E-Mail kyc0102271@nate.com
2	〈환경설정〉→〈내컴퓨터〉 [❸] 3.일반전표 엔터키 자동복사 기능 일반전표입력에서 엔터키 입력 시 대차구분, 계정과목코드, 거래처명, 적요명을 복사하는 기능외 추가 복사 기능을 선택 1.거래처코드 복사　　　　　　　　사용안함
3	〈전자세금계산서 발행〉→〈ACADEMY 전자세금계산서〉→〈매출조회〉 [2025010300]
4	① 2025010311 〈전자세금계산서 발행〉→〈ACADEMY 전자세금계산서〉→〈매출조회〉 영세율세금계산서 ② 〈매입매출전표〉→〈수정세금계산서〉 수정입력사유　5　내국신용장 사후 개설
5	<table><tr><th colspan="2">감가상각자산 종류</th><th>건 수</th><th>공 급 가 액</th><th>세 액</th><th>비 고</th></tr><tr><td rowspan="5">취득내역</td><td>합 계</td><td>3</td><td>163,000,000</td><td>16,300,000</td><td></td></tr><tr><td>(1) 건 물·구 축 물</td><td>1</td><td>160,000,000</td><td>16,000,000</td><td></td></tr><tr><td>(2) 기 계 장 치</td><td>1</td><td>1,000,000</td><td>100,000</td><td></td></tr><tr><td>(3) 차 량 운 반 구</td><td>1</td><td>2,000,000</td><td>200,000</td><td></td></tr><tr><td>(4) 기타감가상각자산</td><td></td><td></td><td></td><td></td></tr></table>
6	〈부가가치세신고서〉→〈1월1일~3월31일〉→〈첨부서식〉 [❸ 수출실적명세서] 역추적　　첨부서식 첨부서류　※ 작성서식명에서 더블클릭시 해당 메뉴로 이동합니다.　　인쇄 □　　작성서식명 ■　신용카드매출전표등 수령금액합계표(갑) □　매출처별 세금계산서합계표(갑,을) □　매입처별 세금계산서합계표(갑,을) □　건물등감가상각자산취득명세서 ☞ 세금계산서 합계표는 조회되지 않는다고 하더라도 부가세 신고시 필수적 첨부서류가 된다.

번호	조 회

7 〈부가가치세신고서〉→〈1월1일~3월31일〉 [63.31%]

부가율	63.31

8 〈부가가치세신고서〉→〈1월1일~3월31일〉 [246,861,160원]

구 분			금액	세율	세액
과세	세금계산서발급분	1	246,861,160	10/100	24,686,116
	매입자발행세금계산서	2		10/100	

9 〈부가가치세신고서〉→〈1월1일~3월31일〉 [164,600,000원]

1. 세금계산서 수취분

세금계산 수취부분	수출기업수입분납부유예	10-1		
	고정자산매입	11	163,000,000	16,300,000

2.신용카드수취분

구분		금액	세율	세액
신용매출전표수취/일반	41			
신용매출전표수취/고정	42	1,600,000		160,000

10 〈매입세액 불공제내역〉→〈4월~6월〉→〈공통매입세액의 정산내역〉 [70%]

	계산식	구분	(15)총공통매입세액	(16)면세사업 확정비율(%) 면세공급가액(면세사용면적)	총공급가액(총사용면적)	면세비율(%)	(17)불공제매입세액 총액((15)×(16))	(18)기 불공제 매입세액	(19)가산또는공제되는 매입세액((17)-(18))
1	1.면세공급가액기준		1,000,000	70,000,000	100,000,000	70.000000	700,000	200,000	500,000

11 〈부가가치세신고서〉→〈4월1일~6월30일〉→〈과표〉 [5,000,000원]

구 분			금액	세율	세액
과세	세금계산서발급분	1	246,861,160	10/100	24,686,116
	매입자발행세금계산서	2		10/100	

12 〈부가가치세신고서〉→〈4월1일~6월30일〉 [2,578,946원]

가산세액계	26	㉮	
차가감납부할세액(환급받을세액) (⑭-⑮-⑯-⑰-⑱-⑲-⑳-㉑+㉮)	27		2,578,946

Login Tax Accounting Technician 2

기출문제

〈TAT 2급 시험〉

			문항수	방법	배점
이론	재무회계	재무회계의 기초	5	객관식 4지선다형	30
	세무회계	부가가치세	2		
		소득세 원천징수	3		
실무 수행 과제	회계정보관리	1. 거래자료입력	3	실무수행과제 입력 후 수행평가 답안 작성	–
	부가가치세관리	2. 세금계산서	2		
		3. 부가가치세	2		
	회계정보관리	4. 결산	2		
	근로소득관리	5. 원천징수	2		
		6. 연말정산	1		
수행 평가	부가가치세 관리	1. 부가가치세 조회	10		22
	회계정보관리	2. 회계정보 조회	15		23
	근로소득관리	3. 근로소득정보 조회	15		25
계					100

2025년 주요 개정세법(TAT2급 관련)

I. 부가가치세법

1. 경조사 등과 관련된 재화(다음 구분별로 각각 사용인 1명당 연간 10만원이하는 공급의제 제외)

   현행
   ① 경조사
   ② 설날 · 추석 · 창립기념일 · 생일

   개정
   ① 경조사
   ② 설날 · 추석
   ③ **창립기념일 · 생일**

2. 질병 치료 목적의 **동물혈액 부가가치세 면제**

3. 명의 위장 사업자 가산세 강화

   현행 일반과세자 1%, 간이과세자 0.5%

   개정 일반과세자 2%, 간이과세자 1%

II. 소득세법

1. 임직원 할인금액에 대한 과세 합리화(사업수입금액 및 필요경비)

   신설
   – 사업자의 임직원에 대한 재화 등 할인금액은 사업수입금액
   – 사업자의 임직원에 대한 재화 등 할인금액은 필요경비

2. 종업원할인 금액에 대한 근로소득 규정과 비과세 기준

   신설
   – 자사 및 계열사의 종업원으로 일반소비자의 시가보다 할인하여 공급받는 경우 근로소득으로 규정
   – (대상금액) 재화 등을 시가보다 할인하여 공급받은 경우 할인받은 금액
   – (비과세 금액) MAX(시가의 20%, 연 240만원)

3. 기업의 출산지원금 비과세

   신설
   – 전액 비과세(한도 없음)
   – 근로자 본인 또는 배우자의 출산과 관련하여 출생일 이후 2년 이내에, 공통지급규정에 따라 사용자로부터 지급(2회 이내)받는 급여

4. 총급여액 7천만원 이하자의 추가 소득공제(조특법)

   신설 수영장 · 체력단련장 시설 이용료(2025.7.1. 이후 지출분)

5. 결혼세액공제(조특법)

   신설 (적용대상) 혼인신고를 한 거주자   (적용연도) 혼인 신고를 한해(생애 1회)
   (공제금액) 50만원

6. 자녀세액공제 확대

   현행 (1인) 15만원, (2인) 35만원, (2인 초과) 30만원/인

   개정 **(1인) 25만원, (2인) 55만원, (2인 초과) 40만원/인**

회계가 바로 서야 경제가 바로 섭니다.

제○○회 AT(Accounting Technician)자격시험

TAT 2급

Tax Accounting Technician

■ **시험시간** : 90분

■ **이론배점** : 문항당 3점

■ **실무배점** : 문항별 배점 참조

※ 실무는 실무수행을 입력 후 실무수행평가를 수행하셔야 합니다.

일부 항목은 프로그램이 자동계산되어지므로 시점(세법개정, 프로그램 업데이트)마다 달라질 수가 있습니다.

- 세법·회계처리기준 등을 적용하여 정답을 구하여야 하는 문제는 **시험시행 공고일 현재(20∗∗.∗.∗∗.) 시행 중인 법률·기준 등을 적용**하여 그 정답을 구하여야 합니다.

- 이번 시험에서는 타계정 대체와 관련된 적요만 채점하며 그 외의 적요는 채점에 반영되지 않습니다.

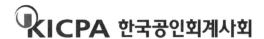

KICPA 한국공인회계사회

합격율	시험년월
49%	2024.11

실무이론평가

> 아래 문제에서 특별한 언급이 없으면 기업의 보고기간(회계기간)은 매년 1월 1일부터 12월 31일 까지입니다. 또한 기업은 일반기업회계기준 및 관련 세법을 계속적으로 적용하고 있다고 가정하고 물음에 가장 합당한 답을 고르시기 바랍니다.

[1] 다음과 관련이 있는 재무제표의 기본가정은 무엇인가?

> • 지배 · 종속관계에 있는 회사들의 경우 지배회사와 종속회사는 단일의 법적 실체가 아니지만 단 일의 경제적 실체를 형성하여 하나의 회계단위로서 연결재무제표의 작성대상이 된다.

① 계속기업의 가정   ② 기간별보고의 가정
③ 기업실체의 가정   ④ 발생주의 회계

[2] 회계부서 두 직원간의 다음 대화 중 빈칸에 들어갈 내용으로 옳은 것은?

> • 과장님, 지난 연말 거래처 직원 결혼 축의금 100,000원을 신입직원이 기부금으로 입력한 오 류가 결산과정에서 발견되었습니다.
> • 그래? 그렇다면 수정 전 결산서 상에는 [   ]되었겠군. 수정하도록 하세요.

※ 1차 저작권자의 저작권 침해 소지가 있어 삽화 삽입은 어려우니 양해바랍니다.

① 영업이익 100,000원 과소계상
② 당기순이익 100,000원 과대계상
③ 영업이익 100,000원 과대계상
④ 당기순이익 100,000원 과소계상

[3] 다음은 (주)한공이 정부보조금을 수령하여 취득한 기계장치 관련 자료이다. 20x1년 손익계산서에 계상될 감가상각비는 얼마인가?

- 20x1. 1. 1. 기계장치 취득
- 취득원가 3,000,000원, 정부보조금 500,000원
- 내용연수 5년, 잔존가치 없음, 정액법 상각

① 450,000원   ② 500,000원
③ 540,000원   ④ 600,000원

[4] (주)한공의 경영진은 자재관리 담당자가 재고자산을 횡령하였다고 확신하고 있다. 다음 자료를 토대로 자재관리 담당자의 횡령에 의한 재고자산 손실 금액을 계산하면 얼마인가? 단, 횡령 외의 원인에 의한 재고자산 손실은 없다고 가정한다.

• 기초재고액	60,000원	• 당기매출액	400,000원
• 실사에 의한 기말재고액	100,000원	• 매출총이익률	20%
• 당기매입액	450,000원		

① 30,000원   ② 50,000원
③ 80,000원   ④ 90,000원

[5] 다음 자료를 토대로 퇴직급여충당부채 기말잔액을 계산하면 얼마인가?

퇴직급여충당부채					
4/5	보통예금	2,000,000	1/1	전기이월	5,000,000

〈결산정리사항〉
12월 31일 (차) 퇴직급여 6,000,000원   (대) 퇴직급여충당부채 6,000,000원

① 1,000,000원   ② 4,000,000원
③ 7,000,000원   ④ 9,000,000원

[6] 장부마감 전 발견된 다음 오류 사항 중 당기순이익에 영향을 미치지 <u>않는</u> 것은?

① 대손상각비 미계상

② 감가상각비 미계상

③ 재고자산에 대한 평가손실 미계상

④ 유형자산처분손실을 판매비와관리비로 계상

[7] 다음 중 부가가치세 과세거래에 대한 설명으로 옳은 것은?

① 광업권의 양도는 재화의 공급에 해당하지 않는다.

② 화재로 인하여 재화가 멸실된 경우에는 재화의 공급에 해당한다.

③ 지체상금의 수령은 과세거래에 해당하지 않는다.

④ 현물출자에 의하여 재화를 인도하는 것은 과세거래에 해당하지 않는다.

[8] 다음은 (주)한공의 20x1년 제2기 예정 신고기간(20x1.7.1. ~ 20x1.9.30.)의 매입세액이다. 부가가치세법 상 매출세액에서 공제할 수 없는 매입세액은 얼마인가? 단, 세금계산서는 모두 적법하게 수취하였다.

가. 과세사업에 사용하는 건물에 대한 자본적 지출 관련 매입세액	10,000,000원
나. 거래처에 증정한 선물 관련 매입세액	3,000,000원
다. 직장체육대회에 사용할 물품 관련 매입세액	5,000,000원
라. 공장건설용 토지조성 관련 매입세액	20,000,000원

① 13,000,000원

② 20,000,000원

③ 23,000,000원

④ 25,000,000원

[9] 다음 중 신용카드 등 사용금액에 대한 소득공제에 대한 설명으로 옳지 <u>않은</u> 것은?

① 고등학생의 교복을 신용카드로 구입한 경우 신용카드 등 사용금액에 대한 소득공제는 교육비세액공제와 중복적용이 가능하다.

② 소득세법에 따라 세액공제를 적용받는 월세액은 신용카드 등 사용금액에 포함한다.

③ 해외에서 사용한 금액은 신용카드 등 사용금액에 포함하지 아니한다.

④ 신용카드로 지급한 의료비에 대하여 의료비세액공제를 받은 경우 신용카드 등 사용금액에 대한 소득공제를 받을 수 있다.

[10] 다음 자료를 토대로 제조업을 영위하는 개인사업자 김한공 씨의 20x1년 사업소득금액을 계산하면?

가. 손익계산서상 당기순이익	100,000,000원
나. 손익계산서에 포함된 수익 항목	
• 예금 이자수입	2,000,000원
• 거래상대방으로부터 받은 장려금	3,000,000원
다. 손익계산서에 포함된 비용 항목	
• 소득세 비용	5,000,000원
• 김한공 씨의 배우자(경리부서에 근무함)에 대한 급여	6,000,000원

① 101,000,000원   ② 103,000,000원
③ 106,000,000원   ④ 107,000,000원

▨▨▨▨▨ 실무수행평가

(주)현대테크(2770)는 금속기계 제조업을 영위하는 법인기업으로 회계기간은 제7기(20x1.1.1. ~ 20x1.12.31.)이다.
제시된 자료와 [자료설명]을 참고하여 [수행과제]를 완료하고 [평가문제]의 물음에 답하시오.

실무수행 유의사항	1. 부가가치세 관련거래는 [매입매출전표입력]메뉴에 입력하고, 부가가치세 관련없는 거래는 [일반전표입력]메뉴에 입력한다. 2. 타계정 대체와 관련된 적요는 반드시 코드를 입력하여야 한다. 3. 채권·채무, 예금거래 등 관리대상 거래자료에 대하여는 반드시 거래처코드를 입력한다. 4. 자금관리 등 추가 작업이 필요한 경우 문제의 요구에 따라 추가 작업하여야 한다. 5. 제조경비는 500번대 계정코드를 사용한다. 6. 판매비와관리비는 800번대 계정코드를 사용한다. 7. 등록된 계정과목 중 가장 적절한 계정과목을 선택한다.

실무수행1 │ 거래자료 입력

실무프로세스 자료이다. [자료설명]을 참고하여 [수행과제]를 수행하시오.

① 3만원 초과 거래자료에 대한 영수증수취명세서 작성

자료 1. 사업소득원천징수영수증

■소득세법 시행규칙 [별지 제23호서식(2)]

귀속 연도	20x1년	[∨]거주자의 사업소득 원천징수영수증 [ ]거주자의 사업소득 지급명세서 ([∨]소득자 보관용 [ ]발행자 보관용)		내·외국인		내국인1 외국인9	
				거주 지국	대한민국	거주지국 코 드	KR

징 수 의무자	① 사업자등록번호 104-81-43125		② 법인명 또는 상호 (주)현대테크		③ 성명 윤기성	
	④ 주민(법인)등록번호 110123-2451216		⑤ 소재지 또는 주소 서울특별시 강동구 강동대로 183(성내동)			
소득자	⑥ 상 호			⑦ 사업자등록번호		
	⑧ 사 업 장 소 재 지					
	⑨ 성 명 최민재			⑩ 주민등록번호 880103-2774918		
	⑪ 주 소 서울특별시 구로구 도림로33길 27					

⑫ 업종구분	(940903) 학원강사	※ 작성방법 참조

⑬ 지 급			⑭ 소득귀속		⑮ 지급총액	⑯ 세율	원 천 징 수 세 액		
연	월	일	연	월			⑰ 소득세	⑱ 지방소득세	⑲ 계
20x1	03	30	20x1	03	1,000,000	3.0%	30,000	3,000	33,000

위의 원천징수세액(수입금액)을 정히 영수(지급)합니다.

2024년 03월 30일

징수(보고)의무자 (주)현대테크 (인) 또는 인)

강동세무서장 귀하

자료 2. 보통예금(하나은행) 거래내역

		내용	찾으신금액	맡기신금액	잔액	거래점
번호	거래일	계좌번호 626-910004-9770 (주)현대테크				
1	20x1-3-30	강사료지급	967,000		***	***

자료설명	1. 자료 1은 생산부의 산업안전 법정의무교육에 대한 강사료 지급 사업소득원천징수영수증이다.('교육훈련비'로 처리할 것.) 2. 자료 2는 강사료 지급액 중 원천징수세액을 차감한 잔액을 이체한 내역이다. 3. 이 거래가 지출증명서류 미수취가산세대상인지를 검토하려고 한다.
수행과제	1. 거래자료를 입력하시오. 2. 영수증수취명세서(2)와 (1)서식을 작성하시오.

② 단기매매증권구입 및 매각

자료 1. 차량구입시 채권 구입

NO. 15

서울특별시 지역개발채권 매입필증

(증빙서류 첨부용)

채권매입금액	금 일백이십오만원정 (₩1,250,000)		
성 명 / 업 체 명	(주)현대테크	주민등록번호 (사업자 번호)	104 - 81 - 43125
주 소	서울특별시 강동구 강동대로 183(성내동)		
대리인(성명)	****	주민등록번호	780620 - ******
청 구 기 관	******		

※ 용도
1. 자동차 신규등록   2. 자동차 이전등록   3. 각종 허가 및 신고   4. 각종 계약체결

자료 2. 보통예금(국민은행) 거래내역

번호	거래일	내용	찾으신금액	맡기신금액	잔액	거래점
		계좌번호 150 - 581 - 541300 (주)현대테크				
1	20x1 - 4 - 17	공채구입	1,250,000		***	***

자료설명	본사 업무용 차량을 구입하면서 법령에 의한 공채를 액면금액으로 구입하고 국민은행 보통예금 계좌에서 이체하여 지급하였다.(공채 매입시 공정가치는 1,050,000원이며 '단기매매증권'으로 회계처리할 것.)
수행과제	거래자료를 입력하시오.

③ 약속어음 수취거래, 만기결제, 할인 및 배서양도

자료 1. 할인한 전자어음

전 자 어 음

(주)현대테크 귀하   00420240525123456780

금   삼천만원정   **30,000,000원**

위의 금액을 귀하 또는 귀하의 지시인에게 지급하겠습니다.

지급기일 20x1년 9월 25일   발행일 20x1년 5월 25일
지 급 지 국민은행   발행지
지급장소 서대문지점   주 소   서울 강남구 강남대로 654길
                           발행인   (주)드림산업

자료 2. 보통예금(하나은행) 거래내역

번호	거래일	내용	찾으신금액	맡기신금액	잔액	거래점
		계좌번호 626-910004-9770 (주)현대테크				
1	20x1-6-25	어음할인대금		29,550,000	***	***

자료설명	제품매출 대금으로 수취하여 보관 중이던 ㈜드림산업 발행 전자어음을 6월 25일에 하나은행에서 할인하고, 할인료 450,000원 차감한 잔액은 하나은행 보통예금계좌에 입금받았다.(할인율은 연 6%, 매각거래로 처리할 것.)
수행과제	1. 어음의 할인과 관련된 거래자료를 입력하시오. 2. 자금관련정보를 입력하여 받을어음 현황에 반영하시오.

실무수행2 | 부가가치세관리

부가가치세 신고 관련 자료이다. [자료설명]을 참고하여 [수행과제]를 수행하시오.

① 전자세금계산서 발급
자료 1. 거래명세서

거래명세서 (공급자 보관용)

공급자	등록번호	104-81-43125			공급받는자	등록번호	125-86-17013		
	상호	(주)현대테크	성명	윤기성		상호	(주)대진산업	성명	홍원준
	사업장 주소	서울시 강동구 강동대로 183				사업장 주소	대전광역시 동구 가양남로 1-4		
	업태	제조업외	종사업장번호			업태	도소매업	종사업장번호	
	종목	금속기계외				종목	기계외		

거래일자	미수금액	공급가액	세액	총 합계금액
20x1.2.20.		25,000,000	2,500,000	27,500,000

NO	월	일	품목명	규격	수량	단가	공급가액	세액	합계
1	2	20	조립기계		5	5,000,000	25,000,000	2,500,000	27,500,000

자료 2. 대금 수령과 관련한 신용카드매출전표

신용카드매출전표

```
가 맹 점 명 : (주)현대테크
사업자번호 : 104-81-43125
대 표 자 명 : 윤기성
주      소 : 서울 강동구 강동대로 183

현 대 카 드 : 신용승인
거 래 일 시 : 20x1.2.20. 14:02:12
카 드 번 호 : 5310-7070-****-0787
유 효 기 간 : **/**
가맹점번호 : 84652210
매 입 사 : 현대카드사(전자서명전표)

판매금액        25,000,000원
부가세액         2,500,000원
합    계        27,500,000원
```

자료설명	1. 자료 1은 (주)대진산업에 제품을 공급하고 발급한 거래명세서이다. 2. 자료 2는 전자세금계산서 발급 후 전액 현대카드로 결제 받은 신용카드매출전표이다.(카드결제 대금은 '외상매출금'으로 처리할 것.)
수행과제	1. 거래자료를 입력하시오. 2. 전자세금계산서 발행 및 내역관리 를 통하여 발급·전송하시오. (전자세금계산서 발급 시 결제내역 및 전송일자는 무시할 것.)

② 수정전자세금계산서의 발급

전자세금계산서 (공급자 보관용) 승인번호

공급자	등록번호	104-81-43125			공급받는자	등록번호	142-81-52854		
	상호	(주)현대테크	성명 (대표자)	윤기성		상호	(주)젊은산업	성명 (대표자)	박현우
	사업장 주소	서울시 강동구 강동대로 183				사업장 주소	부산시 연제구 중앙대로 1020-10		
	업태	제조업외	종사업장번호			업태	도소매업	종사업장번호	
	종목	금속기계외				종목	기계		
	E-Mail	hyundai@bill36524.com				E-Mail	young@bill36524.com		

작성일자	20x1.6.5.	공급가액	40,000,000	세 액	4,000,000

비고								

월	일	품목명	규격	수량	단가	공급가액	세액	비고
6	5	절단기계		10	4,000,000	40,000,000	4,000,000	

합계금액	현금	수표	어음	외상미수금	이 금액을	○ 영수 ● 청구	함
44,000,000				44,000,000			

자료설명	1. (주)젊은산업에 제품을 공급하고 발급한 전자세금계산서이다. 2. 전자세금계산서의 공급단가를 4,300,000원으로 기재했어야 하나, 담당자의 실수로 공급단가를 4,000,000원으로 기재하여 발급하였음을 확인하였다.
수행과제	수정사유에 따른 수정전자세금계산서를 발급 전송하시오. (외상대금 및 제품매출에서 음수(-)로 처리하고 전자세금계산서 발급 시 결제내역 입력 및 전송일자는 고려하지 말 것.)

③ 매입세액불공제내역 작성자의 부가가치세신고서 작성

자료 1. 공급가액(제품)내역 (7월 1일 ~ 9월 30일)

구 분	금 액	비 고
과세분(전자세금계산서)	465,000,000원	
면세분(전자계산서)	135,000,000원	
합 계	600,000,000원	

자료 2. 비품 매입금액 중 안분대상내역

전자세금계산서		(공급받는자 보관용)			승인번호		

	등록번호	114-81-58741			등록번호	104-81-43125	
공급자	상호	(주)장수산업	성명(대표자)	이태훈	상호	(주)현대테크	성명(대표자) 윤기성
	사업장주소	서울시 서대문구 충정로 30			사업장주소	서울시 강동구 강동대로 183	
	업태	도소매업	종사업장번호		업태	제조업외	종사업장번호
	종목	가전제품외			종목	금속기계외	
	E-Mail	jaso@bill36524.com			E-Mail	hyundai@bill36524.com	

작성일자	20x1.8.7.	공급가액	20,000,000	세 액	2,000,000

비고							

월	일	품목명	규격	수량	단가	공급가액	세액	비고
8	7	대형선풍기				20,000,000	2,000,000	

합계금액	현금	수표	어음	외상미수금	이 금액을	○ 영수	함
22,000,000				22,000,000		● 청구	

자료설명	본 문제에 한하여 (주)현대테크는 과세사업과 면세사업을 겸영하고 있다고 가정한다. 1. 자료 1은 제2기 예정 부가가치세 신고기간의 공급가액 내역이다. 2. 자료 2는 제2기 예정 부가가치세 신고기간의 과세사업과 면세사업에 공통으로 사용할 대형선풍기 매입자료이다.
수행과제	1. 자료 2의 거래자료를 입력하시오.(유형에서 '51.과세매입'으로 선택하고, '전자입력'으로 처리할 것.) 2. 제2기 부가가치세 예정 신고기간의 매입세액불공제내역(공통매입세액 안분계산 내역)을 작성하고 제2기 예정 부가가치세신고서에 반영하시오. (단, 자료 1과 자료 2에서 주어진 공급가액으로 계산 할 것.) 3. 공통매입세액 안분계산에 대한 회계처리를 9월 30일자로 일반전표에 입력하시오.

4 부동산임대사업자의 부가가치세신고서 작성

자료 1. 부동산임대차계약서(1)

(사 무 실) 월 세 계 약 서

☑ 임 대 인 용
☐ 임 차 인 용
☐ 사무소보관용

부동산의 표시	소재지	서울특별시 강동구 강동대로 183, 1층 103호					
	구 조	철근콘크리트조	용도		사무실	면적	95㎡

월 세 보 증 금	금	100,000,000원정	월세	1,800,000원정(부가가치세 별도)

제 1 조 위 부동산의 임대인과 임차인 합의하에 아래와 같이 계약함.

제 2 조 위 부동산의 임대차에 있어 임차인은 보증금을 아래와 같이 지불키로 함.

계 약 금	10,000,000원정은 계약시 지불하고
중 도 금	원정은 년 월 일 지불하며
잔 금	90,000,000원정은 2023년 12월 1일 중개업자 입회하에 지불함.

제 3 조 위 부동산의 명도는 2023년 12월 1일로 함.

제 4 조 임대차 기간은 2023년 12월 1일로부터 (24)개월로 함.

제 5 조 **월세금액은 매월(말)일에 지불키로** 하되 만약 기일내에 지불치 못할 시에는 보증금액에서 공제키로 함.(국민은행, 계좌번호 : 150-581-541300, 예금주 : (주)현대테크)

〜〜〜〜〜〜〜〜 중 략 〜〜〜〜〜〜〜〜

임 대 인	주소	서울특별시 강동구 강동대로 183				
	사업자등록번호	104-81-43125	전화번호	02-569-4209	성명	(주)현대테크

자료 2. 부동산임대차계약서(2)

(사 무 실) 월 세 계 약 서

☑ 임 대 인 용
☐ 임 차 인 용
☐ 사무소보관용

부동산의 표시	소재지	서울특별시 강동구 강동대로 183, 1층 103호					
	구 조	철근콘크리트조	용도		사무실	면적	95㎡

월 세 보 증 금	금	100,000,000원정	월세	2,000,000원정(부가가치세 별도)

제 1 조 위 부동산의 임대인과 임차인 합의하에 아래와 같이 계약함.

제 2 조 위 부동산의 임대차에 있어 임차인은 보증금을 아래와 같이 지불키로 함.

계 약 금	10,000,000원정은 계약시 지불하고
중 도 금	원정은 년 월 일 지불하며
잔 금	90,000,000원정은 20x1년 12월 1일 중개업자 입회하에 지불함.

제 3 조 위 부동산의 명도는 20x1년 12월 1일로 함.

제 4 조 임대차 기간은 20x1년 12월 1일로부터 (24)개월로 함.

제 5 조 **월세금액은 매월(말)일에 지불키로** 하되 만약 기일내에 지불치 못할 시에는 보증금액에서 공제키로 함.(국민은행, 계좌번호: 50-581-541300, 예금주: 주)현대테크)

〜〜〜〜〜〜〜〜 중 략 〜〜〜〜〜〜〜〜

임 대 인	주소	서울특별시 강동구 강동대로 183				
	사업자등록번호	104-81-43125	전화번호	02-569-4209	성명	(주)현대테크

자료 3. 임대료 전자세금계산서 발급

전자세금계산서		(공급자 보관용)			승인번호			

공급자	등록번호	104-81-43125			공급받는자	등록번호	138-81-17635		
	상호	(주)현대테크	성명(대표자)	윤기성		상호	(주)월드물산	성명(대표자)	송창현
	사업장주소	서울시 강동구 강동대로 183				사업장주소	서울시 강동구 강동대로 183, 1층 103		
	업태	제조업외	종사업장번호			업태	도매,무역업	종사업장번호	
	종목	금속기계외				종목	전자제품외		
	E-Mail	hyundai@bill36524.com				E-Mail	world@bill36524.com		

작성일자	20x1.12.31.	공급가액	2,000,000	세 액	200,000
비고					

월	일	품목명	규격	수량	단가	공급가액	세액	비고
12	31	12월 임대료				2,000,000	200,000	

합계금액	현금	수표	어음	외상미수금	이 금액을	● 영수 / ○ 청구	함
2,200,000							

자료설명	1. 자료 1은 부동산임대차계약 관련 서류이며, 당해연도 11월 30일자로 계약이 만료되었다. 2. 자료 2는 계약기간 갱신에 의해 재계약한 부동산임대차계약 서류이다. 3. 자료 3은 12월분 임대료에 대한 전자세금계산서이며, 임대료는 12월 31일 국민은행 보통예금계좌에 입금된 것을 확인하였다. 4. 간주임대료에 대한 부가가치세는 임대인이 부담하기로 하였다.
수행과제	1. 12월 31일 임대료에 대한 거래를 매입매출전표에 입력하시오.(10월과 11월 임대료에 대한 세금계산서 자료는 입력되어 있으며, 전자세금계산서는 '전자입력'으로 처리할 것.) 2. 자료 1과 자료 2를 각각 입력하여 제2기 확정신고에 대한 부동산임대공급가액명세서를 작성하시오.(간주임대료 적용 이자율은 3.5%로 할 것.) 3. 간주임대료에 대한 회계처리를 12월 31일자로 매입매출전표에 입력하시오. 4. 임대료(간주임대료 포함) 및 전자신고세액공제를 반영하여 제2기 부가가치세 확정신고서를 작성하시오. 　-제2기 부가가치세 확정신고서를 홈택스로 전자신고하여 전자신고세액공제 10,000원을 공제받기로 한다.

평가문제 입력자료 및 회계정보를 조회하여 [평가문제]의 답안을 입력하시오.(70점)

〈평가문제 답안입력 유의사항〉

❶ 답안은 **지정된 단위의 숫자로만 입력**해 주십시오.
  * 한글 등 문자 금지

	정답	오답(예)
(1) **금액은 원 단위로 숫자를 입력**하되, 천 단위 콤마(,)는 생략 가능합니다.	**1,245,000** **1245000**	1.245.000 1,245,000원 1,245,0000 12,45,000 1,245천원
(1-1) 답이 0원인 경우 반드시 "0" 입력 (1-2) 답이 음수(-)인 경우 숫자 앞에 " - "입력 (1-3) 답이 소수인 경우 반드시 " . " 입력		
(2) 질문에 대한 **답안은 숫자로만 입력**하세요.	**4**	04 4건, 4매, 4명 04건, 04매, 04명
(3) **거래처 코드번호는 5자리 숫자로 입력**하세요.	**00101**	101 00101번

❷ 더존 프로그램에서 조회되는 자료를 복사하여 붙여넣기가 가능합니다.
❸ 수행과제를 올바르게 입력하지 않고 작성한 답과 모범답안이 다른 경우 오답처리됩니다.

[실무수행평가] – 부가가치세관리

번호	평가문제	배점
11	**평가문제 [회사등록 조회]** (주)현대테크의 회사등록 정보이다. 다음 중 올바르지 않은 것은? ① 내국법인이며, 사업장 종류별 구분은 '중소기업'에 해당한다. ② 사업장세무서는 '강동세무서'이다. ③ 담당자 E-mail 주소는 'hyundai@bill36524.com'이다. ④ 개업년월일은 '2019-04-02'이다.	3
12	**평가문제 [세금계산서합계표 조회]** 제1기 예정 신고기간의 거래처 '(주)대진산업'에 전자발급된 세금계산서 공급가액은 얼마인가?	2
13	**평가문제 [세금계산서합계표 조회]** 제1기 예정 신고기간의 매출전자세금계산서의 부가세 합계는 얼마인가?	2
14	**평가문제 [매입매출전표입력 조회]** 6월 5일자 수정세금계산서의 수정입력사유 코드번호를 입력하시오.	2
15	**평가문제 [매입세액불공제내역 조회]** 제2기 예정 신고기간의 매입세액불공제내역_3.공통매입세액 안분계산 내역의 불공제 매입세액은 얼마인가?	3
16	**평가문제 [부동산임대공급가액명세서 조회]** 제2기 확정 신고기간의 부동산임대공급가액명세서의 '월세등'의 합계는 얼마인가?	2
17	**평가문제 [부가가치세신고서 조회]** 제1기 예정 부가가치세신고서의 부가율은 몇 %인가?(단, 소수점 둘째자리까지 표기할 것)	2
18	**평가문제 [부가가치세신고서 조회]** 제2기 예정 부가가치세신고서에 작성되는 부가가치세 첨부서류에 해당하지 않는 것은? ① 매출처별세금계산서합계표　　　　② 건물등감가상각자산취득명세서 ③ 매출처별계산서합계표　　　　　　④ 신용카드매출전표등 수령금액합계표	2
19	**평가문제 [부가가치세신고서 조회]** 제2기 확정 부가가치세신고서의 과세표준및매출세액의 과세_기타(4란)의 금액은 얼마인가?	2
20	**평가문제 [부가가치세신고서 조회]** 제2기 확정 부가가치세신고서의 그밖의경감·공제세액(18란) 세액은 얼마인가?	2
	부가가치세 소계	22

실무수행3 | 결산

[결산자료]를 참고하여 결산을 수행하시오.(단, 제시된 자료 이외의 자료는 없다고 가정함.)

① 수동결산

자료설명	결산일 현재 정기예금에 대한 내용이다. 당기분 경과이자를 인식하려고 한다. (단, 이자계산은 월할계산으로 하되 1월 미만은 1월로 하며, 소수점 이하 반올림할 것.)					
	거래처	가입일자	만기일자	금액	연이자율	이자지급일
	하나은행	20x1.09.01.	20x2.09.01.	30,000,000원	6%	20x2.09.01.
수행과제	결산정리분개를 입력하시오.					

② 결산자료입력에 의한 자동결산

<table>
<tr><td rowspan="8">자료설명</td><td colspan="7">1. 당기 법인세등 18,000,000원을 계상하려고 한다.(법인세 중간예납세액 및 원천징수 세액이 선납세금계정에 계상되어 있다.)</td></tr>
<tr><td colspan="7">2. 기말재고자산 현황</td></tr>
<tr><td rowspan="2">구분</td><td colspan="3">장부상내역</td><td colspan="3">실사내역</td></tr>
<tr><td>단위당원가</td><td>수량</td><td>평가액</td><td>단위당원가</td><td>수량</td><td>평가액</td></tr>
<tr><td>원재료</td><td>24,000원</td><td>900개</td><td>21,600,000원</td><td>24,000원</td><td>900개</td><td>21,600,000원</td></tr>
<tr><td>제 품</td><td>4,000,000원</td><td>50개</td><td>200,000,000원</td><td>4,000,000원</td><td>40개</td><td>160,000,000원</td></tr>
<tr><td colspan="7">※ 제품의 수량차이는 위탁판매 제품으로 현재 수탁자의 창고에 보관중이다.

3. 이익잉여금처분계산서 처분 예정(확정)일
 - 당기 : 20x2년 3월 20일
 - 전기 : 20x1년 3월 15일</td></tr>
<tr></tr>
<tr><td>수행과제</td><td colspan="7">결산을 완료하고 이익잉여금처분계산서에서 손익대체분개를 하시오.
(단, 이익잉여금처분내역은 없는 것으로 하고 미처분이익잉여금 전액을 이월이익잉여금으로 이월하기로 할 것.)</td></tr>
</table>

[실무수행평가] – 재무회계

번호	평가문제	배점
21	**평가문제 [영수증수취명세서 조회]** 영수증수취명세서(1)에 반영되는 '11.명세서제출 제외대상' 금액은 얼마인가?	2
22	**평가문제 [일/월계표 조회]** 3월에 발생한 제조경비 금액은 얼마인가?	2
23	**평가문제 [일/월계표 조회]** 6월에 발생한 영업외비용 금액은 얼마인가?	2
24	**평가문제 [거래처원장 조회]** 6월 말 (주)젊은산업의 외상매출금 잔액은 얼마인가?	1
25	**평가문제 [거래처원장 조회]** 6월 말 거래처별 보통예금 잔액으로 옳지 않은 것은? ① 98000.국민은행(보통) 127,418,288원 ② 98001.하나은행(보통) 1,076,010,220원 ③ 98003.우리은행(보통) 75,000,000원 ④ 98004.기업은행(보통) 185,000원	1
26	**평가문제 [합계잔액시산표 조회]** 4월 말 차량운반구 잔액은 얼마인가?	1
27	**평가문제 [합계잔액시산표 조회]** 6월 말 받을어음 잔액은 얼마인가?	2
28	**평가문제 [합계잔액시산표 조회]** 8월 말 미지급금 잔액은 얼마인가?	2
29	**평가문제 [합계잔액시산표 조회]** 9월 말 비품 잔액은 얼마인가?	1
30	**평가문제 [손익계산서 조회]** 12월 말 판매관리비의 계정과목별 금액으로 옳지 않은 것은? ① 811.복리후생비 7,354,000원 ② 812.여비교통비 1,201,000원 ③ 817.세금과공과금 15,534,419원 ④ 821.보험료 445,000원	1
31	**평가문제 [손익계산서 조회]** 12월 말 '411.임대료수입' 금액은 얼마인가?	2
32	**평가문제 [손익계산서 조회]** 12월 말 이자수익 금액은 얼마인가?	1
33	**평가문제 [재무상태표 조회]** 3월 말 예수금 잔액은 얼마인가?	2
34	**평가문제 [재무상태표 조회]** 12월 말 재고자산 잔액은 얼마인가?	2
35	**평가문제 [재무상태표 조회]** 12월 말 이월이익잉여금(미처분이익잉여금) 잔액으로 옳은 것은? ① 280,608,146원 ② 279,608,146원 ③ 229,607,905원 ④ 147,208,146원	1
	재무회계 소계	23

실무수행4 | 근로소득관리

인사급여 관련 자료이다. [자료설명]을 참고하여 [수행과제]를 수행하시오.

① 주민등록등본에 의한 사원등록
자료. 박태수의 주민등록등본

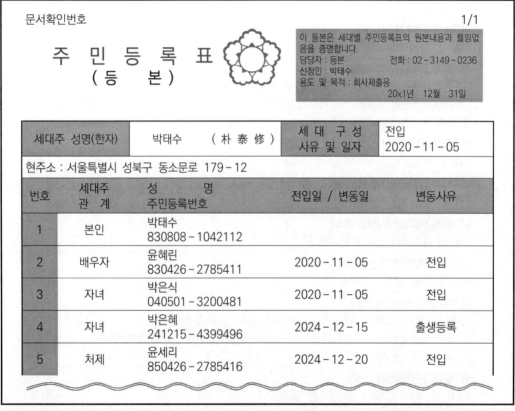

세대주 성명(한자)		박태수 (朴泰修)	세 대 구 성 사유 및 일자	전입 2020 – 11 – 05	
현주소 : 서울특별시 성북구 동소문로 179 – 12					
번호	세대주 관 계	성 명 주민등록번호	전입일 / 변동일	변동사유	
1	본인	박태수 830808 – 1042112			
2	배우자	윤혜린 830426 – 2785411	2020 – 11 – 05	전입	
3	자녀	박은식 040501 – 3200481	2020 – 11 – 05	전입	
4	자녀	박은혜 241215 – 4399496	2024 – 12 – 15	출생등록	
5	처제	윤세리 850426 – 2785416	2024 – 12 – 20	전입	

자료설명	사무직 사원 박태수(1000)의 사원등록을 위한 자료이며, 세부담을 최소화하는 방법으로 선택한다. 1. 부양가족은 박태수와 생계를 같이 한다. 2. 배우자 윤혜린은 부친으로부터 상속받은 예금 150,000,000원이 있다. 3. 자녀 박은식은 별도 소득은 없으나, 학업과 관련하여 타지역에서 생활중이다. 4. 자녀 박은혜는 별도 소득은 없다. 5. 처제 윤세리는 지적장애인이며 근로소득(총급여액) 12,000,000원이 있다.
수행과제	[사원등록] 메뉴에서 부양가족명세를 작성하시오.

[실무수행평가] – 근로소득관리 1

번호	평가문제	배점
36	**평가문제 [박태수 근로소득원천징수영수증 조회]** 기본공제대상 인원은 본인 포함 모두 몇 명인가?	1
37	**평가문제 [박태수 근로소득원천징수영수증 조회]** '25.배우자' 공제대상액은 얼마인가?	1
38	**평가문제 [박태수 근로소득원천징수영수증 조회]** '28.장애인' 공제대상액은 얼마인가?	2
39	**평가문제 [박태수 근로소득원천징수영수증 조회]** '57.자녀세액공제' 공제대상자녀는 몇 명인가?	2
40	**평가문제 [박태수 근로소득원천징수영수증 조회]** '57.자녀세액공제(공제대상자녀＋출산입양)' 금액은 얼마인가?	1

② 급여명세에 의한 급여자료

자료 1. 1월 급여자료

(단위 : 원)

사원	기본급	반장수당	차량보조금	식대	야간근로수당	국민연금	건강보험	고용보험	장기요양보험
김승우	3,000,000	150,000	300,000	200,000	750,000	프로그램에서 자동 계산된 금액으로 공제한다.			
천지훈	2,000,000			100,000	750,000				

자료 2. 수당 및 공제요건

구분	코드	수당 및 공제명	내 용
수당등록	101	기본급	설정된 그대로 사용한다.
	200	반장수당	생산라인 반장에게 지급하는 수당이다.
	201	차량보조금	본인 소유 차량으로 회사 업무를 수행하는 직원들에게 지급하며, 시내 출장 시에는 별도의 교통비를 지급하고 있지 않다.
	202	식대	매월 지급하고 있으며, 별도의 음식물은 제공하고 있지 않다.
	203	야간근로수당	생산직 근로자 초과 근무에 따른 연장근로시간에 대해 지급하는 수당이다.

자료설명	1. 자료 1에서 김승우는 생산부 반장이며, 직전연도 총급여액은 40,000,000원이다. 2. 자료 1에서 천지훈은 생산부 사원이며, 직전연도 총급여액은 29,500,000원이다. 3. 1월 귀속분 급여지급일은 당월 25일이다. 4. 사회보험료는 자동 계산된 금액으로 공제한다.
수행과제	1. [사원등록] 메뉴에서 생산직여부와 야간근로수당의 비과세여부를 반영하시오. 2. [급여자료입력] 메뉴에 수당등록을 하시오. 3. 1월분 급여자료를 입력하시오.(단, 구분 '1.급여'로 선택할 것.) 4. 1월 귀속분 [원천징수이행상황신고서]를 작성하시오.

[실무수행평가] – 근로소득관리 2

번호	평가문제	배점
41	**평가문제 [1월 급여자료입력 조회]** 급여항목 중 차량보조금 과세 금액은 얼마인가?	2
42	**평가문제 [1월 급여자료입력 조회]** 급여항목 중 식대 비과세 금액은 얼마인가?	2
43	**평가문제 [1월 급여자료입력 조회]** 급여항목 중 야간근로수당 과세 금액은 얼마인가?	2
44	**평가문제 [천지훈 1월 급여자료입력 조회]** 천지훈의 1월분 급여에 대한 차인지급액은 얼마인가?	1
45	**평가문제 [1월 원천징수이행상황신고서 조회]** 근로소득에 대한 '10.소득세 등' 금액은 얼마인가?	1

③ 국세청연말정산간소화 및 이외의 자료를 기준으로 연말정산

자료설명	사무직 차은경(1300)의 연말정산을 위한 자료이다. 1. 사원등록의 부양가족현황은 사전에 입력되어 있고, 부양가족은 차은경과 상계를 같이 하고 있다. 2. 신용카드 사용액에는 회사경비 4,000,000원(일반)이 포함되어 있다. 3. 차은경은 주택취득시 무주택 세대주로 주택의 기준시가는 4억원이고, 소득공제 요건을 충족하였다.
수행과제	[연말정산 근로소득원천징수영수증] 메뉴에서 연말정산을 완료하시오. 1. 신용카드와 현금영수증은 [신용카드] 탭에서 입력한다. 2. 장기주택저당차입금 이자상환액은 [정산명세] 탭에서 입력한다. 3. 의료비는 [의료비] 탭에서 입력한다. 4. 보험료와 교육비는 [소득공제] 탭에서 입력한다.

자료 1. 차은경 사원의 부양가족등록 현황

연말정산관계	성 명	주민번호	기타사항
0.본인	차은경	770202 – 2045678	세대주
3.배우자	정무진	721010 – 1774918	총급여액 40,000,000원
2.배우자 직계존속	김윤희	430411 – 2222229	소득이 없는 항시치료를 요하는 중증환자
4.직계비속	정우주	070119 – 4030223	소득없음

자료 2. 국세청간소화서비스 및 기타증빙자료

20x1년 귀속 소득 · 세액공제증명서류 : 기본(사용처별)내역 [신용카드]

■ 사용자 인적사항

(단위 : 원)

성 명	주 민 등 록 번 호
차은경	770202 – 2045***

■ 신용카드 등 사용금액 집계

일반	전통시장	대중교통	도서공연등	합계금액
29,000,000	3,000,000	900,000	500,000	33,400,000

국 세 청
National Tax Service

• 본 증명서류는 「소득세법」 제165조 제1항에 따라 영수증 발급기관으로부터 수집한 서류로 소득·세액공제 충족 여부는 근로자가 직접 확인하여야 합니다.
• 본 증명서류에서 조회되지 않는 내역은 영수증 발급기관에서 직접 발급받으시기 바랍니다.

20x1년 귀속 소득 · 세액공제증명서류 : 기본(사용처별)내역 [현금영수증]

■ 사용자 인적사항

(단위 : 원)

성 명	주 민 등 록 번 호
정무진	721010 - 1774***

■ 현금영수증 사용금액 집계

일반	전통시장	대중교통	도서공연등	합계금액
22,000,000	0	0	1,000,000	23,000,000

 국 세 청 National Tax Service

• 본 증명서류는 「소득세법」 제165조 제1항에 따라 영수증 발급기관으로부터 수집한 서류로 소득·세액공제 충족 여부는 근로자가 직접 확인하여야 합니다.
• 본 증명서류에서 조회되지 않는 내역은 영수증 발급기관에서 직접 발급받으시기 바랍니다.

20x1년 귀속 소득 · 세액공제증명서류 : 기본(취급기관별)내역 [장기주택저당차입금 이자상환액]

■ 계약자 인적사항

성 명	주 민 등 록 번 호
차은경	770202 - 2045***

■ 장기주택저당차입금 이자상환액 부담내역

(단위 : 원)

취급기관	대출종류	최초차입일 최종상환예정일	상환기간	주택 취득일	저당권 설정일	연간 합계액	소득공제 대상액
		차입금	고정금리 차입금	비거치식 상환차입금	당해년 원금상환액		
(주)기업은행 (201-81-72***)	주택구입 자금대출	2022-08-02 2042-08-02	20년	2022-08-01	2022-08-02	2,400,000	2,400,000
		100,000,000	0	100,000,000	6,000,000		
인별합계금액							2,400,000

 국 세 청 National Tax Service

• 본 증명서류는 「소득세법」 제165조 제1항에 따라 영수증 발급기관으로부터 수집한 서류로 소득·세액공제 충족 여부는 근로자가 직접 확인하여야 합니다.
• 본 증명서류에서 조회되지 않는 내역은 영수증 발급기관에서 직접 발급받으시기 바랍니다.

20x1년 귀속 소득 · 세액공제증명서류 : 기본(지출처별)내역 [의료비]

■ 환자 인적사항

성 명	주 민 등 록 번 호
김윤희	430411 – 2222***

■ 의료비 지출내역

(단위 : 원)

사업자번호	상 호	종류	납입금액 계
109 – 04 – 16***	서울**병원	일반	5,000,000
의료비 인별합계금액			5,000,000
안경구입비 인별합계금액			0
산후조리원 인별합계금액			0
인별합계금액			5,000,000

- 본 증명서류는 『소득세법』 제165조 제1항에 따라 영수증 발급기관으로부터 수집한 서류로 소득·세액공제 충족 여부는 근로자가 직접 확인하여야 합니다.
- 본 증명서류에서 조회되지 않는 내역은 영수증 발급기관에서 직접 발급받으시기 바랍니다.

20x1년 귀속 소득 · 세액공제증명서류 : 기본(지출처별)내역 [보장성 보험, 장애인전용보장성보험]

■ 계약자 인적사항

성 명	주 민 등 록 번 호
차은경	770202 – 2045***

■ 보장성보험(장애인전용보장성보험) 납입내역

(단위 : 원)

종류	상 호	보험종류	주피보험자		납입금액 계
	사업자번호	증권번호			
	종피보험자1	종피보험자2	종피보험자3		
보장성	삼성생명보험(주)	다모아실손보험	770202 – 2045***	차은경	1,200,000
	108 – 81 – 15***				
보장성	한화손해보험(주)	행복운전자보험	721010 – 1774***	정무진	480,000
	104 – 81 – 28***	000005523***			
인별합계금액					1,680,000

- 본 증명서류는 『소득세법』 제165조 제1항에 따라 영수증 발급기관으로부터 수집한 서류로 소득·세액공제 충족 여부는 근로자가 직접 확인하여야 합니다.
- 본 증명서류에서 조회되지 않는 내역은 영수증 발급기관에서 직접 발급받으시기 바랍니다.

20x1년 귀속 소득·세액공제증명서류 : 기본(지출처별)내역 [교육비]

■ 학생 인적사항

성 명	주 민 등 록 번 호
정우주	070119 - 4030***

■ 교육비 지출내역

(단위 : 원)

교육비종류	학교명	사업자번호	지출금액 계
교복구입비	**교복	108 - 15 - 15***	450,000
체험학습비	**고등학교	103 - 83 - 21***	400,000
인별합계금액			850,000

 국 세 청 National Tax Service

- 본 증명서류는 『소득세법』 제165조 제1항에 따라 영수증 발급기관으로부터 수집한 서류로 소득·세액공제 충족 여부는 근로자가 직접 확인하여야 합니다.
- 본 증명서류에서 조회되지 않는 내역은 영수증 발급기관에서 직접 발급받으시기 바랍니다.

[실무수행평가] – 근로소득관리 3

번호	평가문제	배점
46	**평가문제 [차은경 근로소득원천징수영수증 조회]** '36.특별소득공제 합계'의 공제대상액은 얼마인가?	2
47	**평가문제 [차은경 근로소득원천징수영수증 조회]** '42.신용카드등' 소득공제 공제대상액은 얼마인가?	2
48	**평가문제 [차은경 근로소득원천징수영수증 조회]** '61.보장성보험' 세액공제액은 얼마인가?	2
49	**평가문제 [차은경 근로소득원천징수영수증 조회]** '62.의료비' 세액공제액은 얼마인가?	2
50	**평가문제 [차은경 근로소득원천징수영수증 조회]** '63.교육비' 세액공제액은 얼마인가?	2
	근로소득 소계	25

해답해설

Tax Accounting Technician
세무정보처리 자격시험 2급

77회

실무이론평가

1	2	3	4	5	6	7	8	9	10
③	③	②	④	④	④	③	③	②	②

01 지배회사와 종속회사가 법적실체가 다름에도 **단일의 경제적 실체를 형성하여 하나의 회계단위**로서 **연결재무제표를 작성하는 것은 기업실체의 가정**과 관련이 있다.

02 거래처 직원 결혼 축의금은 판매비와관리비 항목인 접대비에 해당하나, 기부금은 영업외비용으로 분류된다. 따라서, **영업이익이 과대계상**되나 **당기순이익에는 영향**이 없다.

03 기계장치에 대한 감가상각비(정액법) = 취득가액(3,000,000)÷5년 = 600,000원/년
감가상각비 중 정부보조금 해당분 = 정부보조금(500,000)÷5년 = 100,000원/년
손익계산서에 계상될 감가상각비 = 감가상각비(600,000) – 정부보조금(100,000) = 500,000원
〈별해〉
감가상각비 = [취득가액(3,000,000) – 정부보조금(500,000)]÷5년 = 500,000원/년

04 매출원가 = 매출액(400,000) – 매출총이익(400,000원×20%) = 320,000원

재고자산

기초	60,000	매출원가	320,000
순매입액	450,000	기말	190,000
계	510,000	계	510,000

횡령액 = 장부상 기말재고액(190,000) – 실사에 의한 기말재고액(100,000) = 90,000원

05

퇴직급여충당부채

퇴사	2,000,000	기초	5,000,000
기말	*9,000,000*	설정(퇴직급여)	6,000,000
계	11,000,000	계	11,000,000

06 유형자산처분손실을 판매비와관리비로 계상한 것은 당기순이익에 영향을 주지 않는다.

07 ① **광업권의 양도는 재화의 공급**에 해당한다.
② 화재로 인하여 **재화가 멸실된 경우에는 재화의 공급에 해당하지 않는다.**
④ **현물출자에 의하여 재화를 인도하는 것은 과세거래**에 해당한다.

08 불공제매입세액 = 선물(3,000,000) + 토지조성(20,000,000) = 23,000,000원
접대 관련 매입세액과 토지조성 관련 매입세액은 매입세액 불공제 대상이다.

09 소득세법에 따라 **세액공제를 적용받는 월세액은 신용카드 등 사용금액에 포함하지 아니한다.**

10 사업소득금액 = 당기순이익(100,000,000) - 이자수입(2,000,000) + 소득세(5,000,000) = 103,000,000원

▰▰▰▰ 실무수행평가

실무수행 1. 거래자료 입력

① 3만원 초과 거래자료에 대한 영수증수취명세서 작성

1. [일반전표입력] 3월 30일

(차) 교육훈련비(제)	1,000,000원	(대) 예수금	33,000원
		보통예금(하나은행(보통))	967,000원

2. [영수증수취명세서 (2)]

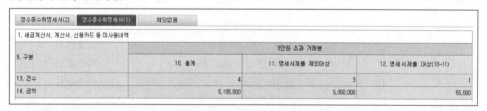

[영수증수취명세서 (1)]

② 단기매매증권구입 및 매각 [일반전표입력] 4월 17일

(차) 단기매매증권	1,050,000원	(대) 보통예금	1,250,000원
차량운반구	200,000원	(국민은행(보통))	

③ 약속어음 수취거래, 만기결제, 할인 및 배서양도

1. [일반전표입력] 6월 25일

(차) 매출채권처분손실	450,000원	(대) 받을어음	30,000,000원
보통예금(하나은행(보통))	29,550,000원	((주)드림산업	

2. [자금관리]

● 받을어음 관리								삭제(F5)
어음상태	2	할인(전액)	어음번호	00420240525123456780	수취구분 1 자수	발행일	20x1 -05-25	만기일	20x1 -09-25
발행인	00125	(주)드림산업			지급은행	100	국민은행	지점 서대문
배서인			할인기관	98001	하나은행(보통)	지점 강동	할인율(%)	6	어음종류 6 전자
지급거래처						* 수령된 어음을 타거래처에 지급하는 경우에 입력합니다.		

실무수행 2. 부가가치세관리

① 전자세금계산서 발급

1. [매입매출전표입력] 2월 20일

거래유형	품명	공급가액	부가세	거래처	전자세금
11.과세	조립기계	25,000,000	2,500,000	(주)대진산업	전자발행
분개유형	(차) 외상매출금	27,500,000원	(대) 제품매출		25,000,000원
4.카드(혼합)	(현대카드)		부가세예수금		2,500,000원

2. [전자세금계산서 발행 및 내역관리]
① 미전송된 내역이 조회되면, 미전송내역을 체크한 후 전자발행▼을 클릭하여 표시되는
로그인 화면에서 확인(Tab) 클릭
② '전자세금계산서 발행'화면이 조회되면 발행(F3) 버튼을 클릭한 다음 확인클릭
③ 국세청란에 '발행대상'으로 표시되면 ACADEMY 전자세금계산서 를 클릭
④ [Bill36524 교육용전자세금계산서] 화면에서 [로그인]을 클릭
⑤ 좌측화면 : [세금계산서 리스트]에서 [미전송]으로 체크 후 [매출조회]를 클릭
우측화면 : [전자세금계산서]에서 [발행]을 클릭
⑥ [발행완료되었습니다.] 메시지가 표시되면 확인(Tab) 클릭

② 수정전자세금계산서의 발급

1. [수정세금계산서 발급]
① [매입매출전표 입력] 6월 5일 전표 선택 ➔ 수정세금계산서 클릭 ➔ [수정사유] 화면에서 [1.기재
사항 착오·정정, 착오항목 : 1.공급가액 및 세액] 선택 후 확인(Tab)을 클릭

② [수정세금계산서(매출)] 화면에서 수정분 [단가 4,300,000원] 입력을 통해 공급가액과 세액을 반영한 후 확인(Tab)을 클릭

③ [매입매출전표입력] 6월 5일에 수정분이 2건 입력된다.

거래유형	품명	공급가액	부가세	거래처	전자세금
11.과세	절단기계	-40,000,000	-4,000,000	(주)젊은산업	전자발행
분개유형	(차) 외상매출금	-44,000,000원	(대) 제품매출		-40,000,000원
2.외상(혼합)			부가세예수금		-4,000,000원

거래유형	품명	공급가액	부가세	거래처	전자세금
11.과세	절단기계	43,000,000	4,300,000	(주)젊은산업	전자발행
분개유형	(차) 외상매출금	47,300,000원	(대) 제품매출		43,000,000원
2.외상(혼합)			부가세예수금		4,300,000원

2. [전자세금계산서 발행 및 내역관리]

① 전자세금계산서 발행 및 내역관리 를 클릭하면 수정 전표 2매가 미전송 상태로 조회된다.

② 해당 내역을 클릭하여 전자세금계산서 발행 및 국세청 전송을 한다.

③ 매입세액불공제내역 작성자의 부가가치세신고서 작성

1. [매입매출전표입력] 8월 7일

거래유형	품명	공급가액	부가세	거래처	전자세금
51.과세	대형선풍기	20,000,000	2,000,000	(주)장수산업	전자입력
분개유형	(차) 비품	20,000,000원	(대) 미지급금		22,000,000원
3.혼합	부가세대급금	2,000,000원			

2. [매입세액불공제내역] 7월 ~ 9월

			2.공제받지 못할 매입세액 내역	3.공통매입세액 안분계산 내역	4.공통매입세액의 정산내역	5.납부세액 또는 환급세액 재계산 내역

	계산식	구분	과세,면세 사업 공통매입		(12)총공급가액 등 (총예정사용면적)	(13)면세공급가액 등 (총예정사용면적)	(14)불공제 매입세액 (⑪×⑬÷⑫)
			(10)공급가액	(11)세액			
1	1.공급가액기준		20,000,000	2,000,000	600,000,000	135,000,000	450,000

3. [부가가치세신고서] 7월 1일 ~ 9월 30일

	구분		금액	세액
16 공제받지 못할매입 세액명세	공제받지못할매입세액	50		
	공통매입세액면세사업	51	4,500,000	450,000
	대손처분받은세액	52		
	합계	53	4,500,000	450,000

4. [일반전표입력] 9월 30일

(차) 비품   450,000원   (대) 부가세대급금   450,000원

④ 부동산임대사업자의 부가가치세신고서 작성

1. [매입매출전표입력] 12월 31일

거래유형	품명	공급가액	부가세	거래처	전자세금
11.과세	12월 임대료	2,000,000	200,000	(주)월드물산	전자입력
분개유형	(차) 보통예금	2,200,000원	(대) 임대료수입		2,000,000원
3.혼합		(국민은행(보통))	부가세예수금		200,000원

2. 부동산임대공급가액명세서(10~12월, ㈜월드물산, 1층, 103호)

〈갱신전〉

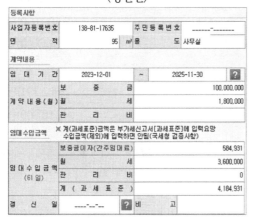

〈갱신후〉

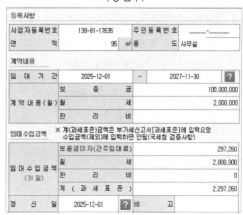

3. [매입매출전표입력] 12월 31일

거래유형	품명	공급가액	부가세	거래처	전자세금
14.건별	간주임대료	882,191	88,219		
분개유형	(차) 세금과공과금(판)	88,219원	(대) 부가세예수금		88,219원
3.혼합					

4. [부가가치세신고서] 10월 1일 ~ 12월 31일

		구 분		금액	세율	세액
과세표준및매출세액	과세	세금계산서발급분	1	254,600,000	10/100	25,460,000
		매입자발행세금계산서	2		10/100	
		신용카드·현금영수증	3		10/100	
		기타	4	882,191	10/100	88,219
	영세	세금계산서발급분	5		0/100	
		기타	6		0/100	
	예정신고누락분		7			
	대손세액가감		8			
	합계		9	255,482,191	㉮	25,548,219

- 전자신고세액공제 : 10,000원

평가문제. 입력자료 및 회계정보를 조회하여 [평가문제]의 답안을 입력하시오.(70점)

[실무수행평가] – 부가가치세관리

번호	평가문제	배점	답
11	**평가문제 [회사등록 조회]**	3	④
12	**평가문제 [세금계산서합계표 조회]**	2	(25,000,000)원
13	**평가문제 [세금계산서합계표 조회]**	2	(103,957,726)원
14	**평가문제 [매입매출전표입력 조회]**	2	(1)
15	**평가문제 [매입세액불공제내역 조회]**	3	(450,000)원
16	**평가문제 [부동산임대공급가액명세서 조회]**	2	(5,600,000)원
17	**평가문제 [부가가치세신고서 조회]**	2	(47.99)%
18	**평가문제 [부가가치세신고서 조회]**	2	④
19	**평가문제 [부가가치세신고서 조회]**	2	(882,191)원
20	**평가문제 [부가가치세신고서 조회]**	2	(10,000)원
	부가가치세 소계	22	

실무수행 3. 결산

① 수동결산 [일반전표입력] 12월 31일

    (차) 미수수익   600,000원   (대) 이자수익   600,000원

    ☞ 경과이자 = 정기예금액(30,000,000) × 이자율(6%) × 기간경과(4/12) = 600,000원

② 결산자료입력에 의한 자동결산

[결산자료입력 1]

    [방법 1] [일반전표입력] 12월 31일 선납세금과 미지급법인세 분개

    (차) 법인세등   18,000,000원   (대) 선납세금   7,308,000원

                                            미지급세금   10,692,000원

    [방법 2] [일반전표입력] 12월 31일 선납세금 정리분개 입력

    (차) 법인세등   7,308,000원   (대) 선납세금   7,308,000원 입력 후

[결산자료입력]의 '법인세등'란에 10,692,000원을 입력

[결산자료입력 2]

    - 결산자료입력에서 기말 원재료 21,600,000원, 제품 200,000,000원을 입력하고 전표추가(F3) 를 클릭하여 결산분개를 생성한다.

    → 합계잔액시산표 재고자산금액과 일치

[이익잉여금처분계산서] 메뉴

    - 이익잉여금처분계산서에서 처분일을 입력한 후, 전표추가(F3) 를 클릭하여 손익대체분개를 생성

[실무수행평가] – 재무회계

번호	평가문제	배점	답
21	평가문제 [영수증수취명세서 조회]	2	(5,050,000)원
22	평가문제 [일/월계표 조회]	2	(7,919,000)원
23	평가문제 [일/월계표 조회]	2	(450,000)원
24	평가문제 [거래처원장 조회]	1	(64,900,000)원
25	평가문제 [거래처원장 조회]	1	④
26	평가문제 [합계잔액시산표 조회]	1	(203,200,000)원
27	평가문제 [합계잔액시산표 조회]	2	(40,000,000)원
28	평가문제 [합계잔액시산표 조회]	2	(187,542,000)원
29	평가문제 [합계잔액시산표 조회]	1	(20,450,000)원

번호	평가문제	배점	답
30	**평가문제 [손익계산서 조회]**	1	④
31	**평가문제 [손익계산서 조회]**	2	(21,800,000)원
32	**평가문제 [손익계산서 조회]**	1	(2,620,000)원
33	**평가문제 [재무상태표 조회]**	2	(50,373,000)원
34	**평가문제 [재무상태표 조회]**	2	(221,600,000)원
35	**평가문제 [재무상태표 조회]**	1	③
재무회계 소계		23	

실무수행 4. 근로소득관리

① 주민등록등본에 의한 사원등록(박태수)

관계	요 건		기본공제	추가(자녀)	판 단
	연령	소득			
본인(세대주)	–	–	○		
배우자	–	○	○		상속재산은 소득요건과 무관
자1(21)	×	○	부		
자2(1)	○	○	○		
처제(40)	○	×	부		총급여액 5백만원 초과자

	연말정산관계	기본	세대	부녀	장애	경로70세	출산입양	자녀	한부모	성명	주민(외국인)번호	가족관계
1	0.본인	본인	○							박태수	내 830808-1042112	
2	3.배우자	배우자								윤혜린	내 830426-2785411	02.배우자
3	4.직계비속((손	부								박은식	내 040501-3200481	05.자녀
4	4.직계비속((손	20세이하								박은혜	내 241215-4399496	05.자녀
5	6.형제자매	부								윤세리	내 850426-2785416	30.누이

[실무수행평가] – 근로소득관리 1

번호	평가문제 [박태수 근로소득원천징수영수증 조회]	배점	답
36	**기본공제 대상 인원(본인 포함)**	1	(3)명
37	**25.배우자 공제대상액**	1	(1,500,000)원
38	**28.장애인공제 대상액**	2	(0)원
39	**57. 자녀세액공제 대상자녀**	2	(0)명
40	**57. 자녀세액공제 금액**	1	(0)원

② 급여명세에 의한 급여자료

1. [사원등록]
 - 직전연도 총급여액이 3,000만원을 초과하는 김승우는 연장근로비과세 대상이 아님.

[김승우]

| 18. 생 산 직 등 여 부 | 1 | 여 | 연장근로비과세 | 0 | 부 |

[천지훈]

| 18. 생 산 직 등 여 부 | 1 | 여 | 연장근로비과세 | 1 | 여 |

2. [수당등록]

수당 및 공제등록

| 수당등록 | 공제등록 | 비과세/감면설정 | 사회보험 |

	코드	수당명	과세구분	근로소득유형	구분
1	101	기본급	과세	1.급여	매월
2	102	상여	과세	2.상여	부정기
3	200	반장수당	과세	1.급여	매월
4	201	차량보조금	비과세	3.자가운전	H03	매월
5	202	식대	비과세	2.식대	P01	매월
6	203	야간근로수당	비과세	1.연장근로	001	매월

3. [급여자료입력]

[김승우]

급여항목	지급액	공제항목	공제액
기본급	3,000,000	국민연금	153,000
반장수당	150,000	건강보험	120,530
차량보조금	300,000	고용보험	36,000
식대	200,000	장기요양보험료	15,600
야간근로수당	750,000	소득세	195,960
		지방소득세	19,590
		농특세	
과 세	4,000,000		
비 과 세	400,000		
감면 소득		공제액 계	540,680
지급액 계	4,400,000	차인지급액	3,859,320

[천지훈]

급여항목	지급액	공제항목	공제액
기본급	2,000,000	국민연금	108,000
반장수당		건강보험	85,080
차량보조금		고용보험	18,000
식대	100,000	장기요양보험료	11,010
야간근로수당	750,000	소득세	19,520
		지방소득세	1,950
		농특세	
과 세	2,000,000		
비 과 세	850,000		
감면 소득		공제액 계	243,560
지급액 계	2,850,000	차인지급액	2,606,440

4. [원천징수이행상황신고서] 귀속기간 1월, 지급기간 1월, 0.정기신고

| 원천징수내역 | 부표-거주자 | 부표-비거주자 | 부표-법인원천 |

구분		코드	소득지급(과세미달,비과세포함)		징수세액			9.당월 조정 환급세액	10.소득세 등 (가산세 포함)	11.농어촌 특별세
			4.인원	5.총지급액	6.소득세 등	7.농어촌특별세	8.가산세			
근로소득	간 이 세 액	A01	2	7,050,000	215,480					
	중 도 퇴 사	A02								
	일 용 근 로	A03								
	연말정산합계	A04								
	연말분납금액	A05								
	연말납부금액	A06								
	가 감 계	A10	2	7,050,000	215,480				215,480	

[실무수행평가] – 근로소득관리 2

번호	평가문제 [1월 급여자료입력 조회]	배점	답
41	차량보조금 과세 금액	2	(100,000)원
42	식대 비과세 금액	2	(300,000)원
43	야간근로수당 과세 금액	2	(750,000)원
44	[천지훈 1월 급여자료입력 조회] 차인지급액	1	(2,606,440)원
45	[1월 원천징수이행상황신고서 조회] 10.소득세 등	1	(215,480)원

※ 44,45은 프로그램이 자동계산하므로 시점(세법개정, 프로그램 업데이트)마다 달라질 수가 있습니다.

③ 국세청연말정산간소화 및 이외의 자료를 기준으로 연말정산(차은경)

〈연말정산 대상여부 판단〉

항 목	요건 연령	요건 소득	내역 및 대상여부	입력
신용카드	×	○	• 본인 신용카드(회사경비 차감) • 배우자 현금영수증(소득요건 미충족)	○(신용 25,000,000) 전통 3,000,000 대중 900,000 도서공연 500,000) ×
의 료 비	×	×	• 시모 장애인 의료비	○(장애 5,000,000)
보 험 료	○	○	• 본인 실손보험 • 배우자 운전자보험(소득요건 미충족)	○(일반 1,200,000) ×
교 육 비	×	○	• 자 교복(한도 50만원) 및 체험학습비 (한도 30만원)	○(고등 750,000)
주택자금	본인외		• 장기주택저당차입금 이자상환액	○(2,400,000)

1. 신용카드 소득공제(본인)

관계	성명 생년월일	구분	⑥소계	⑥신용카드	⑦직불선불카드	⑧현금영수증	도서공연박물관미술관사용분 신용카드	직불선불카드	현금영수증	⑨전통시장	⑩대중교통이용분
내 본인	차은경 1977-02-02	국세청자료	29,400,000	25,000,000			500,000			3,000,000	900,000
		그밖의자료									

2. 주택자금 소득공제(정산명세)

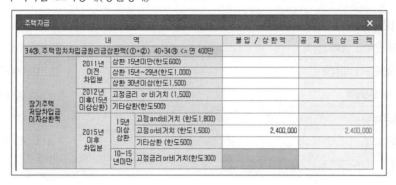

3. 의료비 세액공제

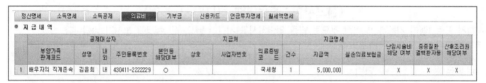

4. 보험료 세액공제

5. 교육비 세액공제

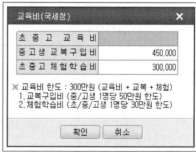

[실무수행평가] – 근로소득관리 3

번호	평가문제 [차은경 근로소득원천징수영수증 조회]	배점	답
46	36.특별소득공제 합계의 공제대상액	2	(4,921,870)원
47	42.신용카드등 소득공제 대상액	2	(3,210,000)원
48	61.보장성보험 세액공제액	2	(120,000)원
49	62.의료비 세액공제액	2	(480,000)원
50	63.교육비 세액공제액	2	(112,500)원
	근로소득 소계	25	

※ 46, 47은 프로그램이 자동계산하므로 시점(세법개정, 프로그램 업데이트)마다 달라질 수가 있습니다.

〈참고사항 : 총급여액 60,000,000원〉

※ 시험시 프로그램이 자동계산되어진 것으로 답을 입력하시고 시간이 남으시면 체크해 보시기 바랍니다.

		한도	공제율	대상금액	세액공제
1. 보험료	일반	1백만원	12%	1,200,000	120,000
2. 의료비	특정	–	15%	5,300,000	480,000
	☞ 의료비세액공제 = [5,0000,000 – 총급여액(60,000,000)×3%]×15% = 480,000				
3. 교육비	일반		15%	750,000	112,500

기출문제

Tax Accounting Technician
세무정보처리 자격시험 2급

74회

합격률	시험년월
42%	2024.7

■■■■■■ 실무이론평가

[1] 다음 중 내부회계관리제도에 대한 설명으로 옳지 <u>않은</u> 것은?
　① 기업은 내부고발자를 보호하는 프로그램을 갖추어야 한다.
　② 외부에 공시되는 재무제표의 신뢰성 확보를 주된 목적으로 한다.
　③ 재고자산이 보관된 창고에 대한 물리적 접근을 통제하는 것도 내부회계관리제도 범위에
　　포함된다.
　④ 회계감사를 수행하는 외부감사인이 따라야 할 감사절차를 규정하고 있다.

[2] 다음은 (주)한공의 20x1년 12월 31일 현재 보유중인 상품에 대한 자료이다. 이를 토대로 20x1년 손익계
산서에 인식할 재고자산평가손실을 계산하면 얼마인가?

수 량	장부상 단가	단위당 예상 판매가격	단위당 예상 판매비용
2,000개	120원	130원	30원

　① 　　0원　　　　　　　　　　　　② 20,000원
　③ 30,000원　　　　　　　　　　　④ 40,000원

[3] 다음 대화내용을 토대로 (주)한공이 (주)회계를 인수시 발생한 영업권의 회계처리에 대한 설명으로 옳지 않은 것은?

> • 이대표 : (주)회계의 현재 재무상태는 어떤가요?
> • 김부장 : 자산 10,000,000원, 부채 4,000,000원입니다.
> • 이대표 : 8,000,000원을 지급하고 (주)회계를 인수하도록 하세요.

① 영업권은 정액법으로 상각하여야 한다.
② 영업권의 내용연수는 5년을 초과할 수 없다.
③ 발생한 영업권의 금액은 2,000,000원이다.
④ 인수시 발생한 영업권은 무형자산으로 처리한다.

[4] 다음은 (주)한공의 매출채권 및 대손 관련 자료이다. 이를 토대로 대손충당금 기말잔액을 계산하면 얼마인가?

> • 매출채권 기초잔액 : 500,000원   • 매출채권 대손발생액 : 30,000원
> • 매출채권 기말잔액 : 600,000원   • 대손충당금 기초잔액 : 40,000원
> • 당기 대손상각비 계상액 : 50,000원

① 40,000원   ② 50,000원
③ 60,000원   ④ 80,000원

[5] 다음은 이부장과 김과장의 대화이다. (가), (나), (다)의 내용으로 옳은 것은?

> 이부장 : 유형자산에 대한 자본적지출을 수익적지출로 잘못 처리하면 어떤 효과가 발생하나요?
> 김과장 : 네, 순이익이 **(가)**되고, 자산이 **(나)**되며, 비용이 **(다)**되는 효과가 발생합니다.

※ 1차 저작권자의 저작권 침해 소지가 있어 삽화 삽입은 어려우니 양해바랍니다.

	(가)	(나)	(다)
①	과소계상	과소계상	과소계상
②	과소계상	과소계상	과대계상
③	과대계상	과대계상	과소계상
④	과소계상	과대계상	과대계상

[6] 다음 중 회계변경의 유형이 다른 것은?
  ① 유형자산의 잔존가치를 300,000원에서 500,000원으로 변경
  ② 감가상각방법을 정액법에서 정률법으로 변경
  ③ 전액 회수할 것으로 평가한 매출채권을 일부만 회수할 것으로 변경
  ④ 재고자산의 원가결정방법을 총평균법에서 선입선출법으로 변경

[7] 다음 중 부가가치세법상 영세율과 면세에 대한 설명으로 옳은 것은?
  ① 면세사업자는 매입 시 부담한 부가가치세액을 공제받을 수 있다.
  ② 면세는 소비지국 과세원칙을 구현하기 위한 제도이다.
  ③ 영세율 적용대상자는 과세사업자로서 부가가치세법의 제반의무를 이행해야 한다.
  ④ 영세율은 부가가치세의 역진성 완화를 위한 제도이다.

[8] 다음은 완구소매업을 하는 (주)한공의 20x1년 제2기 과세기간의 자료이다. 이를 토대로 대손세액공제를 적용한 후 납부세액을 구하면 얼마인가? 단, 세금계산서 등 필요한 증빙서류는 적법하게 발급하였거나 수령하였으며 주어진 사항 이외에는 고려하지 않는다.

> 가. 완구를 판매하고 받은 대가 11,000,000원(부가가치세가 구분 표시되지 않음)
> 나. 사업용으로 사용하던 토지의 공급가액 2,000,000원
> 다. 완구 구입과 관련된 매입세액 600,000원
> 라. 20X0년 제2기에 외상거래로 발생한 외상매출금 550,000원(부가가치세 포함)이 거래처의 파산으로 20x1년 제2기 중에 회수불능하게 되었음

  ① 350,000원   ② 450,000원
  ③ 550,000원   ④ 650,000원

[9] 다음 중 금융소득에 대한 설명으로 옳은 것은?
  ① 정기예금의 이자는 약정에 따른 이자지급 개시일을 수입시기로 한다.
  ② 출자공동사업자의 배당소득은 조건부 종합과세 배당소득에 해당한다.
  ③ 실지명의가 확인되지 아니하는 금융소득은 무조건 종합과세 대상이다.
  ④ 법인세법에 의하여 처분된 배당은 해당 법인의 사업연도 결산확정일을 수입시기로 한다.

[10] 다음 중 소득세에 대한 설명으로 옳지 <u>않은</u> 것은?

① 소득세의 과세기간은 1월 1일부터 12월 31일을 원칙으로 하며, 거주자가 출국하여 비거주자가 되는 경우에는 1월 1일부터 출국일까지로 한다.

② 해당 과세기간의 신규사업개시자는 중간예납의무를 지지 않는다.

③ 퇴직소득과 양도소득은 종합소득과 합산과세 하지 않는다.

④ 부부가 공동사업을 영위하는 경우에는 부부단위로 합산하여 과세하는 것이 원칙이다.

▨▨▨ 실무수행평가

(주)굿페이스(2740)는 뷰티용품 제조업을 영위하는 법인기업으로 회계기간은 제6기(20x1.1.1.~20x1. 12.31.)이다. 제시된 자료와 [자료설명]을 참고하여 [수행과제]를 완료하고 [평가문제]의 물음에 답하시오.

실무수행1 │ 거래자료 입력

실무프로세스 자료이다. [자료설명]을 참고하여 [수행과제]를 수행하시오.

① 3만원 초과 거래자료에 대한 영수증수취명세서 작성

자료 1.

영 수 증 (공급받는자용)				
		(주)굿페이스		귀하
공급자	사 업 자 등 록 번 호	220-81-12128		
	상 호	(주)오피스박스	성명	김철재
	사 업 장 소 재 지	서울시 강남구 테헤란로 51길 234		
	업 태	도소매업	종목	사무용품외
작성 년월일		공급대가총액		비고
20x1.2.12.		₩ 33,000		
위 금액을 영수(청구)함.				
월/일	품명	수량	단가	공급대가(금액)
2/12	문구 외			33,000

자료 2.

영 수 증 (공급받는자용)				
		(주)굿페이스		귀하
공급자	사 업 자 등 록 번 호	220-81-12128		
	상 호	(주)오피스박스	성명	김철재
	사 업 장 소 재 지	서울시 강남구 테헤란로 51길 234		
	업 태	도소매업	종목	사무용품외
작성 년월일		공급대가총액		비고
20x1.2.17.		₩ 32,000		
위 금액을 영수(청구)함.				
월/일	품명	수량	단가	공급대가(금액)
2/17	커피 외			32,000

자료설명	1. 자료 1은 영업부의 사무용 물품을 현금 구매하고 수취한 영수증이다. (사무용품비로 처리할 것.) 2. 자료 2는 생산부 직원 휴게실에 비치할 커피와 간식을 현금 구매하고 수취한 영수증이다.(복리후생비로 처리할 것.) 3. 이 거래가 지출증명서류 미수취가산세대상인지를 검토하려고 한다.
수행과제	1. 거래자료를 입력하시오. 2. 영수증수취명세서(2)와 (1)서식을 작성하시오.

② 기타 일반거래

자료설명	[3월 10일] 판매를 위해 매장에 보관중이던 제품(원가 6,000,000원, 시가 8,000,000원)이 화재로 소실되었다.
수행과제	거래자료를 입력하시오.

③ 기타 일반거래

자료 1. 보통예금(국민은행) 거래내역

번호	거래일	내용	찾으신금액	맡기신금액	잔액	거래점
		계좌번호 100-23-951241 (주)굿페이스				
1	20x1-3-15	(주)하남스킨	800,000		********	팔달점

자료설명	(주)하남스킨에서 원재료를 매입하기로 하고, 계약금을 국민은행 보통예금 계좌에서 이체한 내역이다.
수행과제	관련된 거래자료를 입력하시오.

실무수행2 | 부가가치세관리

부가가치세 신고 관련 자료이다. [자료설명]을 참고하여 [수행과제]를 수행하시오.

1 전자세금계산서 발급

거 래 명 세 서 (공급자 보관용)

공급자	등록번호	124-81-12344			공급받는자	등록번호	133-81-20800		
	상호	(주)굿페이스	성명	정지현		상호	윌메이드(주)	성명	김소현
	사업장주소	경기도 수원시 팔달구 매산로 10 (매산로1가) 301호				사업장주소	서울시 서대문구 충정로7길 896		
	업태	제조업	종사업장번호			업태	도소매업	종사업장번호	
	종목	뷰티용품				종목	화장품		

거래일자	미수금액	공급가액	세액	총 합계금액
20x1.6.18.		8,500,000	0	8,500,000

NO	월	일	품목명	규격	수량	단가	공급가액	세액	합계
1	6	18	에어 건		20	425,000	8,500,000	0	8,500,000

자료설명	1. 구매확인서에 의해 제품을 공급하고 발급한 거래명세서이다. 2. 전자세금계산서를 발급하고 대금은 전액 외상으로 하였다.
수행과제	1. 거래자료를 입력하시오. 2. 전자세금계산서 발행 및 내역관리 를 통하여 발급·전송하시오. (전자세금계산서 발급 시 결제내역 및 전송일자는 고려하지 않는다.)

② 수정전자세금계산서 발급

전자세금계산서				(공급자 보관용)		승인번호			

공급자	등록번호	124-81-12344			공급받는자	등록번호	113-81-14978		
	상호	(주)굿페이스	성명	정지현		상호	(주)서린뷰티	성명(대표자)	김서린
	사업장주소	경기도 수원시 팔달구 매산로 10 (매산로1가) 301호				사업장주소	경기도 수원시 팔달구 매산로 20-11 (매산로1가)		
	업태	제조업	종사업장번호			업태	도소매업	종사업장번호	
	종목	뷰티용품				종목	화장품		
	E-Mail	yaho@bill36524.com				E-Mail	sskw@bill36524.com		

작성일자	20x1.06.11.	공급가액	2,820,000	세 액	282,000
비고					

월	일	품목명	규격	수량	단가	공급가액	세액	비고
6	11	나이트 크림		30	94,000	2,820,000	282,000	

합계금액	현금	수표	어음	외상미수금	이 금액을	○ 영수	함
3,102,000				3,102,000		● 청구	

자료설명	1. 6월 11일 제품을 공급하고 발급한 전자세금계산서이며 매입매출전표에 입력되어 있다. 2. 담당자의 착오로 동일 건을 이중발급한 사실을 확인하였다.
수행과제	수정사유를 선택하여 수정전자세금계산서를 발급·전송하시오.(외상대금 및 제품매출에서 음수(-)로 처리하고 전자세금계산서 발급 시 결제내역 및 전송일자는 무시할 것.)

③ 신용카드매출전표등 수령금액합계표 작성자의 부가가치세신고서 작성

자료 1.

신용카드매출전표

가 맹 점 명   고기천국
사업자번호   214 - 12 - 67864
대 표 자 명   고천국
주   소   서울시 서대문구 수색로 14

                                           신용승인
거 래 일 시   20x1 - 7 - 15 오후 19:10:25
카 드 번 호   6880 - 1256 - **** - 4056
유 효 기 간   **/**
가맹점번호   123460001
매 입 사   롯데카드(전자서명전표)

상 품 명   식사대   금액   330,000

공급금액   300,000원
부가세금액   30,000원
합   계   330,000원

자료 2.

신용카드매출전표

가 맹 점 명   GS주유소
사업자번호   218 - 81 - 20682
대 표 자 명   강소휘
주   소   서울시 강남구 강남대로
                  77 - 23 (도곡동)

                                           신용승인
거 래 일 시   20x1 - 7 - 23 오후 13:15:35
카 드 번 호   2224 - 1222 - **** - 1345
유 효 기 간   **/**
가맹점번호   897931720
매 입 사   삼성카드(전자서명전표)

상 품 명   주유비   금액   165,000

공급금액   150,000원
부가세금액   15,000원
합   계   165,000원

자료 3.

** 현금영수증 **
(지출증빙용)

사업자등록번호   : 120 - 88 - 00767
사업자명   : 모든사무기(주)
단말기ID   : 73453259(tel : 02 - 257 - 1004)
가맹점주소   : 서울시 송파구 송파대로 570

현금영수증 회원번호
  124 - 81 - 12344   (주)굿페이스
승인번호   : 68325030
거래일시   : 20x1년 7월 28일 10시42분33초

공 급 금 액   2,500,000원
부가세금액   250,000원
총 합 계   2,750,000원

휴대전화, 카드번호 등록
http://현금영수증.kr
국세청문의(126)
38036925 - GCA10106 - 3870 - U490
    <<<<<<이용해 주셔서 감사합니다.>>>>>>

자료설명	1. 고기천국에서 영업부 회식을 하고 법인카드로 결제하였다. (고기천국의 사업자번호를 조회한 결과 세금계산서 발급이 불가능한 간이과세자에 해당한다) 2. 자료 2는 공장 화물차 주유비를 결제한 법인 신용카드매출전표이다. 3. 자료 3은 경리부에서 사용할 복합기를 모든사무기(주)에서 현금구입하고 수취한 현금영수증이다.(유형자산으로 처리할 것.) 단, 제시된 자료 중 고기천국을 제외한 거래처는 모두 일반과세자이다.
수행과제	1. 일반전표 혹은 매입매출전표에 거래자료를 입력하시오. 2. 제2기 부가가치세 예정신고 기간의 신용카드매출전표등 수령금액 합계표를 작성하시오. 3. 제2기 부가가치세 예정신고서에 반영하시오.

④ 대손세액공제신고서 작성자의 부가가치세신고서 작성
자료 1.

전 자 어 음

(주)굿페이스 귀하   00420240115123456789

금 천삼백이십만원정   13,200,000원

위의 금액을 귀하 또는 귀하의 지시인에게 지급하겠습니다.

지급기일 20x1년 4월 15일   발행일 20x1년 1월 15일
지 급 지 국민은행   발행지 서울시 서대문구 충정로7길
지급장소 서대문점   주 소 789 (충정로3가)
     발행인 (주)페이스샵

자료 2.

전 자 어 음

(주)굿페이스 귀하   00420240401123456789

금 천오백사십만원정   15,400,000원

위의 금액을 귀하 또는 귀하의 지시인에게 지급하겠습니다.

지급기일 20x1년 11월 11일   발행일 20x1년 4월 1일
지 급 지 국민은행   발행지 서울시 강남구 강남대로 119
지급장소 방배점   주 소 (도곡동)
     발행인 (주)소원전자

자료설명	1. 자료 1은 (주)페이스샵에 제품을 공급(20x1년 1월 15일)하고 수령한 전자어음(공급 가액 12,000,000원, 부가세 1,200,000원)이며, 국민은행으로부터 4월 10일 부도 처리 되었다는 통보를 받고 부도어음과수표로 회계처리하였다. 당사는 부도처리후 6 개월이 경과된 10월 11일 대손처리 하기로 하였다. 2. 자료 2는 (주)소원전자에 제품 매출 후 수령한 전자어음(공급가액 14,000,000원, 부가세 1,400,000원)이다. 국민은행으로부터 10월 20일 (주)소원전자가 부도처리 되었다는 통보를 받았다.
수행과제	1. 자료에 대한 대손요건을 판단하여 제2기 부가가치세 확정 신고기간의 [대손세액공제 신고서]를 작성하시오. 2. 대손세액을 20x1년 제2기 부가가치세 확정신고서에 반영하시오. 3. 대손 확정처분에 대한 회계처리를 입력하시오. (받을어음 현황에 반영하기 위한 자금관련정보 입력은 생략할 것.)

평가문제   입력자료 및 회계정보를 조회하여 [평가문제]의 답안을 입력하시오.(70점)

[실무수행평가] – 부가가치세관리

번호	평가문제	배점
11	**평가문제 [회사등록 조회]** (주)굿페이스의 회사등록 정보이다. 다음 중 올바르지 않은 것은? ① (주)굿페이스는 내국법인이며, 사업장 종류별 구분은 '중소기업'에 해당한다. ② (주)굿페이스의 사업장세무서는 '수원세무서'이다. ③ (주)굿페이스의 담당자 E-mail 주소는 'goodface@bill36524.com'이다 ④ (주)굿페이스의 개업년월일은 '2019-09-01'이다.	3
12	**평가문제 [세금계산서합계표 조회]** 제1기 확정 신고기간의 거래처 '월메이드(주)'에 전자발급된 세금계산서 공급가액은 얼마 인가?	2
13	**평가문제 [세금계산서합계표 조회]** 제1기 확정 신고기간의 매출전자세금계산서의 부가세 합계는 얼마인가?	2
14	**평가문제 [매입매출전표입력 조회]** 6월 11일자 수정세금계산서의 수정입력사유 코드번호를 입력하시오.	2
15	**평가문제 [신용카드매출전표등 수령금액 합계표(갑) 조회]** 제2기 예정 신고기간의 신용카드매출전표등 수령금액 합계표(갑)에 반영되는 '사업용 신 용카드'의 공급가액은 얼마인가?	2

번호	평가문제	배점
16	**평가문제 [부가가치세신고서 조회]** 제1기 예정 부가가치세신고서의 부가율은 몇 %인가?	3
17	**평가문제 [부가가치세신고서 조회]** 제2기 예정 부가가치세신고서의 「그밖의공제매입세액(14란)_신용매출전표수취/고정(42란)」의 금액은 얼마인가?	2
18	**평가문제 [부가가치세신고서 조회]** 제2기 예정 부가가치세신고서에 작성되는 부가가치세 첨부서류에 해당하지 않는 것은? ① 매출세금계산서합계표　　　② 신용카드매출전표수령금액합계표 ③ 건물등감가상각자산취득명세서　　④ 매입계산서합계표	2
19	**평가문제 [부가가치세신고서 조회]** 제2기 확정 부가가치세신고서의 「대손세액가감(8란)」의 세액은 얼마인가?	2
20	**평가문제 [부가가치세신고서 조회]** 제2기 확정 신고기간의 부가가치세 차가감납부할세액(27란)은 얼마인가?	2
	부가가치세 소계	22

실무수행3 결산

[결산자료]를 참고하여 결산을 수행하시오.(단, 제시된 자료 이외의 자료는 없다고 가정함.)

① 수동결산

자료설명	(주)굿페이스는 소모품 구입시 전액 소모품비로 비용처리후 결산시 미사용분을 자산으로 계상해 오고 있다. 20x1년도말 결산을 위해 재고파악을 한 결과 미사용분 소모품은 영업부 600,000원, 제조부 900,000원으로 확인되었다.
수행과제	결산정리분개를 입력하시오.

② 결산자료입력에 의한 자동결산

자료설명	1. 기말재고자산 평가자료			

구분	장부상내역		
	단위당원가	수량	금액
제품	200,000원	300개	60,000,000원

2. 이익잉여금처분계산서 처분 예정(확정)일
 - 당기 : 2025년 2월 28일
 - 전기 : 20x1년 2월 28일

수행과제	결산을 완료하고 이익잉여금처분계산서에서 손익대체분개를 하시오. (단, 이익잉여금처분내역은 없는 것으로 하고 미처분이월이익잉여금 전액을 이월이익잉여금으로 이월하기로 할 것.)

[실무수행평가] – 재무회계

번호	평가문제	배점
21	**평가문제 [영수증수취명세서 조회]** 영수증수취명세서(1)에 반영되는 '12.명세서제출 대상' 금액은 얼마인가?	2
22	**평가문제 [일/월계표 조회]** 2월에 발생한 제조경비 금액은 얼마인가?	2
23	**평가문제 [일/월계표 조회]** 3월에 발생한 영업외비용 금액은 얼마인가?	2
24	**평가문제 [일/월계표 조회]** 7월에 발생한 판매관리비의 계정과목별 금액으로 옳지 않은 것은? ① 811.복리후생비 2,807,000원 ② 813.접대비(기업업무추진비) 350,000원 ③ 822.차량유지비 114,500원 ④ 831.수수료비용 330,000원	1
25	**평가문제 [일/월계표 조회]** 10월에 발생한 대손상각비는 얼마인가?	1
26	**평가문제 [거래처원장 조회]** 6월 말 윌메이드(주)의 외상매출금 잔액은 얼마인가?	1
27	**평가문제 [거래처원장 조회]** 7월 말 거래처별 미지급금 잔액으로 옳지 않은 것은? ① 00105.(주)이루네이쳐 22,000,000원 ② 01717.(주)엄지화장품 110,000,000원 ③ 99601.롯데카드 4,090,000원 ④ 99602.국민카드 185,000원	1

번호	평가문제	배점
28	**평가문제 [거래처원장 조회]** 10월 말 외환은행의 보통예금 잔액은 얼마인가?	1
29	**평가문제 [합계잔액시산표 조회]** 3월 말 현금 잔액은 얼마인가?	2
30	**평가문제 [합계잔액시산표 조회]** 10월 말 기타비유동자산 잔액은 얼마인가?	1
31	**평가문제 [손익계산서 조회]** 12월 말 제품의 타계정으로 대체액은 얼마인가?	2
32	**평가문제 [손익계산서 조회]** 12월 말 소모품비 금액은 얼마인가?	2
33	**평가문제 [재무상태표 조회]** 12월 말 비품의 장부금액(취득원가 – 감가상각누계액)은 얼마인가?	2
34	**평가문제 [재무상태표 조회]** 12월 말 재고자산 잔액은 얼마인가?	2
35	**평가문제 [재무상태표 조회]** 12월 말 이월이익잉여금(미처분이익잉여금) 잔액으로 옳은 것은? ① 432,442,126원　　　　② 414,095,900원 ③ 513,701,330원　　　　④ 528,801,330원	1
	재무회계 소계	23

실무수행4 근로소득관리

인사급여 관련 자료이다. [자료설명]을 참고하여 [수행과제]를 수행하시오.

① 가족관계증명서에 의한 사원등록

자료설명	사무직 노은찬(1200) 사원의 가족관계증명서이다. 1. 부양가족은 노은찬과 생계를 같이 하고 있다. 2. 모 이현자는 연금소득금액 900,000원이 있다. 3. 배우자 오서인은 소득이 없으며, 항시 치료를 요하는 중증환자였으나, 20x1년 10월 30일 완치 판정을 받았다. 4. 자녀 노윤영은 공익법인이 시행한 피아노 콩쿨대회(교육부 승인)에서 상금 3,000,000원을 수령하였다. 5. 동생 노동찬은 장애인복지법에 따른 장애인이며, 사업소득금액 5,000,000원이 있다. 6. 세부담을 최소화하는 방법을 선택한다.
수행과제	[사원등록] 메뉴에서 부양가족명세를 작성하시오.

자료. 노은찬의 가족관계증명서

가족관계증명서

등록기준지	서울특별시 관악구 관악로30길 10 (봉천동)

구분	성 명	출생년월일	주민등록번호	성별	본
본인	노은찬	1977년 05월 21일	770521-1229103	남	光山

가족사항

구분	성 명	출생년월일	주민등록번호	성별	본
모	이현자	1940년 11월 12일	401112-2075529	여	全州
배우자	오서인	1978년 02월 02일	780202-2011213	여	羅州
자녀	노윤영	2011년 01월 01일	110101-4231454	여	光山
형제	노동찬	1981년 02월 03일	810203-1222226	남	光山

[실무수행평가] – 근로소득관리 1

번호	평가문제	배점
36	**평가문제 [노은찬 근로소득원천징수영수증 조회]** 기본공제대상 인원은 본인 포함 모두 몇 명인가?	1
37	**평가문제 [노은찬 근로소득원천징수영수증 조회]** '25.배우자' 공제대상액은 얼마인가?	1
38	**평가문제 [노은찬 근로소득원천징수영수증 조회]** '27.경로우대' 공제대상액은 얼마인가?	2
39	**평가문제 [노은찬 근로소득원천징수영수증 조회]** '28.장애인' 공제대상액은 얼마인가?	2
40	**평가문제 [노은찬 근로소득원천징수영수증 조회]** '57.자녀세액공제' 금액은 얼마인가?	1

② 급여명세에 의한 급여자료

자료 1. 8월 급여자료

(단위 : 원)

사원	기본급	상여	직책수당	자가운전보조금	식대	자녀수당	국민연금	건강보험	고용보험	장기요양보험
백도영	4,000,000	2,000,000	300,000	300,000	300,000	200,000	프로그램에서 자동 계산된 금액으로 공제한다.			

자료 2. 수당 및 공제요건

구분	코드	수당 및 공제명	내 용
수당등록	101	기본급	설정된 그대로 사용한다.
	102	상여	
	200	직책수당	직책별로 매월 차등 지급하고 있다.
	201	자가운전보조금	차량을 소유하고 있는 직원에게 자가운전보조금을 지급하고 있으며, 업무상 출장시 차량유류대를 별도 지급하고 있다.
	202	식대	매월 지급하고 있으며, 별도의 음식물을 제공하고 있지 않다.
	203	자녀수당	초중고 재학 중 자녀가 있는 경우 1인당 100,000원씩 매월 고정적으로 지급하고 있다.

자료설명	1. 본사 백도영(1400)부장의 급여자료이다. 2. 8월 귀속분 급여지급일은 당월 25일이며, 사회보험료는 자동 계산된 금액으로 공제한다. 3. 당사는 반기별 원천징수 납부대상자가 아니다.
수행과제	1. [급여자료입력] 메뉴에 수당등록을 하시오. 2. 8월분 급여자료를 입력하시오.(단, 구분 '2.급여＋상여'로 선택할 것.) 3. 8월 귀속분 [원천징수이행상황신고서]를 작성하시오.

[실무수행평가] – 근로소득관리 2

번호	평가문제	배점
41	**평가문제 [백도영 8월 급여자료입력 조회]** 급여항목 중 직책수당 과세대상 금액은 얼마인가?	1
42	**평가문제 [백도영 8월 급여자료입력 조회]** 급여항목 중 자가운전보조금 과세대상 금액은 얼마인가? ① 0원 ② 100,000원 ③ 200,000원 ④ 300,000원	2
43	**평가문제 [백도영 8월 급여자료입력 조회]** 급여항목 중 식대 과세대상 금액은 얼마인가? ① 0원 ② 100,000원 ③ 200,000원 ④ 300,000원	2
44	**평가문제 [백도영 8월 급여자료입력 조회]** 급여항목 중 자녀수당 비과세대상 금액은 얼마인가? ① 0원 ② 100,000원 ③ 200,000원 ④ 300,000원	2
45	**평가문제 [8월 원천징수이행상황신고서 조회]** 근로소득에 대한 '10.소득세 등' 금액은 얼마인가?	1

③ 국세청연말정산간소화 및 이외의 자료를 기준으로 연말정산

자료설명	사무직 한성현(1300)의 연말정산을 위한 자료이다. 1. 사원등록의 부양가족현황은 사전에 입력되어 있다. 2. 부양가족은 한성현과 생계를 같이 한다. 3. 한성현은 무주택 세대주이며, 총급여는 8천만원 이하이다.
수행과제	[연말정산 근로소득원천징수영수증] 메뉴에서 연말정산을 완료하시오. 1. 보험료와 교육비는 [소득공제] 탭에서 입력한다. 2. 기부금은 [기부금] 탭에서 입력한다. 3. 월세액은 [정산명세] 탭에서 입력한다.

자료 1. 한성현 사원의 부양가족등록 현황

연말정산관계	성명	주민번호	기타사항
0.본인	한성현	900512 – 1887561	
1.배우자	이연진	880103 – 2774918	총급여액 5,000,000원
2.배우자 직계존속	김윤희	520411 – 2222220	소득없음
4.직계비속	한우주	070119 – 4030223	장애인복지법에 따른 장애인

자료 2. 국세청간소화서비스 및 기타증빙자료

20x1년 귀속 소득 · 세액공제증명서류 : 기본(지출처별)내역
[보장성 보험, 장애인전용보장성보험]

■ 계약자 인적사항

성 명	주 민 등 록 번 호
한성현	900512 – 1******

■ 보장성보험(장애인전용보장성보험) 납입내역

(단위 : 원)

종류	상 호	보험종류	주피보험자	납입금액 계
	사업자번호	증권번호		
	종피보험자1	종피보험자2	종피보험자3	
보장성	(주)현대해상	(무)안심실손보험	520411 – 2****** 김윤희	1,200,000
	201 – 81 – 81***	5022***		
장애인 보장성	AIG생명보험(주)	디딤돌보험	070119 – 4****** 한우주	840,000
	106 – 81 – 41***	100540651**		
인별합계금액				2,040,000

 국 세 청
National Tax Service

• 본 증명서류는 『소득세법』 제165조 제1항에 따라 영수증 발급기관으로부터 수집한 서류로 소득·세액공제 충족 여부는 근로자가 직접 확인하여야 합니다.
• 본 증명서류에서 조회되지 않는 내역은 영수증 발급기관에서 직접 발급받으시기 바랍니다.

□ 장애인특수교육비납입증명서

1. 교육생

① 성 명	한우주	② 주민등록번호	0 7 0 1 1 9 – 4 0 3 0 2 2 3

2. 장애인특수교육시설

③ 시 설 명	스마일 장애인재활센터	④ 사업자등록번호	108-82-22***
⑤ 소 재 지		⑥ 전화번호	

⑦ 시설구분	□ 사회복지사업법에 의한 사회복지시설 ☑ 민법에 의하여 설립된 비영리법인으로서 보건복지부장관이 장애인재활교육을 실시하는 기관으로 인정한 법인 □ 위 시설 또는 법인과 유사한 것으로서 외국에 있는 시설 또는 법인

교 육 비 납 입 내 역 (20x1년도)

⑧ 납 부 월 일	⑨ 납 입 금 액	⑩ 납 부 월 일	⑨ 납 입 금 액
20x1.03.04	400,000원	20x1.08.01	400,000원
20x1.04.01	400,000원	20x1.09.02	400,000원
20x1.05.01	400,000원	20x1.10.01	400,000원
20x1.06.03	400,000원	20x1.11.01	400,000원
20x1.07.01	400,000원	20x1.12.02	400,000원
계	4,000,000원	사 용 목 적	제출용

소득세법 제52조 및 소득세법시행령 제113조제1항의 규정에 의하여 위와 같이 장애인특수교육비를 납부하였을을 증명합니다.

20x1년 12월 27일

교육기관장 김 영 화 (서명 또는 인)

20x1년 귀속 소득 · 세액공제증명서류 : 기본(지출처별)내역 [기부금]

■ 기부자 인적사항

성 명	주 민 등 록 번 호
이연진	880103 - 2******

■ 기부자 지출내역

(단위 : 원)

사업자번호	단체명	기부유형	기부금액 합계	공제대상 기부금액	기부장려금 신청금액
138 - 83 - 01632	선거관리위원회	정치자금	100,000	100,000	
116 - 82 - 14426	사회복지 공동모금회	특례기부금	1,700,000	1,700,000	
인별합계금액			1,800,000	1,800,000	

 국 세 청 National Tax Service

• 본 증명서류는 『소득세법』 제165조 제1항에 따라 영수증 발급기관으로부터 수집한 서류로 소득·세액공제 충족 여부는 근로자가 직접 확인하여야 합니다.
• 본 증명서류에서 조회되지 않는 내역은 영수증 발급기관에서 직접 발급받으시기 바랍니다.

월 세 납 입 영 수 증

■ 임대인

성명(법인명)	김성수	주민등록번호(사업자번호)	731123 - 1111113
주소	서울특별시 성북구 대사관로11가길 36(성북동)		

■ 임차인

성명	한성현	주민등록번호	900512 - 1887561
주소	서울특별시 관악구 관천로 62(신림동)		

■ 세부내용

- 임대차 기간 : 20x0년 4월 1일~20x2년 3월 31일
- 임대차계약서상 주소지 : 서울특별시 관악구 관천로 62(신림동)
- 월세금액 : 500,000원(20x1년분 6,000,000원)
- 주택유형 : 단독주택, 주택계약면적 85㎡

[실무수행평가] – 근로소득관리 3

번호	평가문제	배점
46	**평가문제 [한성현 근로소득원천징수영수증 조회]** '61.보장성보험' 세액공제액은 얼마인가?	2
47	**평가문제 [한성현 근로소득원천징수영수증 조회]** '63.교육비' 세액공제액은 얼마인가?	2
48	**평가문제 [한성현 근로소득원천징수영수증 조회]** '64.기부금' 세액공제액은 얼마인가?	2
49	**평가문제 [한성현 근로소득원천징수영수증 조회]** '70.월세액' 세액공제액은 얼마인가?	2
50	**평가문제 [한성현 근로소득원천징수영수증 조회]** '73.결정세액(소득세)'은 얼마인가?	2
	근로소득 소계	25

실무이론평가

1	2	3	4	5	6	7	8	9	10
④	④	②	③	②	④	③	①	④	④

01 내부회계관리제도는 외부감사인이 따라야 하는 절차가 아니라, **기업 내부의 구성원들에 의하여 운영** 되는 제도이다.

02

수 량	장부상 단가 (가)	단위당 예상 판매가격 ①	단위당 예상 판매비용 ②	단위당 예상 순실현가능가치 (나) = ① - ②	단위당 평가손실 (가) - (나)
2,000개	120원	130원	30원	100원	20원

재고자산평가손실 = 수량(2,000개) × 단위당 평가손실(20) = 40,000원

03 무형자산의 상각기간은 독점적·배타적 권리를 부여하고 있는 관계 법령이나 계약에 정해진 경우를 제외하고는 **20년을 초과할 수 없다.**

04

	대손충당금			
대손	30,000	기초		40,000
기말	*60,000*	대손상각비(설정)		50,000
계	90,000	계		90,000

05 유형자산에 대한 자본적 지출(자산)을 수익적 지출(비용)로 잘못 회계처리하는 경우, 비용의 과대계상, 순이익의 과소계상, 자산의 과소계상되는 효과가 발생한다.

06 재고자산의 원가결정방법을 **총평균법에서 선입선출법으로 변경하는 것은 회계정책의 변경**이고, 그 이외의 것은 회계추정의 변경이다.

07 ① 면세사업자는 매입시 부담한 부가가치세액을 공제받을 수 없다.

② 영세율은 소비지국 과세원칙을 구현하기 위한 제도이다.

④ **면세는 부가가치세의 역진성 완화를 위한 제도**이다.

08 납부세액 = 공급대가(11,000,000) × $\frac{10}{110}$ − 매입세액(600,000) − 대손세액(550,000 × $\frac{10}{110}$)

= 350,000원

토지는 면세이므로 납부세액 계산에 포함하지 아니한다.

09 ① 정기예금의 이자는 **실제로 이자를 지급받는 날**이 수입시기의 원칙이다.

② 출자공동사업자의 배당소득은 **무조건 종합과세 배당소득**에 해당한다.

③ **실지명의가 확인되지 아니하는 금융소득은 무조건 분리과세 대상**이다.

10 우리나라의 경우에는 **원칙적으로 개인단위과세를 채택**하고 있으므로 부부나 가족의 소득을 합산하여 과세하지 않는다. 그러나 공동사업자의 동거가족이 손익분배비율을 허위로 정하는 경우에는 그렇지 아니한다.

실무수행평가

실무수행 1. 거래자료 입력

☐ 3만원 초과 거래자료에 대한 영수증수취명세서 작성

1. [일반전표입력] 2월 12일

| (차) 사무용품비(판) | 33,000원 | (대) 현금 | 33,000원 |

[일반전표입력] 2월 17일

| (차) 복리후생비(제) | 32,000원 | (대) 현금 | 32,000원 |

2. [영수증수취명세서 (2)]

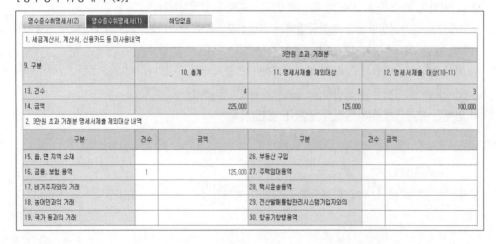

	거래일자	상 호	성 명	사업장	사업자등록번호	거래금액	구분	계정코드	계정과목
☐	20x1-01-29	(주)해피뷰티	한시준	서울시 강남구 강남대로 369	144-81-12955	35,000		172	소모품
☐	20x1-03-28	기업은행	한명준	서울시 강동구 천호대로 1033	104-85-12616	125,000	16	931	이자비용
☐	20x1-02-12	(주)오피스박스	김철재	서울시 강남구 태혜란로 51길 234	220-81-12128	33,000		829	사무용품비
☐	20x1-02-17	(주)오피스박스	김철재	서울시 강남구 테헤란로 51길 234	220-81-12128	32,000		511	복리후생비

[영수증수취명세서 (1)]

1. 세금계산서, 계산서, 신용카드 등 미사용내역

9. 구분	3만원 초과 거래분		
	10. 총계	11. 명세서제출 제외대상	12. 명세서제출 대상(10-11)
13. 건수	4	1	3
14. 금액	225,000	125,000	100,000

2. 3만원 초과 거래분 명세서제출 제외대상 내역

구분	건수	금액	구분	건수	금액
15. 읍, 면 지역 소재			26. 부동산 구입		
16. 금융, 보험 용역	1	125,000	27. 주택임대용역		
17. 비거주자와의 거래			28. 택시운송용역		
18. 농어민과의 거래			29. 전산발매통합관리시스템가입자와의		
19. 국가 등과의 거래			30. 항공기항행용역		

② 기타 일반거래 [일반전표입력] 3월 10일

    (차) 재해손실   6,000,000원   (대) 제품   6,000,000원

                                                        (적요 8.타계정으로 대체액)

③ 기타 일반거래 [일반전표입력] 3월 15일

    (차) 선급금((주)하남스킨)   800,000원   (대) 보통예금(국민은행(보통))   800,000원

실무수행 2. 부가가치세관리

① 전자세금계산서 발급

1. [매입매출전표]　6월 18일

거래유형	품명	공급가액	부가세	거래처	전자세금
12.영세	에어 건	8,500,000	0	월메이드(주)	전자발행
분개유형	(차) 외상매출금	8,500,000원	(대) 제품매출		8,500,000원
2.외상					

2. [전자세금계산서 발행 및 내역관리] 기출문제 77회 참고

② 수정전자세금계산서 발급

1. [수정전자세금계산서 발급]

    ① [매입매출전표입력]에서 6월 11일 전표 1건 선택 → 툴바의 수정세금계산서 을 클릭 → 수정사유

        (6.착오에 의한 이중발급 등)선택 → 확인(Tab) 을 클릭

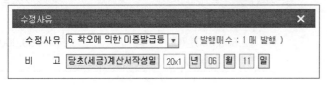

    ② 수정세금계산서(매출)] 화면에서 수정분 [작성일 6월 11일] 입력,

        [공급가액 – 2,820,000원], [세액 – 282,000원] 자동반영 후 확인(Tab)을 클릭

③ [매입매출전표입력] 6월 11일에 수정분 1건이 입력된다.

거래유형	품명	공급가액	부가세	거래처	전자세금
11.과세	나이트 크림	-2,820,000	-282,000	(주)서린뷰티	전자발행
분개유형	(차) 외상매출금	-3,102,000원	(대) 제품매출		-2,820,000원
2.외상			부가세예수금		-282,000원

2. [전자세금계산서 발행 및 내역관리] 기출문제 77회 참고

③ 신용카드매출전표등 수령금액합계표 작성자의 부가가치세신고서 작성

1. 거래자료 입력

자료 1. [일반전표입력 7월 15일]

(차) 복리후생비(판)   330,000원   (대) 미지급금(롯데카드)   330,000원
※ 세금계산서 발급이 불가능한 간이과세자에 해당하여 매입세액공제가 되지 않으므로 일반전표에 입력한다.

자료 2. [매입매출전표입력 7월 23일]

거래유형	품명	공급가액	부가세	거래처	전자세금
57.카드	주유비	150,000	15,000	GS주유소	
분개유형	(차) 차량유지비(제)	150,000원	(대) 미지급금		165,000원
4.카드	부가세대급금	15,000원	(삼성카드)		

자료 3. [매입매출전표입력 7월 28일]

거래유형	품명	공급가액	부가세	거래처	전자세금
61.현과	복합기	2,500,000	250,000	모든사무기(주)	
분개유형	(차) 비품	2,500,000원	(대) 현금		2,750,000원
1.현금	부가세대급금	250,000원			

2. [신용카드매출전표등 수령금액 합계표] 7월 ~ 9월

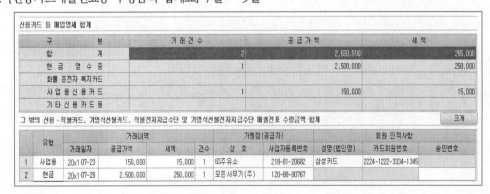

신용카드 등 매입명세 합계

구 분	거래건수	공급가액	세액
합 계	2	2,650,000	265,000
현 금 영 수 증	1	2,500,000	250,000
화물 운전자 복지카드			
사 업 용 신 용 카 드	1	150,000	15,000
기 타 신 용 카 드 등			

그 밖의 신용·직불카드, 기명식선불카드, 직불전자지급수단 및 기명식선불전자지급수단 매출전표 수령금액 합계   [크게]

	유형	거래내역				가맹점(공급자)		회원 인적사항		
		거래일자	공급가액	세액	건수	상 호	사업자등록번호	성명(법인명)	카드회원번호	승인번호
1	사업용	20x1 07-23	150,000	15,000	1	GS주유소	218-81-20682	삼성카드	2224-1222-3334-1345	
2	현금	20x1 07-28	2,500,000	250,000	1	모든사무기(주)	120-88-00767			

3. [부가가치세신고서] 7월 1일 ~ 9월 30일

	구분		금액	세율	세액
	신용매출전표수취/일반	41	150,000		15,000
14	신용매출전표수취/고정	42	2,500,000		250,000

그밖의공제매입세액명세 ✕

④ 대손세액공제신고서 작성자의 부가가치세신고서 작성

1. [대손세액공제신고서] 작성(대손발생 10~12월)

	당초공급일	대손사유	대손기준일	대손확정일	대손금액	대손세액	코드	거래상대방 상호	사업자등록번호	주민등록번호	성명
1	20x1-01-15	부도[6월 되는날]	20x1-04-10	20x1-10-11	13,200,000	1,200,000	00108	(주)페이스샵	621-81-22741		박창훈

2. [부가가치세신고서] 10월 1일 ~ 12월 31일

매출세액				
예정신고누락분	7			
대손세액가감	8			-1,200,000
합계	9	306,702,500	㉑	22,479,500

3. [일반전표입력] - 10월 11일

(차) 부가세예수금   1,200,000원   (대) 부도어음과수표   13,200,000원
대손상각비(판)   12,000,000원   ((주)페이스샵)

평가문제. 입력자료 및 회계정보를 조회하여 [평가문제]의 답안을 입력하시오.(70점)

[실무수행평가] – 부가가치세관리

번호	평가문제	배점	답
11	**평가문제 [회사등록 조회]**	3	③
12	**평가문제 [세금계산서합계표 조회]**	2	(23,500,000)원
13	**평가문제 [세금계산서합계표 조회]**	2	(32,367,000)원
14	**평가문제 [매입매출전표입력 조회]**	2	(6)
15	**평가문제 [신용카드매출전표등 수령금액 합계표(갑) 조회]**	2	(150,000)원
16	**평가문제 [부가가치세신고서 조회]**	3	(33.51)%
17	**평가문제 [부가가치세신고서 조회]**	2	(2,500,000)원
18	**평가문제 [부가가치세신고서 조회]**	2	④

번호	평가문제	배점	답
19	평가문제 [부가가치세신고서 조회]	2	(-1,200,000)원
20	평가문제 [부가가치세신고서 조회]	2	(19,362,700)원
	부가가치세 소계	22	

실무수행 3. 결산

1️⃣ 수동결산 [일반전표입력] 12월 31일

    (차) 소모품   1,500,000원   (대) 소모품비(제)   900,000원

                                                              소모품비(판)   600,000원

2️⃣ 결산자료입력에 의한 자동결산

1. [결산자료입력]
 - 결산자료입력에서 기말 제품 재고액 60,000,000원을 입력하고 전표추가(F3) 를 클릭하여 결산분개를 생성한다.

2. [이익잉여금처분계산서] 메뉴
 - 이익잉여금처분계산서에서 처분일을 입력한 후, 전표추가(F3) 를 클릭하여 손익대체 분개를 생성한다.

[실무수행평가] – 재무회계

번호	평가문제	배점	답
21	평가문제 [영수증수취명세서 조회]	2	(100,000)원
22	평가문제 [일/월계표 조회]	2	(5,032,000)원
23	평가문제 [일/월계표 조회]	2	(6,245,000)원
24	평가문제 [일/월계표 조회]	1	④
25	평가문제 [일/월계표 조회]	1	(12,000,000)원
26	평가문제 [거래처원장 조회]	1	(11,541,500)원
27	평가문제 [거래처원장 조회]	1	④
28	평가문제 [거래처원장 조회]	1	(210,851,000)원
29	평가문제 [합계잔액시산표 조회]	2	(178,398,782)원
30	평가문제 [합계잔액시산표 조회]	1	(15,400,000)원
31	평가문제 [손익계산서 조회]	2	(6,000,000)원
32	평가문제 [손익계산서 조회]	2	(900,000)원

번호	평가문제	배점	답
33	평가문제 [재무상태표 조회]	2	(73,800,000)원
34	평가문제 [재무상태표 조회]	2	(61,500,000)원
35	평가문제 [재무상태표 조회]	1	③
재무회계 소계		23	

실무수행 4. 근로소득관리

1 가족관계증명서에 의한 사원등록(노은찬)(2025)

관계	요 건		기본 공제	추가 (자녀)	판 단
	연령	소득			
본인(세대주)	–	–	○		
모(85)	○	○	○	경로	연금소득금액 1백만원 이하자
배우자	–	○	○	장애(3)	장애치유 전일 상황에서 판단
자(14)	○	○	○	자녀	기타소득금액=3,000,000×(1 – 80%)=600,000원
형제(44)	○	×	부		종합소득금액 1백만원 초과자

	연말정산관계	기본	세대	부녀	장애	경로 70세	출산 입양	자녀	한부모	성명	주민(외국인)번호	가족관계
1	0.본인	본인	○							노은찬	내 770521-1229103	
2	1.(소)직계존속	60세이상				○				이현자	내 401112-2075529	04.모
3	3.배우자	배우자			3					오서인	내 780202-2011213	02.배우자
4	4.직계비속((손)자)	20세이하					○			노윤영	내 110101-4231454	05.자녀
5	6.형제자매	부								노동찬	내 810203-1222228	22.제

[실무수행평가] – 근로소득관리 1

번호	평가문제 [노은찬 근로소득원천징수영수증 조회]	배점	답
36	기본공제대상 인원(본인 포함)	1	(4)명
37	25. 배우자 공제 대상액	1	(1,500,000)원
38	27. 경로우대 공제 대상액	2	(1,000,000)원
39	28. 장애인 공제 대상액	2	(2,000,000)원
40	57. 자녀세액공제액(1명 250,000원)(개정세법 25)	1	(250,000)원

② 급여명세에 의한 급여자료

1. [수당등록] 비과세 : 식대

	수당등록	공제등록	비과세/감면설정	사회보험	
	코드	수당명	과세구분	근로소득유형	
1	101	기본급	과세	1.급여	
2	102	상여	과세	2.상여	
3	200	직책수당	과세	1.급여	
4	201	자가운전보조금	과세	1.급여	
5	202	식대	비과세	2.식대	P01
6	203	자녀수당	과세	1.급여	

2. [급여자료입력]지급일 8월 25일

급여항목	지급액	공제항목	공제액
기본급	4,000,000	국민연금	180,000
상여	2,000,000	건강보험	141,800
직책수당	300,000	고용보험	62,100
자가운전보조금	300,000	장기요양보험료	18,360
식대	300,000	소득세	550,270
자녀수당	200,000	지방소득세	55,020

3. [원천징수이행상황신고서] 귀속기간 8월, 지급기간 8월, 0.정기신고

	원천징수내역	부표-거주자	부표-비거주자	부표-법인원천						
	구분	코드	소득지급(과세미달,비과세포함)		징수세액				9.당월 조정 환급세액	10.소득세 등 (가산세 포함)
			4.인원	5.총지급액	6.소득세 등	7.농어촌특별세	8.가산세			
근로소득	간 이 세 액	A01	3	15,400,000	864,830					
	중 도 퇴 사	A02								
	일 용 근 로	A03								
	연말정산합계	A04								
	연말분납금액	A05								
	연말납부금액	A06								
	가 감 계	A10	3	15,400,000	864,830					864,830

[실무수행평가] – 근로소득관리 2

번호	평가문제 [백도영 8월 급여자료입력 조회]	배점	답
41	직책수당 과세대상 금액	1	(300,000)원
42	자가운전보조금 과세대상 금액	2	④
43	식대 과세대상 금액	2	②
44	자녀수당 비과세대상 금액	2	①
45	[8월 원천징수이행상황신고서 조회] 10.소득세 등 금액	1	(864,830)원

※ 45는 프로그램이 자동계산하므로 시점(세법개정, 프로그램 업데이트)마다 달라질 수가 있습니다.

③ 국세청연말정산간소화 및 이외의 자료를 기준으로 연말정산(한성현)(2025)

〈연말정산 대상여부 판단〉

항 목	요건		내역 및 대상여부	입력
	연령	소득		
보 험 료	○ (×)	○	• 모 실손보험 • 자(장애인 보장성)	○(일반 1,200,000) ○(장애인 840,000)
교 육 비	×	○ (×)	• 자 장애인 특수교육비	○(장애 4,000,000)
기부금	×	○	• 배우자 정치자금 기부금(본인만 대상) • 배우자 사회복지공동모금회	× ○(특례 1,700,000)
월세	본인외		• 국민주택 규모 이하	○(6,000,000)

1. 보험료 세액공제

관계 코드	성 명	기	보험료	
내외 국인	주민등록번호	본	보장성	장애인
1	0 한성현	본인/세대주		
	1 900512-1887561			
2	3 이연진	배우자		
	1 880103-2774918			
3	2 김윤회	60세 이상	1,200,000	
	1 520411-2222220			
4	4 한우주	20세 이하		840,000
	1 070119-4030223			

2. 교육비 세액공제(장애인 특수교육비)

4	4 한우주	20세 이하		
	1 070119-4030223			4,000,000

3. 기부금세액공제(배우자)

● 1. 해당연도 기부명세

NO	기부자				기부처			유형	코드	건수	기부명세			구분
	관계	성명	내.외	주민번호	사업자번호	상호					합계금액	기부대상액	장려금신청	
1	2.배우자	이연진	내	880103-2774918	116-82-14426	사회복지공동모금회	특례	10	1		1,700,000	1,700,000		국세청

4. 월세액 세액공제

2. 월세액 세액공제 명세   부수택사해낭냐무 ◉ 녀 ○ 무

임대인성명 (상호)	주민(사업자)등 록번호	주택유형	주택계약 면적(㎡)	임대차계약서상 주소지	임대차계약기간		월세액
					시작	종료	
김성수	731123-1111113	단독주택	85.00	서울 관악구 관천로 62(신림동)	20x0-04-01	20x2-03-31	6,000,000

[실무수행평가] – 근로소득관리 3

번호	평가문제 [한성현 근로소득원천징수영수증 조회]	배점	답
46	61. 보장성보험료 세액공제액	2	(246,000)원
47	63. 교육비 세액공제액	2	(600,000)원
48	64. 기부금세액공제액	2	(255,000)원
49	70. 월세액 세액공제액	2	(900,000)원
50	73. 결정세액(소득세)	2	(849,840)원
	근로소득 소계	25	

※ 50는 프로그램이 자동계산하므로 시점(세법개정, 프로그램 업데이트)마다 달라질 수가 있습니다.

[참고사항 : 총급여액 60,000,000원]

※ 시험시 프로그램이 자동계산되어진 것으로 답을 입력하시고 시간이 남으시면 체크해 보시기 바랍니다.

		한도	공제율	대상금액	세액공제
1. 보험료	일반	1백만원	12%	1,000,000	120,000
	장애인	1백만원	15%	840,000	126,000
	계			1,600,000	246,000
3. 교육비	장애인		15%	4,000,000	600,000
4. 기부금	특례		15%	1,700,000	255,000
5. 월세		1,000만원	15%	6,000,000	900,000

합격율	시험년월
44%	2024.6

실무이론평가

[1] 다음과 관련이 있는 재무제표의 기본가정은 무엇인가?

> • 지배·종속관계에 있는 회사들의 경우 지배회사와 종속회사는 단일의 법적 실체가 아니지만 단일의 경제적 실체를 형성하여 하나의 회계단위로서 연결재무제표의 작성대상이 된다.

① 계속기업의 가정
② 발생주의 회계
③ 기간별보고의 가정
④ 기업실체의 가정

[2] 다음은 (주)한공의 20x1년 상품관련 자료이다. 다음 자료를 토대로 20x1년 매출원가를 계산하면 얼마인가?(단, 모든 상품 매입은 외상매입이다.)

> • 기초상품재고액 : 120,000원   • 기말상품재고액 : 150,000원
> • 기초매입채무 : 80,000원   • 기말매입채무 : 45,000원
> • 매입채무의 현금지급액 : 500,000원

① 405,000원   ② 435,000원
③ 500,000원   ④ 525,000원

[3] 다음은 (주)한공의 사채발행 관련 대화이다. 사채 발행 시 예상되는 사채할인발행차금은 얼마인가?

> 김사장 : 이부장님, 건물 신축에 필요한 자금조달 계획은 어떻게 되나요?
> 이부장 : 네, 액면금액 30,000,000원의 사채를 상환기간 5년, 액면이자율 연 5% 조건으로 발행하고자 합니다.
> 김사장 : 그렇다면 현재 시장이자율을 고려할 때 할인발행이 되겠군요?
> 이부장 : 네, 액면금액에서 10% 할인하여 발행하고, 사채발행비 500,000원을 차감한 금액을 당좌예금 계좌로 받도록 하겠습니다.

① 0원
② 2,000,000원
③ 3,000,000원
④ 3,500,000원

[4] 다음은 (주)한공의 재고자산 관련 자료이다. 이 자료를 토대로 당기순이익을 가장 크게 나타내는 재고자산 평가방법을 적용할 경우 기말 재고자산 금액을 계산하면 얼마인가?

1/ 1	전기이월	100개	단가 1,000원
2/15	매 입	400개	단가 1,200원
6/30	매 출	300개	단가 2,000원
9/ 5	매 입	100개	단가 1,400원
12/10	매 출	200개	단가 2,200원

① 100,000원
② 120,000원
③ 140,000원
④ 200,000원

[5] 다음 자료를 토대로 (주)한공이 20x1년 1월 1일부터 건물의 처분시점까지 인식할 감가상각비를 계산하면 얼마인가?

> • (주)한공이 보유하고 있는 본사건물의 2023년말 장부금액은 8,000,000원이었다.
> • (주)한공이 20x1년 3월 31일 9,000,000원에 처분하면서 1,250,000원의 처분이익이 발생하였다.

① 250,000원
② 500,000원
③ 750,000원
④ 1,000,000원

[6] 다음 중 회계변경과 오류수정에 관한 설명으로 옳지 <u>않은</u> 것은?

① 회계정책의 변경은 소급적용하고 회계추정의 변경은 전진적으로 처리한다.

② 회계변경은 회계정보의 비교가능성을 훼손할 수 있으므로 회계변경을 하는 기업은 회계변경의 정당성을 입증하여야 한다.

③ 단순히 세법의 규정을 따르기 위한 회계변경도 정당한 회계변경으로 본다.

④ 회계변경의 속성상 그 효과를 회계정책의 변경효과와 회계추정의 변경효과로 구분하기 불가능한 경우에는 이를 회계추정의 변경으로 본다.

[7] 다음 중 부가가치세 과세대상 용역의 공급이 <u>아닌</u> 것은?

① 산업재산권을 대여하는 경우

② 특수관계인에게 사업용 부동산을 무상으로 임대하는 경우

③ 시내버스에 의한 여객운송용역을 제공하는 경우

④ 건설업자가 건설용역을 제공하면서 건설자재의 일부를 부담하는 경우

[8] 다음은 과세사업자인 (주)한공의 제1기 부가가치세 확정신고기간(20x1.4.1. ~20x1.6.30.)의 거래 내역이다. 이를 토대로 부가가치세 매출세액을 계산하면 얼마인가? 단, 주어진 자료의 금액은 부가가치세가 포함되어 있지 않은 금액이며, 세금계산서 등 필요한 증빙서류는 적법하게 발급하였거나 수령하였다.

가. 상품매출액	180,000,000원
나. 내국신용장에 의한 상품매출액	60,000,000원
다. 차량운반구 처분액	20,000,000원
라. 대표이사가 개인적인 용도로 사용한 상품 (구입시 매입세액 공제 받았음)	4,000,000원(시가 6,000,000원)

① 20,400,000원

② 20,600,000원

③ 26,400,000원

④ 26,600,000원

[9] 다음 중 소득세에 대한 설명으로 옳지 <u>않은</u> 것은?

① 퇴직소득과 양도소득은 다른 소득과 합산하지 아니하고 분류과세한다.

② 비거주자는 국내원천소득에 대하여만 소득세 납세의무를 진다.

③ 분리과세소득은 원천징수로써 소득세의 과세가 종결된다.

④ 소득세는 부과과세제도를 채택하고 있으므로 정부의 결정으로 납세의무가 확정된다.

[10] 다음은 거주자 김한공 씨의 20x1년 소득 내역이다. 이를 토대로 김한공 씨의 종합소득 과세대상 소득금

액을 계산하면 얼마인가?

내용	총수입금액	필요경비
논·밭을 작물 생산에 이용하게 함으로써 발생하는 소득	10,000,000원	6,000,000원
상가를 임대하고 임대료로 받은 소득	24,000,000원	14,000,000원
「복권 및 복권기금법」에 따른 복권 당첨금	20,000,000원	확인되지 아니함.
일시적인 문예창작의 대가	15,000,000원	확인되지 아니함.

① 16,000,000원   ② 20,000,000원   ③ 24,000,000원   ④ 45,000,000원

실무수행평가

(주)클라이밍(2730)은 운동용품 제조업을 영위하는 법인기업으로 회계기간은 제8기(20x1.1.1.~20x1.12.31.)이다. 제시된 자료와 [자료설명]을 참고하여 [수행과제]를 완료하고 [평가문제]의 물음에 답하시오.

실무수행1 | 거래자료 입력

실무프로세스 자료이다. [자료설명]을 참고하여 [수행과제]를 수행하시오.

① 3만원 초과 거래자료에 대한 경비등의송금명세서 작성
자료 1.

영 수 증 (공급받는자용)				
(주)클라이밍			귀하	
공급자	사업자등록번호	120 - 21 - 12348		
	상 호	개별화물	성명	신빠른
	사업장소재지	서울 구로구 고척로 216 (고척동)		
	업 태	서비스업	종목	운송, 택배
작성 년월일	공급대가총액		비고	
20x1. 3. 15.	₩ 48,000			
위 금액을 영수(청구)함.				
월/일	품명	수량	단가	공급대가(금액)
3/15	운송비			48,000
입 금 계 좌 : 하나은행 815175 - 56 - 026271				

자료 2.

이체확인증

출력일자 : 20x1 - 03 - 15

이 체 일 시	20x1 - 03 - 15 14:30:20	입 금 은 행	하나은행
입금계좌번호	815175 - 56 - 026271	예 금 주	개별화물
이 체 금 액	48,000원	수 수 료	
C M S 코 드		출 금 계 좌	
송 금 인	(주)클라이밍		
메 모	현금송금		

상기내용과 같이 이체가 완료되었음을 확인합니다.
20x1년 3월 15일 (주)하나은행

이체일
20x1/03/1
하나은행

🏃 KEB 하나은행

¶ 본 명세는 고객의 편의를 위해 제공되는 것으로, 거래의 참고용으로만 사용하실 수 있습니다.

자료설명	매출처에 제품을 발송하면서 당사 부담의 운송비를 간이과세자인 개별화물의 예금계좌로 현금을 이체하고 수령한 영수증과 이체확인증이다.
수행과제	1. 거래자료를 입력하시오. 2. 경비등의송금명세서를 작성하시오.(단, 영수증수취명세서 작성은 생략할 것.)

② 기타 일반거래

자료설명	[4월 12일] (주)오토바이천국의 파산 확정으로 미수금 4,400,000원이 회수불가능하게 되어 대손처리 하였다.
수행과제	대손에 대한 거래자료를 입력하시오.(단, 부가가치세는 고려하지 말 것.)

③ 기타 일반거래

자료설명	[4월 21일] (주)삼광산업의 외상매출금 회수약정일이 도래하였으나, 거래처의 자금사정으로 대여금(상환예정일 : 2026.04.21, 이율 2%)으로 전환하기로 하였다.
수행과제	(주)삼광산업의 외상매출금 잔액을 조회한 후 관련된 거래자료를 입력하시오.

실무수행2 부가가치세관리

부가가치세 신고 관련 자료이다. [자료설명]을 참고하여 [수행과제]를 수행하시오.

① 전자세금계산서 발급

거 래 명 세 서 (공급자 보관용)

공급자	등록번호	120-81-32144			공급받는자	등록번호	312-04-22512		
	상호	(주)클라이밍	성명	최종길		상호	동아가공	성명	옥수형
	사업장주소	서울시 강남구 강남대로 246, 3층 (도곡동, 다림빌딩)				사업장주소	서울시 서대문구 충정로7길13-7		
	업태	제조업외	종사업장번호			업태	제조업	종사업장번호	
	종목	운동용품외				종목	금형외		

거래일자	미수금액	공급가액	세액	총 합계금액
20x1.3.20.		15,000,000	1,500,000	16,500,000

NO	월	일	품목명	규격	수량	단가	공급가액	세액	합계
1	3	20	승합차				15,000,000	1,500,000	16,500,000

자료설명	1. 본사 영업부에서 사용하던 승합차를 매각하고 발급한 전자세금계산서이다. (취득원가 35,000,000원, 처분일 기준의 감가상각누계액 21,000,000원) 2. 매각대금은 전액 다음달 말일까지 보통예금 통장으로 입금하기로 하였다.
수행과제	1. 승합차 매각에 따른 거래자료를 매입매출전표에 입력하시오. (고정자산등록 작업은 생략할 것.) 2. 전자세금계산서 발행 및 내역관리 를 통하여 발급·전송하시오. (전자세금계산서 발급 시 결제내역 및 전송일자는 고려하지 않을 것.)

② 수정전자세금계산서 발급

전자세금계산서 (공급자 보관용)					승인번호		

공급자

등록번호	120-81-32144		
상호	(주)클라이밍	성명 (대표자)	최종길
사업장 주소	서울시 강남구 강남대로 246, 3층 (도곡동, 다림빌딩)		
업태	제조업외	종사업장번호	
종목	운동용품외		
E-Mail	yaho@bill36524.com		

공급받는자

등록번호	120-81-51234		
상호	(주)백두산업	성명 (대표자)	백두산
사업장 주소	서울시 구로구 구로중앙로 198 (구로동, 구로기계공구상가)		
업태	도소매업	종사업장번호	
종목	등산용품		
E-Mail	mountain@bill36524.com		

작성일자	20x1.2.20.	공급가액	10,000,000	세 액	1,000,000
비고					

월	일	품목명	규격	수량	단가	공급가액	세액	비고
2	20	등산가방		100	100,000	10,000,000	1,000,000	

합계금액	현금	수표	어음	외상미수금	이 금액을	○ 영수 ● 청구	함
11,000,000				11,000,000			

자료설명	1. 위 자료는 2월 20일 (주)백두산업에 제품을 공급하고 발급한 전자세금계산서이다. 2. 3월 24일 판매한 제품 중 10개에 대하여 불량이 발견되어 거래처와의 합의하에 불량제품을 회수하고 수정전자세금계산서를 발급하기로 하였다.
수행과제	수정사유를 선택하여 환입에 따른 수정전자세금계산서를 발급·전송하시오.(외상대금 및 제품매출에서 음수(-)로 처리하고 전자세금계산서 발급 시 결제내역 및 전송일자는 무시할 것.)

③ 매입세액불공제내역 작성자의 부가가치세신고서 작성

자료. 전자세금계산서 및 신용카드매출전표 수취 내역

일자	거래처	품목	공급가액	세 액	비 고
4월10일	하나로마트	노트북	1,200,000원	120,000원	대표이사(최종길) 개인적인 사용을 위해서 구입하고 발급받은 전자세금계산서
4월14일	(주)옵트정비	차량수리	800,000원	80,000원	공장 화물차를 수리(수익적 지출)하고 발급받은 전자세금계산서
4월17일	(주)제일주유소 (현대카드)	주유비	120,000원	12,000원	관리부 업무용승용차(1,500cc, 5인승)에 주유하고 발급받은 신용카드매출전표

자료설명	전자세금계산서 및 신용카드(현대카드)매출전표 수취 내역이다.
수행과제	1. 일반전표 혹은 매입매출전표에 거래자료를 입력하시오. (모든 거래는 외상이며, 전자세금계산서는 '전자입력'으로 처리할 것.) 2. [매입세액불공제내역]을 작성하고, 제1기 부가가치세 확정신고서에 반영하시오.

④ 매입세액불공제내역 작성자의 부가가치세신고서 작성

자료 1. 소프트웨어 매입내역

전자세금계산서		(공급받는자 보관용)			승인번호			
공급자	등록번호	125 - 81 - 28548			공급받는자	등록번호	120 - 81 - 32144	
	상호	(주)유니온	성명 (대표자)	김윤희		상호	(주)클라이밍	성명 (대표자)	최종길
	사업장 주소	서울특별시 강남구 강남대로 999				사업장 주소	서울시 강남구 강남대로 246, 3층 (도곡동, 다림빌딩)	
	업태	서비스업	종사업장번호			업태	제조업외	종사업장번호
	종목	소프트웨어개발				종목	운동용품외	
	E-Mail	union@bill36524.com				E-Mail	yaho@bill36524.com	

작성일자	20x1.11.30.	공급가액	5,000,000	세 액	500,000

비고							

월	일	품목명	규격	수량	단가	공급가액	세액	비고
11	30	고객관리 SW				5,000,000	500,000	

합계금액	현금	수표	어음	외상미수금	이 금액을	○ 영수	함
5,500,000				5,500,000		● 청구	

자료 2. 공급가액 내역

구 분	제2기 예정	제2기 확정	합 계
과세분(전자세금계산서)	210,000,000원	150,000,000원	360,000,000원
면세분(전자계산서)	90,000,000원	150,000,000원	240,000,000원
합 계	300,000,000원	300,000,000원	600,000,000원

* 제2기 예정신고 시에 공통매입세액에 대한 불공제 매입세액은 0원이다.

자료설명	본 문제에 한하여 (주)클라이밍은 과세사업과 면세사업을 겸영하고 있다고 가정한다. 1. 자료 1은 제2기 부가가치세 확정 신고기간의 과세사업과 면세사업에 공통으로 사용할 자산에 대한 매입자료이다. 2. 자료 2는 제2기 부가가치세 신고기간의 공급가액 내역이다. 3. 제2기 과세기간 중 공통매입세액과 관련하여 주어진 자료 외에 다른 자료는 없다고 가정한다.
수행과제	1. 자료 1의 거래자료를 입력하시오.(유형에서 '51.과세매입'으로 선택하고, '전자입력'으로 처리할 것.) 2. 제2기 부가가치세 확정 신고기간의 매입세액불공제내역(공통매입세액 정산내역)을 작성하고 저장하시오. (단, 자료 1과 자료 2에서 주어진 공급가액으로 계산 할 것.) 3. 제2기 확정 부가가치세신고서에 매입세액불공제내역을 반영하시오. 4. 공통매입세액 정산내역에 대한 회계처리를 12월 31일자로 일반전표에 입력하시오.

평가문제	입력자료 및 회계정보를 조회하여 [평가문제]의 답안을 입력하시오.(70점)

[실무수행평가] – 부가가치세관리

번호	평가문제	배점
11	**평가문제 [회사등록 조회]** (주)클라이밍의 회사등록 정보이다. 다음 중 올바르지 않은 것은? ① (주)클라이밍은 내국법인이며, 사업장 종류별 구분은 '중소기업'에 해당한다. ② (주)클라이밍의 지방세 납세지는 '역삼'이다. ③ (주)클라이밍의 국세환급금 계좌는 '국민은행'이다. ④ (주)클라이밍의 담당자 E–mail 주소는 'yaho@bill36524.com'이다.	3
12	**평가문제 [세금계산서합계표 조회]** 제1기 예정 신고기간의 거래처 '동아가공'에 전자발급된 세금계산서 공급가액은 얼마인가?	2
13	**평가문제 [세금계산서합계표 조회]** 제1기 예정 신고기간의 매출전자세금계산서가 발급된 매수는 모두 몇 매인가?	2
14	**평가문제 [매입매출전표입력 조회]** 3월 24일자 수정세금계산서의 수정입력사유 코드번호를 입력하시오.	2
15	**평가문제 [매입세액불공제내역 조회]** 제1기 확정 신고기간의 공제받지 못할 매입세액 내역에 반영되는 공급가액은 얼마인가?	2
16	**평가문제 [부가가치세신고서 조회]** 제1기 예정 부가가치세신고서의 과세표준명세에서 확인되는 수입금액제외(31란)의 금액은 얼마인가?	2
17	**평가문제 [부가가치세신고서 조회]** 제1기 확정 부가가치세신고서의 세금계산서수취분_일반매입(10란) 세액은 얼마인가?	2
18	**평가문제 [부가가치세신고서 조회]** 제1기 확정 부가가치세신고서의 그밖의공제매입세액(14란) 세액은 얼마인가?	2
19	**평가문제 [매입세액불공제내역 조회]** 제2기 확정 신고기간의 [4.공통매입세액의 정산내역] (16)면세사업 확정비율(%)은 몇 %(소숫점 미만은 버림)인가?	3
20	**평가문제 [부가가치세신고서 조회]** 제2기 확정 부가가치세신고서의 공제받지못할매입세액(16란) 세액은 얼마인가?	2
	부가가치세 소계	22

실무수행3 | 결산

① 수동결산

자료설명	이자수익 선수분 440,000원을 계상하다.
수행과제	결산정리분개를 입력하시오.

② 결산자료입력에 의한 자동결산

자료설명	1. 기말재고자산 평가자료
	
	 <table><tr><td rowspan="2">구 분</td><td colspan="3">실사내역</td></tr><tr><td>단위당원가</td><td>수량</td><td>평가액</td></tr><tr><td>원재료</td><td>20,000원</td><td>2,500개</td><td>50,000,000원</td></tr><tr><td>재공품</td><td>10,000원</td><td>3,000개</td><td>30,000,000원</td></tr><tr><td>제 품</td><td>30,000원</td><td>2,000개</td><td>60,000,000원</td></tr></table>
	 2. 이익잉여금처분계산서 처분 예정(확정)일
	      – 당기 : 20x2년 3월 31일
	      – 전기 : 20x1년 3월 31일

수행과제	결산을 완료하고 이익잉여금처분계산서에서 손익대체분개를 하시오. (단, 이익잉여금처분내역은 없는 것으로 하고 미처분이익잉여금 전액을 이월이익잉여금 으로 이월하기로 할 것.)

[실무수행평가] – 재무회계

번호	평가문제	배점
21	**평가문제 [경비등의7송금명세서 조회]** 경비등송금명세서에 반영되는 은행코드번호(CD) 3자리를 입력하시오.	1
22	**평가문제 [일/월계표 조회]** 3월에 발생한 운반비(판) 현금 지출액은 얼마인가?	2
23	**평가문제 [일/월계표 조회]** 4월에 발생한 영업외비용 금액은 얼마인가?	2

번호	평가문제	배점
24	**평가문제 [거래처원장 조회]** 4월 말 (주)백두산업의 외상매출금 잔액은 얼마인가?	1
25	**평가문제 [거래처원장 조회]** 6월 말 동아가공의 미수금 잔액은 얼마인가?	1
26	**평가문제 [거래처원장 조회]** 12월 말 거래처별 미지급금 잔액으로 옳지 않은 것은? ① 03170.(주)옵트정비 880,000원 ② 03500.(주)유니온 5,500,000원 ③ 03800.하나로마트 1,320,000원 ④ 99602.우리카드 185,000원	1
27	**평가문제 [합계잔액시산표 조회]** 6월 말 투자자산 잔액은 얼마인가?	2
28	**평가문제 [합계잔액시산표 조회]** 6월 말 외상매출금 잔액은 얼마인가?	2
29	**평가문제 [합계잔액시산표 조회]** 12월 말 선수수익 잔액은 얼마인가?	2
30	**평가문제 [손익계산서 조회]** 당기 손익계산서의 영업외수익은 얼마인가?	1
31	**평가문제 [손익계산서 조회]** 당기 손익계산서의 영업외비용은 얼마인가?	2
32	**평가문제 [재무상태표 조회]** 4월 말 가지급금 금액은 얼마인가?	1
33	**평가문제 [재무상태표 조회]** 11월 말 소프트웨어 금액은 얼마인가?	2
34	**평가문제 [재무상태표 조회]** 12월 말 자산별 금액으로 옳지 않은 것은? ① 재고자산 140,000,000원 ② 투자자산 2,100,000원 ③ 유형자산 1,281,500,000원 ④ 무형자산 135,200,000원	2
35	**평가문제 [재무상태표 조회]** 12월 말 이월이익잉여금(미처분이익잉여금) 잔액으로 옳은 것은? ① 455,953,020원 ② 460,132,506원 ③ 471,385,586원 ④ 494,985,586원	1
재무회계 소계		23

실무수행4 | 근로소득관리

인사급여 관련 자료이다. [자료설명]을 참고하여 [수행과제]를 수행하시오.

① 일용직사원의 원천징수

자료 1. 일용직사원 관련정보

성 명	김주원(코드 2001)
거주구분(내국인 / 외국인)	거주자 / 내국인
주민등록번호	830827 - 2222220
입사일자	20x1년 07월 15일

자료 2. 일용직급여내역

성 명	계산내역	7월의 근무일
김주원	1일 240,000원×총 5일 = 1,200,000원	15, 16, 17, 18, 19

자료설명	1. 자료 1, 2는 일용직 사원의 관련정보 및 급여지급내역이다. 2. 일용직 급여는 매일 지급하는 방식으로 한다. 3. 사회보험료 중 고용보험만 징수하기로 한다. 4. 당사는 반기별 원천징수 납부대상자가 아니며, 전월 미환급세액 122,000원이 있다.
수행과제	1. [일용직사원등록] 메뉴에 사원등록을 하시오. 2. [일용직급여입력] 메뉴에 급여내역을 입력하시오. 3. 7월 귀속분 원천징수이행상황신고서를 작성하시오.

[실무수행평가] - 근로소득관리 1

번호	평가문제	배점
36	**평가문제 [일용직(김주원) 7월 일용직급여입력 조회]** 공제항목 중 고용보험의 합계액은 얼마인가?	2
37	**평가문제 [일용직(김주원) 7월 일용직급여입력 조회]** 7월 일용직 급여의 차인지급액은 얼마인가?	1
38	**평가문제 [7월 원천징수이행상황신고서 조회]** 근로소득 일용근로(A03) '6.소득세 등' 금액은 얼마인가?	1
39	**평가문제 [7월 원천징수이행상황신고서 조회]** 근로소득 가감계(A10) '4.인원'은 모두 몇 명인가?	1
40	**평가문제 [7월 원천징수이행상황신고서 조회]** 근로소득 가감계(A10) '10.소득세 등' 금액은 얼마인가?	1

② 주민등록등본에 의한 사원등록

자료 1. 이승용의 주민등록등본

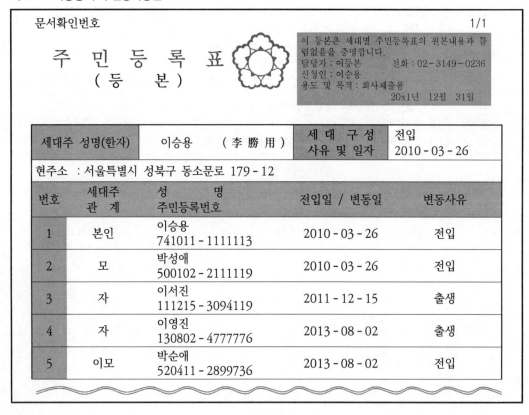

자료 2. 사망신고서

사 망 신 고 서 (년 월 일)			※ 뒷면의 작성방법을 읽고 기재하시되 선택항목은 해당번호에 "○"으로 표시하여 주시기 바랍니다.				

① 사 망 자	성 명	한글	이일섭		성별	주민등록 번호	440405 – 1649478
		한자	李佚葉		남자		
	등록기준 지						
	주 소		서울특별시 성북구 동소문로 179 – 12			세대주 · 관계	부
	사 망 일 시	20x1년 5월 30일 21시			49분 (사망시 시각 : 24시각제로 기재)		
	사 망 장 소	장소	서울시 성북구 안암동 5가 126 – 1				
		구분	① 주택 　 ② 의료기관 　 ③ 사회복지시설(양로원, 고아원 등) ④ 공공시설(학교, 운동장 등) 　 ⑤ 도로 ⑥ 상업 · 서비스시설(상점, 호텔 등) 　 ⑦ 산업장 ⑧ 농장(논밭, 축사, 양식장 등) 　 ⑨ 병원 이송중 사망 ⑩ 기타(　)				

② 기타사항						

③ 신 고 인	성명	이 승 용 ㊞ 또는 서명		주민등록번호	741011 – 1111113	
	자격	① 동거친족 　 ② 비동거친족 　 ③ 동거자		관계	부	
		④ 기타(　)		자격		
	주소	서울특별시 성북구 동소문로 179 – 12		전화		이메일

자료설명	사무직 사원 이승용(1002)의 사원등록을 위한 자료이다. 1. 부양가족은 이승용과 생계를 같이 한다. 2. 이승용은 배우자 김연주(830827 – 2222220)와 2023년 이혼하였다. 3. 부 이일섭은 20x1년 5월 30일에 사망하였다. 4. 모 박성애는 양도소득금액 2,000,000원이 있다. 5. 자녀 이서진은 장애인복지법상 장애인이며, 별도의 소득은 없다. 6. 자녀 이영진, 이모 박순애는 별도의 소득이 없다. 7. 세부담을 최소화하는 방법으로 선택한다.
수행과제	[사원등록] 메뉴에서 부양가족명세를 작성하시오.

[실무수행평가] – 근로소득관리 2

번호	평가문제	배점
41	**평가문제 [이승용 근로소득원천징수영수증 조회]** 기본공제 대상 인원(본인 포함)은 모두 몇 명인가?	1
42	**평가문제 [이승용 근로소득원천징수영수증 조회]** '27.경로우대' 공제대상액은 얼마인가? ① 0원 ② 500,000원 ③ 1,000,000원 ④ 2,000,000원	2
43	**평가문제 [이승용 근로소득원천징수영수증 조회]** '28.장애인' 공제대상액은 얼마인가?	2
44	**평가문제 [이승용 근로소득원천징수영수증 조회]** '30.한부모가족' 공제대상액은 얼마인가?	2
45	**평가문제 [이승용 근로소득원천징수영수증 조회]** '57.자녀세액공제' 금액은 얼마인가? ① 0원 ② 150,000원 ③ 300,000원 ④ 550,000원	2

③ 국세청연말정산간소화 및 이외의 자료를 기준으로 연말정산

자료설명	사무직 이성빈(1003)의 연말정산을 위한 자료이다. 1. 사원등록의 부양가족현황은 사전에 입력되어 있다. 2. 부양가족은 이성빈과 생계를 같이 한다.
수행과제	[연말정산 근로소득원천징수영수증] 메뉴에서 연말정산을 완료하시오. 1. 신용카드와 현금영수증은 [신용카드] 탭에서 입력한다. 2. 의료비는 [의료비] 탭에서 입력하며, 국세청자료는 공제대상 합계금액을 1건으로 집 계하여 입력한다.(단, 실손의료보험금 1,500,000원을 수령하였다.) 3. 보험료는 [소득공제] 탭에서 입력한다. 4. 퇴직연금은 [정산명세] 탭에서 입력한다.

자료 1. 이성빈 사원의 부양가족등록 현황

연말정산관계	성명	주민번호	기타사항
0.본인	이성빈	721010 – 1774918	
3.배우자	성혜은	770202 – 2045678	기본공제
2.배우자 직계존속	장영자	430411 – 2222229	소득이 없는 장애인복지법에 따른 장애인
4.직계비속	이혜빈	121218 – 3094117	사업소득금액 2,000,000원

자료 2. 국세청간소화서비스 및 기타증빙자료

20x1년 귀속 소득·세액공제증명서류 : 기본(사용처별)내역 [신용카드]

■ 사용자 인적사항

(단위 : 원)

성 명	주 민 등 록 번 호
성혜은	770202 - 2045***

■ 신용카드 등 사용금액 집계

일반	전통시장	대중교통	도서공연등	합계금액
20,500,000		250,000	0	20,750,000

 국 세 청 National Tax Service

- 본 증명서류는 『소득세법』 제165조 제1항에 따라 영수증 발급기관으로부터 수집한 서류로 소득·세액공제 충족 여부는 근로자가 직접 확인하여야 합니다.
- 본 증명서류에서 조회되지 않는 내역은 영수증 발급기관에서 직접 발급받으시기 바랍니다.

20x1년 귀속 소득·세액공제증명서류 : 기본(사용처별)내역 [현금영수증]

■ 사용자 인적사항

(단위 : 원)

성 명	주 민 등 록 번 호
장영자	430411 - 2222***

■ 신용카드 등 사용금액 집계

일반	전통시장	대중교통	도서공연등	합계금액
520,000	780,000	0	0	1,300,000

 국 세 청 National Tax Service

- 본 증명서류는 『소득세법』 제165조 제1항에 따라 영수증 발급기관으로부터 수집한 서류로 소득·세액공제 충족 여부는 근로자가 직접 확인하여야 합니다.
- 본 증명서류에서 조회되지 않는 내역은 영수증 발급기관에서 직접 발급받으시기 바랍니다.

20x1년 귀속 소득·세액공제증명서류 : 기본(지출처별)내역 [의료비]

■ 환자 인적사항

성 명	주 민 등 록 번 호
장영자	430411 - 2222***

■ 의료비 지출내역

(단위 : 원)

사업자번호	상 호	종류	지출금액 계
109 - 04 - 16***	성모**병원	일반	6,300,000
106 - 05 - 81***	***안경원	일반	700,000
의료비 인별합계금액			6,300,000
안경구입비 인별합계금액			700,000
산후조리원 인별합계금액			0
인별합계금액			7,000,000

- 본 증명서류는 「소득세법」 제165조 제1항에 따라 영수증 발급기관으로부터 수집한 서류로 소득·세액공제 충족 여부는 근로자가 직접 확인하여야 합니다.
- 본 증명서류에서 조회되지 않는 내역은 영수증 발급기관에서 직접 발급받으시기 바랍니다.

20x1년 귀속 소득·세액공제증명서류 : 기본내역 [실손의료보험금]

■ 수익자 인적사항

성 명	주 민 등 록 번 호
이성빈	721010 - 1774***

■ 의료비 지출내역

(단위 : 원)

상호	상품명	보험계약자		수령금액 계
사업자번호	계약(증권)번호	피보험자		
(주)MG손해보험	(무)안심실손보험	721010 - 1******	이성빈	1,500,000
201 - 81 - 81***	4222***	430411 - 2******	장영자	
인별합계금액				1,500,000

- 본 증명서류는 「소득세법」 제165조 제1항에 따라 영수증 발급기관으로부터 수집한 서류로 소득·세액공제 충족 여부는 근로자가 직접 확인하여야 합니다.
- 본 증명서류에서 조회되지 않는 내역은 영수증 발급기관에서 직접 발급받으시기 바랍니다.

20x1년 귀속 소득·세액공제증명서류 : 기본(지출처별)내역
[보장성 보험, 장애인전용보장성보험]

■ 계약자 인적사항

성 명	주 민 등 록 번 호
이성빈	721010 - 1774***

■ 보장성보험(장애인전용보장성보험) 납입내역

(단위 : 원)

종류	상 호	보험종류	주피보험자		납입금액 계
	사업자번호	증권번호			
	종피보험자1	종피보험자2	종피보험자3		
보장성	신한생명보험(주)	든든 저축보험	721010 - 1774***	이성빈	800,000
	108 - 81 - 15***				
보장성	한화생명	아이튼튼보험	121218 - 3094***	이혜빈	480,000
	104 - 81 - 28***	000005523***			
인별합계금액					1,280,000

 국 세 청 National Tax Service

- 본 증명서류는 『소득세법』 제165조 제1항에 따라 영수증 발급기관으로부터 수집한 서류로 소득·세액공제 충족 여부는 근로자가 직접 확인하여야 합니다.
- 본 증명서류에서 조회되지 않는 내역은 영수증 발급기관에서 직접 발급받으시기 바랍니다.

20x1년 귀속 세액공제증명서류 : 기본내역[퇴직연금]

■ 가입자 인적사항

성 명	주 민 등 록 번 호
이성빈	721010 - 1774***

■ 퇴직연금 납입내역

(단위 : 원)

상호	사업자번호	당해연도 납입금액	당해연도 납입액 중 인출금액	순납입금액
계좌번호				
(주)우리은행	108 - 81 - 26***	3,600,000		3,600,000
123 - 4520 - 4578				
순납입금액 합계				3,600,000

 국 세 청 National Tax Service

- 본 증명서류는 『소득세법』 제165조 제1항에 따라 영수증 발급기관으로부터 수집한 서류로 소득·세액공제 충족 여부는 근로자가 직접 확인하여야 합니다.
- 본 증명서류에서 조회되지 않는 내역은 영수증 발급기관에서 직접 발급받으시기 바랍니다.

[실무수행평가] – 근로소득관리 3

번호	평가문제	배점
46	**평가문제 [이성빈 근로소득원천징수영수증 조회]** '42.신용카드등' 공제대상액은 얼마인가?	2
47	**평가문제 [이성빈 근로소득원천징수영수증 조회]** '59.근로자퇴직급여보장법' 세액공제액은 얼마인가?	2
48	**평가문제 [이성빈 근로소득원천징수영수증 조회]** '61.보장성보험' 세액공제액은 얼마인가?	2
49	**평가문제 [이성빈 근로소득원천징수영수증 조회]** '62.의료비' 세액공제액은 얼마인가?	2
50	**평가문제 [이성빈 근로소득원천징수영수증 조회]** '73.결정세액'(소득세)은 얼마인가?	2
	근로소득 소계	25

실무이론평가

1	2	3	4	5	6	7	8	9	10
④	②	④	③	①	③	③	②	④	①

01 지배회사와 종속회사가 법적실체가 다름에도 **단일의 경제적 실체를 형성하여 하나의 회계단위로서 연결재무제표를 작성**하는 것은 기업실체의 가정과 관련이 있다.

02

매입채무

지 급	500,000	기초잔액	80,000
기말잔액	45,000	외상매입	**465,000**
계	545,000	계	545,000

상 품

기초상품	120,000	*매출원가*	*435,000*
순매입액	465,000	기말상품	150,000
계	585,000	계	585,000

03 사채할인발행차금 = 발행가액(30,000,000×90% - 500,000) - 액면금액(30,000,000)
　　　　　　　　　　= △3,500,000원

04 물가가 지속적으로 상승시 **당기순이익이 가장 크게 나타나는 재고자산 평가방법은 선입선출법**이다.

구입순서	수량	단가	매출원가수량(선입선출법)
기초	100	1,000	**100**
매입(2.15)	400	1,200	**400**
매출(6.30)	△300		
매입(9.05)	**100**	**1,400**	
매출(12.10)	△200		
기말재고	100	1,400	**100개×1,400(9.05)=140,000원**

05 처분이익(1,250,000) = 처분가액(9,000,000) - 장부가액(??)
　　처분시점 장부가액 = 7,750,000원
　　감가상각비 = 전년도 장부가액(8,000,000) - 처분시점 장부가액(7,750,000) = 250,000원

06 단순히 **세법의 규정을 따르기 위한 회계변경은 정당한 회계변경으로 보지 아니한다.**

07 <u>시내버스에 의한 여객운송용역의 제공은 면세대상 용역의 공급</u>에 해당한다.

08 매출세액 = 과세매출액(180,000,000원 + 20,000,000원 + 6,000,000원) × 10% = 20,600,000원

09 <u>소득세는 신고납세제도를 채택</u>하고 있으므로 납세의무자의 확정신고에 의하여 납세의무가 확정된다.

10 사업소득금액(상가 임대) = 총수입금액(24,000,000) - 필요경비(14,000,000) = 10,000,000원

　　기타소득금액 = 총수입금액(15,000,000) × [1 - 필요경비율(60%)] = 6,000,000원

　　종합소득금액 = 사업소득금액(10,000,000) + 기타소득금액(6,000,000) = 16,000,000원

　　☞ <u>논·밭을 작물 생산에 이용하게 함으로써 발생하는 소득은 비과세소득</u>이고, 「복권 및 복권기금법」에 따른 <u>복권 당첨금은 분리과세 기타소득</u>에 해당한다.

■■■■ 실무수행평가

실무수행 1. 거래자료 입력

① 3만원 초과 거래자료에 대한 경비등의송금명세서 작성

1. [일반전표입력] 3월 15일

　　(차) 운반비(판)　　　　　　　　　48,000원　　　(대) 현금　　　　　　　　　48,000원

2. [경비등의송금명세서]

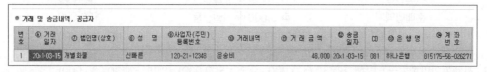

② 기타 일반거래 [일반전표입력] 4월 12일

　　(차) 기타의대손상각비　　　4,400,000원　　　(대) 미수금((주)오토바이천국)　4,400,000원

③ 기타 일반거래 [일반전표입력] 4월 21일

　　[거래처원장] 4월 21일 외상매출금 조회(1.01~4.21)

	코드	거래처	전기(월)이월	차변	대변	잔액	사업자번호	코드
	03300	(주)삼광산업	22,000,000		10,000,000	12,000,000	211-85-41419	

　- (주)삼광산업의 외상매출금 잔액 : 12,000,000원

　　(차) 장기대여금((주)삼광산업)　12,000,000원　　　(대) 외상매출금((주)삼광산업)　12,000,000원

실무수행 2. 부가가치세관리

1 전자세금계산서 발급

1. [매입매출전표입력] 3월 20일

거래유형	품명	공급가액	부가세	거래처	전자세금
11.과세	승합차	15,000,000	1,500,000	동아가공	전자발행
분개유형	(차) 감가상각누계액(209) 21,000,000원		(대) 차량운반구		35,000,000원
3.혼합	미수금 16,500,000원		부가세예수금		1,500,000원
			유형자산처분이익		1,000,000원

2. [전자세금계산서 발행 및 내역관리] 기출문제 77회 참고

2 수정전자세금계산서 발급

1. [수정전자세금계산서 발급]

① [매입매출전표입력] 2월 20일 전표선택 ➜ 수정세금계산서 ➜ [수정사유] 화면에서

[3.환입, 당초(세금)계산서 작성일 : 20x1년 2월 20일] 선택후 확인(Tab)을 클릭

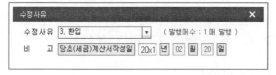

② 수정세금계산서(매출)] 화면에서 수정분 [작성일 3월 24일]입력,

[수량 - 10개], [단가 100,000원] 입력 후 확인(Tab)을 클릭

③ [매입매출전표입력] 3월 24일에 수정분 1건이 반영된다.

거래유형	품명	공급가액	부가세	거래처	전자세금
11.과세	등산가방	- 1,000,000	- 100,000	(주)백두산업	전자발행
분개유형	(차) 외상매출금	- 1,100,000원	(대) 제품매출		- 1,000,000원
2.외상			부가세예수금		- 100,000원

2. [전자세금계산서 발행 및 내역관리] 기출문제 77회 참고

3 매입세액불공제내역 작성자의 부가가치세 신고서 작성

1. [매입매출전표입력] 4월 10일

거래유형	품명	공급가액	부가세	거래처	전자세금
54.불공(2)	노트북	1,200,000	120,000	하나로마트	전자입력
분개유형	(차) 가지급금(최종길)	1,320,000원	(대) 미지급금		1,320,000원
3.혼합					

☞ 대표이사의 개인적 사용은 매입세액이 공제되지 않으며 가지급금으로 처리한다.

[매입매출전표입력] 4월 14일

거래유형	품명	공급가액	부가세	거래처	전자세금
51.과세	차량수리	800,000	80,000	㈜옵트정비	전자입력
분개유형	(차) 차량유지비(제)	800,000원	(대) 미지급금		880,000원
3.혼합	부가세대급금	80,000원			

[일반전표입력] 4월 17일

(차) 차량유지비(판)　　　　132,000원　　(대) 미지급금(현대카드))　　132,000원

☞ 소형승용차의 유지관련 매입세액은 공제되지 않으며, 신용카드 결제한 경우 일반전표에 입력한다.

2. [매입세액불공제내역](4월~6월) 공제받지 못할 매입세액 내역

불공제 사유	세금계산서		
	매수	공급가액	매입세액
①필요한 기재사항 누락			
⑩사업과 직접 관련 없는 지출	1	1,200,000	120,000

3. [부가가치세신고서] 4월 1일 ~ 6월 30일

	구분		금액	세액
16 공제받지 못할매입 세액명세	공제받지못할매입세액	50	1,200,000	120,000
	공통매입세액면세사업	51		
	대손처분받은세액	52		
	합계	53	1,200,000	120,000

④ 매입세액불공제내역 작성자의 부가가치세 신고서 작성

1. [매입매출전표입력] 11월 30일

거래유형	품명	공급가액	부가세	거래처	전자세금
51.과세	고객관리 SW	5,000,000	500,000	㈜유니온	전자입력
분개유형	(차) 소프트웨어		5,000,000원	(대) 미지급금	5,500,000원
3.혼합	부가세대급금		500,000원		

2. [4. 공통매입세액의 정산 내역](10월~12월) 공통매입세액 안분계산

	2.공제받지 못할 매입세액 내역		3.공통매입세액 안분계산 내역	4.공통매입세액의 정산내역		5.납부세액 또는 환급세액 재계산 내역		
	계산식	구분	(15)총공통매입세액	(16)면세사업 확정비율(%)			(17)불공제매입세액총액 ((15)×(16))	(18)기 불공제매입세액	(19)가산또는공제되는매입세액((17)-(18))
				면세공급가액(면세사용면적)	총공급가액(총사용면적)	면세비율(%)			
1	1.면세공급가액기준		500,000	240,000,000	600,000,000	40.000000	200,000		200,000

3. [부가가치세신고서] 10월 1일 ~ 12월 31일

구분			금액	세액
16 공제받지 못할매입	공제받지못할매입세액	50		
	공통매입세액면세사업	51	2,000,000	200,000

4. [일반전표입력] 12월 31일

(차) 소프트웨어　　　　　　　　 200,000원　　 (대) 부가세대급금　　　　　　 200,000원

평가문제. 입력자료 및 회계정보를 조회하여 [평가문제]의 답안을 입력하시오.(70점)

[실무수행평가] – 부가가치세관리

번호	평가문제	배점	답
11	**평가문제 [회사등록 조회]**	3	②
12	**평가문제 [세금계산서합계표 조회]**	2	(15,000,000)원
13	**평가문제 [세금계산서합계표 조회]**	2	(32)매
14	**평가문제 [매입매출전표입력 조회]**	2	(3)
15	**평가문제 [매입세액불공제내역 조회]**	2	(1,200,000)원
16	**평가문제 [부가가치세신고서 조회]**	2	(15,000,000)원
17	**평가문제 [부가가치세신고서 조회]**	2	(9,687,000)원

번호	평가문제	배점	답
18	평가문제 [부가가치세신고서 조회]	2	(15,000)원
19	평가문제 [매입세액불공제내역 조회]	3	(40)%
20	평가문제 [부가가치세신고서 조회]	2	(200,000)원
	부가가치세 소계	22	

실무수행 3. 결산

① 수동결산 [일반전표입력] 12월 31일

(차) 이자수익　　　　　　　　　 440,000원　　(대) 선수수익　　　　　　　　　440,000원

② 결산자료입력에 의한 자동결산

1. [결산자료입력]

– 결산자료입력에서 기말 원재료 재고액 50,000,000원, 기말 재공품 재고액 30,000,000원, 기말 제품 60,000,000원을 입력하고 전표추가(F3) 를 클릭하여 결산분개를 생성한다.

2. [이익잉여금처분계산서] 메뉴

– 이익잉여금처분계산서에서 처분일을 입력한 후, 전표추가(F3) 를 클릭하여 손익대체 분개를 생성한다.

[실무수행평가] – 재무회계

번호	평가문제	배점	답
21	평가문제 [경비등의7송금명세서 조회]	1	(081)
22	평가문제 [일/월계표 조회]	2	(111,000)원
23	평가문제 [일/월계표 조회]	2	(4,651,000)원
24	평가문제 [거래처원장 조회]	1	(9,900,000)원
25	평가문제 [거래처원장 조회]	1	(16,500,000)원
26	평가문제 [거래처원장 조회]	1	④
27	평가문제 [합계잔액시산표 조회]	2	(34,100,000)원
28	평가문제 [합계잔액시산표 조회]	2	(502,212,215)원
29	평가문제 [합계잔액시산표 조회]	2	(490,000)원
30	평가문제 [손익계산서 조회]	1	(1,260,000)원
31	평가문제 [손익계산서 조회]	2	(14,430,000)원

번호	평가문제	배점	답
32	**평가문제 [재무상태표 조회]**	1	(1,320,000)원
33	**평가문제 [재무상태표 조회]**	2	(105,000,000)원
34	**평가문제 [재무상태표 조회]**	2	②
35	**평가문제 [재무상태표 조회]**	1	③
	재무회계 소계	23	

실무수행 4. 근로소득관리

① 일용직사원의 원천징수

1. [일용직사원등록](2001.김주원)

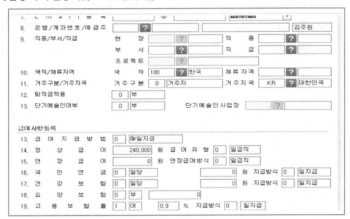

2. [일용직급여입력] 귀속년월 7월, 지급년월 7월

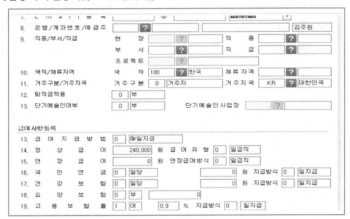

3. [원천징수이행상황신고서] 귀속기간 7월, 지급기간 7월, 0.정기신고

			원천징수내역	부표-거주자	부표-비거주자	부표-법인원천				

구분		코드	소득지급(과세미달,비과세포함)		징수세액			9.당월 조정 환급세액	10.소득세 등 (가산세 포함)	11.농어촌 특별세
			4.인원	5.총지급액	6.소득세 등	7.농어촌특별세	8.가산세			
간 이 세 액	A01	4	17,200,000	791,540					
중 도 퇴 사	A02								
일 용 근 로	A03	1	1,200,000	12,150					
연말정산합계	A04								
연말분납금액	A05								
연말납부금액	A06								
가 감 계	A10	5	18,400,000	803,690				122,000	681,690
연 금 계 좌	A21								

전월 미환급 세액의 계산				당월 발생 환급세액				18.조정대상환급 (14+15+16+17)	19.당월조정 환급액계	20.차월이월 환급액(18-19)	21.환급신청액
12.전월미환급	13.기환급신청	14.잔액12-13	15.일반환급	16.신탁재산	17.금융등	17.합병등					
122,000		122,000						122,000	122,000		

[실무수행평가] – 근로소득관리 1

번호	평가문제	배점	답
36	**[일용직(김주원) 7월 일용직급여입력 조회]** 고용보험의 합계액	2	(10,800)원
37	**[일용직(김주원) 7월 일용직급여입력 조회]** 급여의 차인지급액	1	(1,175,850)원
38	**[7월 원천징수이행상황신고서 조회]** 6. 소득세 등 금액	1	(12,150)원
39	**[7월 원천징수이행상황신고서 조회]** 4. 인원	1	(5)명
40	**[7월 원천징수이행상황신고서 조회]** 10. 소득세 등 금액	1	(681,690)원

※ 36~40는 프로그램이 자동계산하므로 시점(세법개정, 프로그램 업데이트)마다 달라질 수가 있습니다.

② 주민등록등본에 의한 사원등록(이승용)2025

관계	요 건		기본 공제	추가 (자녀)	판 단
	연령	소득			
본인(세대주)	–	–	○	한부모	배우자가 없고 기본공제대상 자녀가 있음.
부(81)	○	○	○	경로	사망전일로 판단
모(75)	○	×	부	–	양도소득금액이 1백만원 초과자
자1(14)	○	○	○	자녀, 장애(1)	
자2(12)	○	○	○	자녀	

	연말정산관계	기본	세대	부녀	장애	경로 70세	출산 입양	자녀	한부모	성명	주민(외국인)번호	가족관계
1	0.본인	본인	○						○	이승용	내 741011-1111113	
2	1.(소)직계존속	60세이상				○				이일섭	내 440405-1649478	03.부
3	1.(소)직계존속	부								박성애	내 500102-2111119	04.모
4	4.직계비속((손)지	20세이하			1			○		이서진	내 111215-3094119	05.자녀
5	4.직계비속((손)지	20세이하						○		이영진	내 130802-4777778	05.자녀

[실무수행평가] – 근로소득관리 2

번호	평가문제 [이승용 근로소득원천징수영수증 조회]	배점	답
41	기본공제 대상 인원(본인 포함)	1	(4)명
42	경로우대 공제액 1,000,000원/인	2	③
43	장애인 공제대상액 2,000,000원/인	2	(2,000,000)원
44	한부모 공제대상액 1,000,000원	2	(1,000,000)원
45	자녀세액공제액(1명 25만원＋2명 30만원)(개정세법 25)	2	④

③ 국세청연말정산간소화 및 이외의 자료를 기준으로 연말정산(이성빈)(2025)

〈연말정산 대상여부 판단〉

항목	요건		내역 및 대상여부	입력
	연령	소득		
신용카드	×	○	• 배우자 신용카드 • 모친 현금영수증	○(신용 20,500,000 　　대중교통 250,000) ○(현금 520,000 　　전통시장 780,000)
의료비	×	×	• 모친 의료비(안경은 50만원 한도) 　실손의료보험금 1,500,000 차감	○(특정 5,300,000)
보험료	○ (×)	○	• 본인 보장성 보험 • 자(사업소득금액 1백만원 초과자)	○(일반 800,000) ×
퇴직연금	본인		• 본인 퇴직연금	○(3,600,000)

☞ 본인 보장성 보험 중 보험종류에 든든 저축보험으로 제시하고 있는데, 저축보험은 보장성 보험이 될 수가 없다. 든든 저축보험에 대해서 보장성 보험으로 제시한 것은 수험생들에게 잘못된 정보를 제공하고 있다.

1. 신용카드 소득공제

공제대상자				신용카드 등 공제대상금액								
내·외 관계	성 명 생년월일	구분	⑥소계(⑥= ①+②+③+ ④-⑤)	①신용카드	②직불선불카드	③현금영수증	④도서공연박물관미술관사용분 (총급여7천만원이하자만)			⑤전통시장 사용분	⑥ 대중교통 이용분
							신용카드	직불선불카드	현금영수증		
내 본인	이성빈 1972-10-10	국세청자료 기타자료									
내 3	성혜은 1977-02-02	국세청자료 기타자료	20,750,000	20,500,000							250,000
내 2	장영자 1943-04-11	국세청자료 기타자료	1,300,000			520,000				780,000	

2. 의료비 세액공제

공제대상자					지급처			지급명세		
부양가족 관계코드	성명	내 외	주민등록번호	본인등 해당여부	상호	사업자번호	의료증빙 코 드	건수	지급액	실손의료보험금
1 소득자의 직계존	장영자	내	430411-2222229	○			국세청	1	6,800,000	1,500,000

3. 보험료 세액공제

1	0 1	이성빈 721010-1774918	본인/세대주	800,000	

4. 퇴직연금

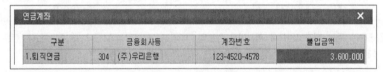

연금계좌			✕
구분	금융회사등	계좌번호	불입금액
1.퇴직연금	304 (주)우리은행	123-4520-4578	3,600,000

[실무수행평가] – 근로소득관리 3

번호	평가문제 [이성빈 근로소득원천징수영수증 조회]	배점	답
46	42. 신용카드 등 공제대상액	2	(1,528,000)원
47	59. 근로자의 퇴직급여보장법 세액공제액	2	(432,000)원
48	61. 보장성 보험세액공제액	2	(96,000)원
49	62. 의료비 세액공제액	2	(541,200)원
50	73. 결정세액(소득세)	2	(1,435,536)원
	근로소득 소계	25	

※ 46,73은 프로그램이 자동계산하므로 시점(세법개정, 프로그램 업데이트)마다 달라질 수가 있습니다.

[참고사항 : 총급여액 56,400,000원]

※ 시험시 프로그램이 자동계산되어진 것으로 답을 입력하시고 시간이 남으시면 체크해 보시기 바랍니다.

		한도	공제율	대상금액	세액공제
1. 보험료	일반	1백만원	12%	800,000	96,000
2. 의료비	특정	-	15%	5,300,000	541,200
	☞의료비세액공제 = [5,3000,000 - 총급여액(56,400,000)×3%]×15% = 541,200				
3. 퇴직연금		9백만원	12%	3,600,000	432,000

기출문제

Tax Accounting Technician
세무정보처리 자격시험 2급

72회

합격율	시험년월
35%	2024.5

■■■■■■■■ **실무이론평가**

[1] 다음에서 설명하고 있는 '(가)'는(은) 무엇인가?

> '(가)'는(은) 내부통제제도의 일부분으로 회사의 재무제표가 일반적으로 인정되는 회계처리기준에 따라 작성·공시되었는지에 대한 합리적 확신을 제공하기 위해 설계·운영되는 것이고, 회사의 이사회와 경영진을 포함한 모든 구성원들에 의해 지속적으로 실행되는 과정을 의미한다.

① 회계감사   ② 세무조정
③ 내부회계관리제도   ④ 내부감사

[2] 다음 자료를 토대로 (주)한공의 재무상태표에 표시될 매출채권 기말잔액을 계산하면 얼마인가?

> • 기초매출채권   80,000원   • 당기현금매출액   50,000원
> • 매출채권회수액   180,000원   • 당기총매출액   300,000원

① 120,000원   ② 150,000원
③ 180,000원   ④ 300,000원

[3] 다음은 (주)한공의 12월 중 상품 매매 자료이다. 재고자산의 평가방법을 선입선출법으로 적용한 경우 매출원가와 매출총이익은 각각 얼마인가?

일자	구분	수량	단가
12월 1일	기초재고	100개	1,100원
12월 4일	외상매입	120개	1,200원
12월 10일	상품매출	150개	2,000원
12월 15일	외상매입	100개	1,300원

	매출원가	매출총이익
①	150,000원	150,000원
②	160,000원	140,000원
③	170,000원	130,000원
④	180,000원	120,000원

[4] 다음은 회계팀 김부장과 이대리의 대화이다. (가)와 (나)에 들어갈 내용으로 옳은 것은?

> 김부장 : 이대리, 작년 연말에 구입한 점퍼구입금액을 어떻게 회계처리했나요?
> 이대리 : 매출거래처에 선물로 제공한 점퍼구입금액은 **(가)**(으)로 처리하고, 불우이웃에 제공한 점퍼구입금액은 **(나)**(으)로 처리하였습니다.

※ 1차 저작권자의 저작권 침해 소지가 있어 삽화 삽입은 어려우니 양해바랍니다.

	(가)	(나)
①	기부금	접대비
②	복리후생비	기부금
③	접대비	기부금
④	접대비	복리후생비

[5] (주)한공은 20x0년에 장기투자 목적으로 (주)서울의 주식을 1,000,000원에 취득하고 매도가능증권으로 분류하였다. 다음 자료를 토대로 20x2년에 인식할 매도가능증권처분손익을 계산하면 얼마인가?

• 20x0년말 공정가치	900,000원
• 20x1년말 공정가치	1,200,000원
• 20x2년중 처분금액	1,100,000원

① 매도가능증권처분손실 100,000원
② 매도가능증권처분손실 200,000원
③ 매도가능증권처분이익 100,000원
④ 매도가능증권처분이익 200,000원

[6] 다음의 결산정리사항을 반영하지 아니한 (주)한공의 당기순이익은 400,000원이다. 결산정리사항을 추가로 반영하여 당기순이익을 계산하면 얼마인가?

• 임대료 미수수익 미계상	30,000원
• 기계장치 감가상각비 미계상	40,000원
• 선급 보험료 미계상(지출시 전액비용 계상)	20,000원

① 380,000원　　　　　　　　　② 400,000원
③ 410,000원　　　　　　　　　④ 430,000원

[7] 다음 중 부가가치세 환급에 대한 설명으로 옳지 <u>않은</u> 것은?
① 일반환급의 경우 예정신고시 예정신고기간이 지난 후 30일 이내에 환급한다.
② 영세율을 적용받는 경우에는 조기환급 대상이 된다.
③ 조기환급 신고를 한 경우 조기환급세액은 조기환급 신고기한이 지난 후 15일 이내에 환급한다.
④ 경정에 의한 환급세액이 있는 경우 관할세무서장은 지체없이 환급해야 한다.

[8] 다음은 컴퓨터 제조업을 영위하는 (주)한공의 20x1년 1기 부가가치세 확정신고기간(20x1.4.1. ~20x1.6.30.)의 자료이다. 이를 토대로 부가가치세 납부세액을 계산하면 얼마인가?(단, 모든 거래금액은 부가가치세가 포함되어 있지 않고 필요한 세금계산서는 적법하게 수취하였으며 주어진 자료 외에는 고려하지 않는다.)

- 국내 매출액 : 40,000,000원
- 직수출액 : 12,000,000원
- 컴퓨터 부품 매입액 : 11,000,000원
- 배달용 1톤 트럭 구입액 : 15,000,000원
- 거래처 증정용 선물구입액 : 3,000,000원

① 100,000원
② 1,100,000원
③ 1,400,000원
④ 2,600,000원

[9] 다음 중 종합소득세 확정신고 · 납부와 관련된 내용으로 옳지 <u>않은</u> 것은?
① 일용근로소득만 있는 자는 과세표준 확정신고를 하지 않아도 된다.
② 과세표준이 없거나 결손시에는 신고의무가 면제된다.
③ 과세표준 확정신고 기간은 다음 연도 5월 1일에서 5월 31일(성실신고확인대상사업자는 6월 30일)까지이다.
④ 납부할 세액이 1천만원을 초과하는 경우에는 납부기한 경과 후 2개월 이내에 분납할 수 있다.

[10] 다음은 근로소득자인 거주자 김한공 씨가 20x1년에 지출한 자녀 교육비 내역이다. 연말정산시 교육비세액공제 대상금액은 얼마인가?(단, 자녀의 소득은 없는 것으로 가정한다.)

자녀명	생년월일	지출내역	금액(원)
김진수(대학생)	2004.09.28.	대학교등록금	11,000,000
김영미(초등학생)	2013.12.01.	보습학원 수강료	1,500,000
김은정(유치원생)	2019.02.12.	미술학원 강습료 (주 1회 이상 실시하는 과정임.)	1,800,000

① 9,000,000원
② 10,800,000원
③ 12,300,000원
④ 12,800,000원

■■■■■ 실무수행평가

(주)무풍에어(2720)는 전자제품 제조업을 영위하는 법인기업으로 회계기간은 제7기(20x1.1.1.~20x1.12.31.)이다. 제시된 자료와 [자료설명]을 참고하여 [수행과제]를 완료하고 [평가문제]의 물음에 답하시오.

실무수행1 | 거래자료 입력

실무프로세스 자료이다. [자료설명]을 참고하여 [수행과제]를 수행하시오.

1 3만원 초과 거래자료에 대한 영수증수취명세서 작성

자료. 교통유발부담금 납부 영수증

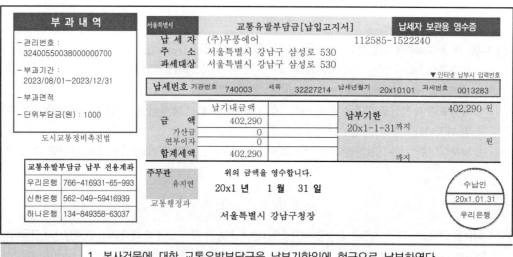

자료설명	1. 본사건물에 대한 교통유발부담금을 납부기한일에 현금으로 납부하였다. 2. 이 거래가 지출증명서류 미수취가산세대상인지를 검토하려고 한다.
수행과제	1. 거래자료를 입력하시오. 2. 영수증수취명세서(2)와 (1)서식을 작성하시오.

2 유가증권 매각

■ 보통예금(국민은행) 거래내역

번호	거래일자	내용	찾으신금액	맡기신금액	잔액	거래점
		계좌번호 719 - 119 - 123123 (주)무풍에어				
1	20x1 - 3 - 14	주식처분		20,000,000	***	***

자료설명	1. 3월 14일 당사가 보유중인 매도가능증권을 다음과 같은 조건으로 처분하였다. 2. 20x0년 기말 평가는 기업회계기준에 따라 적절하게 처리하였다.

20x0년 7월 31일	20x0년 12월 31일	20x1년 3월 14일	비 고
취득금액	기말공정가치	처분금액	
21,000,000원	26,000,000원	20,000,000원	

수행과제	처분일의 거래자료를 입력하시오.

3 기타 일반거래

자료설명	[4월 1일] 판매용 제품(원가 1,350,000원)을 불특정다수에게 홍보할 목적으로 제공하였다.
수행과제	관련된 거래자료를 입력하시오.

실무수행2 │ 부가가치세관리

부가가치세 신고 관련 자료이다. [자료설명]을 참고하여 [수행과제]를 수행하시오.

① 전자세금계산서 발급

거래명세서 (공급자 보관용)

공급자	등록번호	120-81-35874			공급받는자	등록번호	110-81-24986		
	상호	(주)무풍에어	성명	김민재		상호	(주)명신전자	성명	이영수
	사업장 주소	서울특별시 강남구 삼성로 530				사업장 주소	서울특별시 강남구 강남대로 333 (도곡동)		
	업태	제조업외	종사업장번호			업태	제조업	종사업장번호	
	종목	무풍에어컨외				종목	전자제품외		

거래일자	미수금액	공급가액	세액	총 합계금액
20x1.5.31.		17,000,000	1,700,000	18,700,000

NO	월	일	품목명	규격	수량	단가	공급가액	세액	합계
1	5	2	무풍슬림AC (중형)		10	800,000	8,000,000	800,000	8,800,000
2	5	20	무풍슬림AC (대형)		5	1,800,000	9,000,000	900,000	9,900,000

자료설명	(주)명신전자에 제품을 공급하고 전자세금계산서를 발급·전송하였다. (전자세금계산서는 매월 말일 월합계로 발급하고, 대금은 전액 현금으로 수취 하였다.)
수행과제	1. 5월 31일의 거래자료를 입력하시오.(복수거래 를 이용할 것.) 2. 전자세금계산서 발행 및 내역관리 를 통하여 발급·전송하시오. (전자세금계산서 발급 시 결제내역 및 전송일자는 고려하지 않을 것.)

② 수정전자세금계산서 발급

전자세금계산서			(공급자 보관용)		승인번호		

공급자	등록번호	120-81-35874			공급받는자	등록번호	134-81-45560	
	상호	(주)무풍에어	성명	김민재		상호	미래전자(주)	성명(대표자)	이호영
	사업장 주소	서울특별시 강남구 삼성로 530				사업장 주소	서울특별시 금천구 시흥대로 106 (시흥동)		
	업태	제조업외	종사업장번호			업태	제조업외	종사업장번호	
	종목	무풍에어컨외				종목	전자제품외		
	E-Mail	baram@bill36524.com				E-Mail	srlee@naver.com		

작성일자	20x1.5.25.	공급가액	3,000,000	세액	300,000
비고					

월	일	품목명	규격	수량	단가	공급가액	세액	비고
5	25	계약금				3,000,000	300,000	

합계금액	현금	수표	어음	외상미수금	이 금액을	● 영수 ○ 청구	함
3,300,000	3,300,000						

자료설명	1. 5월 25일에 발급된 전자세금계산서는 7월초 납품예정건에 대해 계약금 10%를 수령한 후 발급한 전자세금계산서이다. 2. 하반기 신제품 출시예정에 따라 재주문을 위해 기존의 계약을 해제한 후 계약금을 현금으로 반환하고, 수정전자세금계산서를 발급하였다. (계약해제일은 20x1년 6월 7일이다.)
수행과제	수정사유를 선택하여 수정전자세금계산서를 발급 · 전송하시오. ※ 전자세금계산서는 전자세금계산서 발행 및 내역관리 메뉴에서 발급 · 전송한다. (전자세금계산서 발급 시 결제내역 입력과 전송일자는 무시할 것.)

③ 부동산임대사업자의 부가가치세신고서 작성

자료 1. 부동산임대계약서

(사 무 실) 월 세 계 약 서				■ 임 대 인 용 □ 임 차 인 용 □ 사무소보관용		
부동산의 표시	소재지	서울특별시 강남구 삼성로 530, 2층 201호				
	구 조	철근콘크리트조	용도	사무실	면적	95㎡
월 세 보 증 금	금	100,000,000원정		월세	2,500,000원정(부가가치세 별도)	

제 1 조 위 부동산의 임대인과 임차인 합의하에 아래와 같이 계약함.

제 2 조 위 부동산의 임대차에 있어 임차인은 보증금을 아래와 같이 지불키로 함.

계 약 금	10,000,000원정은 계약시 지불하고
중 도 금	- -
잔 금	90,000,000원정은 20x1년 9월 1일 중개업자 입회하에 지불함.

제 3 조 위 부동산의 명도는 20x1년 9월 1일로 함.

제 4 조 임대차 기간은 20x1년 9월 1일로부터 (24)개월로 함.

제 5 조 **월세금액은 매월(1)일에 지불**키로 하되 만약 기일내에 지불치 못할 시에는 보증금액에서 공제키로 함.(신한은행, 계좌번호 : 112-58-252158, 예금주 : (주)무풍에어)

〰〰〰 중 략 〰〰〰

임 대 인	주소	서울특별시 강남구 삼성로 530					
	사업자등록번호	120-81-35874	전화번호	02-414-9590	성명	(주)무풍에어	

자료 2. 임대료 전자세금계산서 발급

전자세금계산서			(공급자 보관용)		승인번호		
공급자	등록번호	120-81-35874		공급받는자	등록번호	123-81-52149	
	상호	(주)무풍에어	성명	김민재		상호	(주)우주산업	성명 (대표자)	이주영
	사업장 주소	서울특별시 강남구 삼성로 530			사업장 주소	서울특별시 강남구 삼성로 530, 2층 201호	
	업태	제조업외	종사업장번호		업태	도소매업	종사업장번호
	종목	무풍에어컨외			종목	전자제품외	
	E-Mail	baram@bill36524.com			E-Mail	yun@bill36524.com	
작성일자	20x1.9.1.	공급가액	2,500,000	세 액	250,000		
비고							

월	일	품목명	규격	수량	단가	공급가액	세액	비고
9	1	9월 임대료				2,500,000	250,000	

합계금액	현금	수표	어음	외상미수금	이 금액을	● 영수 ○ 청구	함
2,750,000							

자료 3. 보통예금(신한은행) 거래내역

번호	거래일	내용	찾으신금액	맡기신금액	잔액	거래점
		계좌번호 112 – 58 – 252158 (주)무풍에어				
1	20x1 – 9 – 01	9월 임대료		2,750,000	***	***

자료설명	1. 자료 1은 부동산임대계약 체결관련 서류이다. 2. 자료 2는 9월분 임대료에 대한 전자세금계산서이며, 임대료는 9월 1일 신한은행 보통예금계좌에 입금된 것을 확인하였다. 3. 간주임대료에 대한 부가가치세는 임대인이 부담하기로 하였다.
수행과제	1. 9월 1일 임대료에 대한 거래를 매입매출전표에 입력하시오. (전자세금계산서는 '전자입력'으로 처리할 것.) 2. 제2기 예정신고에 대한 부동산임대공급가액명세서를 작성하시오. (간주임대료 적용 이자율은 3.5%로 가정할 것.) 3. 간주임대료에 대한 회계처리를 9월 30일자로 매입매출전표에 입력하시오. 4. 9월 임대료 및 간주임대료에 대한 내용을 제2기 부가가치세 예정신고서에 반영하시오.

4 매입세액불공제내역 작성자의 부가가치세신고서 작성

자료 1. 공통매입내역

품목	일자	공급가액	세액
건물	20x0.04.01.	100,000,000원	10,000,000원
토지	20x0.04.01.	20,000,000원	–
포장기(기계장치)	20x0.01.20.	50,000,000원	5,000,000원

자료 2. 과세표준 및 면세비율

구 분	20x0년 2기	20x1년 1기
과세공급	630,000,000원	660,000,000원
면세공급	270,000,000원	540,000,000원
총공급가액	900,000,000원	1,200,000,000원
면세비율	30%	45%

자료설명	본 문제에 한하여 (주)무풍에어는 과세사업과 면세사업을 겸영하고 있다고 가정한다. 1. 자료 1은 과세사업과 면세사업에 공통으로 사용되는 자산의 구입내역이다. 2. 자료 2는 20x0년 2기와 20x1년 1기의 제품 매출내역이다. (기 입력된 데이터는 무시하고 제시된 자료에 의할 것.)
수행과제	1. 공통매입세액 재계산을 하여 제1기 확정 부가가치세신고기간의 매입세액불공제내역 서를 작성하시오. 2. 공통매입세액 재계산 결과 및 전자신고세액공제를 반영하여 제1기 부가가치세 확정 신고서를 작성하시오. 3. 공통매입세액 재계산 관련 회계처리를 일반전표입력에 6월 30일자로 입력하시오.

평가문제 입력자료 및 회계정보를 조회하여 [평가문제]의 답안을 입력하시오.(70점)

[실무수행평가] – 부가가치세관리

번호	평가문제	배점
11	**평가문제 [세금계산서합계표 조회]** 제1기 확정 신고기간의 거래처 '(주)명신전자'에 전자발급된 세금계산서 공급가액은 얼마 인가?	2
12	**평가문제 [세금계산서합계표 조회]** 제1기 확정 신고기간의 매출전자세금계산서가 발급된 거래처수는 모두 몇 곳인가?	2
13	**평가문제 [매입매출전표입력 조회]** 5월 25일자 수정세금계산서의 수정입력사유 코드번호를 입력하시오.	3
14	**평가문제 [부동산임대공급가액명세서 조회]** 제2기 예정 신고기간의 부동산임대공급가액명세서의 보증금 이자(간주임대료) 금액은 얼 마인가?	3
15	**평가문제 [매입세액불공제내역 조회]** 제1기 확정 신고기간의 납부세액 재계산 내역에 반영되는 포장기(기계장치)의 경감률은 몇 %인가?	2
16	**평가문제 [부가가치세신고서 조회]** 제1기 예정 부가가치세신고서의 과세표준명세에서 확인되는 수입금액제외(31란)의 금액은 얼마인가?	2

번호	평가문제	배점
17	**평가문제 [부가가치세신고서 조회]** 제1기 확정 부가가치세신고서의 공제받지못할매입세액(16란) 세액은 얼마인가?	2
18	**평가문제 [부가가치세신고서 조회]** 제1기 확정 부가가치세신고서의 그밖의경감·공제세액(18란) 세액은 얼마인가?	2
19	**평가문제 [부가가치세신고서 조회]** 제2기 예정 부가가치세신고서의 과세표준 합계(9란) 금액은 얼마인가?	2
20	**평가문제 [부가가치세신고서 조회]** 제2기 예정 부가가치세신고서에 작성되는 부가가치세 첨부서류에 해당하지 않는 것은? ① 계산서합계표　　　　　　　　② 부동산임대공급가액명세서 ③ 대손세액공제신고서　　　　　④ 신용카드매출전표등수령금액합계표	2
	부가가치세 소계	22

실무수행3　결산

[결산자료]를 참고하여 결산을 수행하시오.(단, 제시된 자료 이외의 자료는 없다고 가정함.)

① 수동결산

자료설명	본사의 임시판매장에 대해 11월 1일 화재보험에 가입하였고 6개월분 보험료 1,200,000원(기간 : 20x1.11.~20x2.04.)을 선납하고 자산처리 하였다.
수행과제	보험료의 기간경과액을 계산하여 결산정리분개를 입력하시오.(월할계산할 것.)

② 결산자료입력에 의한 자동결산

자료설명	1. 기말 현재 퇴직급여추계액 전액을 퇴직급여충당부채로 설정하려고 한다. 기말 현재 퇴직급여추계액 및 당기 퇴직급여충당부채 설정 전의 퇴직급여 충당부채 잔액은 다음과 같다.

부 서	퇴직급여추계액	퇴직급여충당부채 잔액
생산부	52,300,000원	40,000,000원
영업부	26,500,000원	12,000,000원

2. 기말재고자산 현황

구 분	실사내역		
	단위당원가	수량	평가액
원재료	100,000원	450	45,000,000원
제 품	250,000원	420	105,000,000원

3. 이익잉여금처분계산서 처분 예정(확정)일
 - 당기 : 20x2년 2월 28일   - 전기 : 20x1년 2월 28일

수행과제	결산을 완료하고 이익잉여금처분계산서에서 손익대체분개를 하시오. (단, 이익잉여금처분내역은 없는 것으로 하고 미처분이월이익잉여금 전액을 이월이익잉 여금으로 이월하기로 할 것.)

[실무수행평가] – 재무회계

번호	평가문제	배점
21	**평가문제 [영수증수취명세서 조회]** 영수증수취명세서(1)에 반영되는 '12.명세서제출 대상' 금액은 얼마인가?	1
22	**평가문제 [일/월계표 조회]** 3월에 발생한 영업외비용 금액은 얼마인가?	2
23	**평가문제 [일/월계표 조회]** 1/4분기(1월~3월)에 발생한 판매관리비의 세금과공과금은 얼마인가?	2
24	**평가문제 [일/월계표 조회]** 4월에 발생한 판매관리비중 현금거래가 발생한 계정과목이 아닌것은? ① 811.복리후생비　　　　　② 820.수선비 ③ 824.운반비　　　　　　　④ 833.광고선전비	2

번호	평가문제	배점
25	**평가문제 [일/월계표 조회]** 9월에 발생한 임대료수입은 얼마인가?	2
26	**평가문제 [거래처원장 조회]** 9월 말 거래처별 보통예금 잔액으로 옳지 않은 것은? ① 98000.국민은행(보통)　229,324,000원 ② 98001.신한은행(보통)　470,605,000원 ③ 98500.외환은행(보통)　104,000,000원 ④ 99500.하나은행(보통)　 42,000,000원	1
27	**평가문제 [합계잔액시산표 조회]** 6월 말 현금 잔액은 얼마인가?	1
28	**평가문제 [합계잔액시산표 조회]** 6월 말 선수금 잔액은 얼마인가?	1
29	**평가문제 [손익계산서 조회]** 당기 손익계산서의 보험료는 얼마인가?	2
30	**평가문제 [손익계산서 조회]** 당기 손익계산서의 세금과공과금은 얼마인가?	2
31	**평가문제 [손익계산서 조회]** 당기 제품 타계정으로 대체액의 합계액은 얼마인가?	1
32	**평가문제 [재무상태표 조회]** 9월 말 유형자산별 장부금액(취득원가 – 감가상각누계액)으로 옳지 않은 것은? ① 201.토지　　　 20,000,000원　　② 202.건물　　　　 220,000,000원 ③ 206.기계장치　20,375,000원　　④ 208.차량운반구　 30,000,000원	1
33	**평가문제 [재무상태표 조회]** 당기 비유동부채 잔액은 얼마인가?	2
34	**평가문제 [재무상태표 조회]** 기말 원재료 잔액은 얼마인가?	2
35	**평가문제 [재무상태표 조회]** 12월 말 이월이익잉여금(미처분이익잉여금) 잔액으로 옳은 것은? ① 775,434,577원　　　　　　② 812,571,984원 ③ 827,676,981원　　　　　　④ 905,234,916원	1
	재무회계 소계	23

실무수행4 | 근로소득관리

인사급여 관련 자료이다. [자료설명]을 참고하여 [수행과제]를 수행하시오.

1 주민등록등본에 의한 사원등록

자료. 고주원의 주민등록등본

문서확인번호				1/1

주 민 등 록 표
(등 본)

이 등본은 세대별 주민등록표의 원본내용과 틀림없음을 증명합니다.
담당자 : 이등본   전화 : 02 - 3149 - 0236
신청인 : 고주원
용도 및 목적 : 회사제출용
20x1년 12월 31일

세대주 성명(한자)	고주원 (高 周 元)		세 대 구 성 사 유 및 일 자	전입 2015 - 10 - 05
현주소 : 서울특별시 성북구 동소문로 179 - 12				
번호	세대주 관 계	성 명 주민등록번호	전입일 / 변동일	변동사유
1	본인	고주원 861111 - 1111111	2015 - 10 - 05	전입
2	부	고영일 500102 - 1111116	2015 - 10 - 05	전입
3	배우자	최혜정 830827 - 2222220	2015 - 10 - 05	전입
4	자	고정원 120122 - 3122220	2015 - 10 - 05	전입
5	자	고지원 140406 - 3182818	2015 - 10 - 05	전입

자료설명	사무직 사원 고주원(1004)의 사원등록을 위한 자료이다. 1. 부양가족은 고주원과 생계를 같이 한다. 2. 부 고영일은 총급여액 8,000,000원이 있다. 3. 배우자 최혜정은 장애인복지법에 따른 장애인이며, 일시적인 문예창작소득 2,000,000원이 있다. 4. 자녀 고정원은 1인미디어 콘텐츠 창작 사업자등록을 하였으며, 사업소득금액 1,200,000원이 있다. 5. 자녀 고지원은 별도 소득이 없다. 6. 세부담을 최소화하는 방법으로 선택한다.
수행과제	[사원등록] 메뉴에서 부양가족명세를 작성하시오.

[실무수행평가] – 근로소득관리 1

번호	평가문제	배점
36	**평가문제 [고주원 근로소득원천징수영수증 조회]** 기본공제 대상 인원수(본인포함)는 모두 몇 명인가?	1
37	**평가문제 [고주원 근로소득원천징수영수증 조회]** '25.배우자' 공제대상액은 얼마인가?	1
38	**평가문제 [고주원 근로소득원천징수영수증 조회]** '27.경로우대' 공제대상액은 얼마인가? ① 0원 ② 500,000원 ③ 1,000,000원 ④ 2,000,000원	2
39	**평가문제 [고주원 근로소득원천징수영수증 조회]** '28.장애인' 공제대상액은 얼마인가?	1
40	**평가문제 [고주원 근로소득원천징수영수증 조회]** '57.자녀세액공제' 금액은 얼마인가?	2

② 급여명세에 의한 급여자료

자료 1. 4월 급여자료

(단위 : 원)

사원	기본급	육아수당	자격수당	자가운전 보조금	식대	야간근로 수당	국민 연금	건강 보험	고용 보험	장기 요양 보험	상조 회비
임유건	1,500,000	100,000	100,000	300,000	300,000	200,000	프로그램에서 자동 계산된 금액으로 공제한다.				10,000

자료 2. 수당 및 공제요건

구분	코드	수당 및 공제명	내 용
수 당 등 록	101	기본급	설정된 그대로 사용한다.
	200	육아수당	6세이하 자녀를 양육하는 경우 매월 고정적으로 지급하고 있다.
	201	자격수당	TAT2급 자격증 소지자에게 매월 월정액으로 지급하고 있다.
	202	자가운전보조금	차량을 소유한 직원들에게 지급하며, 출장 시에는 별도의 교통비를 지급하고 있지 않다.(월정액급여에 포함되지 않음)
	203	식대	임직원을 위한 식당을 무료 운영하고 있다.
	204	야간근로수당	생산직 사원에게 연장근로시간에 대하여 수당을 지급하고 있다.

자료설명	1. 임유건(1005)은 생산직 사원이며, 전년도 총급여액은 3,000만원 이하 이다. 2. 4월 귀속분 급여지급일은 당월 30일이며, 사회보험료는 자동 계산된 금액으로 공제한다. 3. 전 직원은 급여 지급시 상조회비를 일괄공제하고 있다. 4. 당사는 반기별 원천징수 납부대상자가 아니며, 전월 미환급세액 240,000원이 있다.
수행과제	1. [사원등록] 메뉴에서 생산직 및 연장근로 비과세여부를 적용하시오. 2. [급여자료입력] 메뉴에 수당등록을 하시오. 3. 4월분 급여자료를 입력하시오.(단, 구분 '1.급여'로 선택할 것.) 4. 4월 귀속분 [원천징수이행상황신고서]를 작성하시오.

[실무수행평가] – 근로소득관리 2

번호	평가문제	배점
41	**평가문제 [임유건 4월 급여자료입력 조회]** 급여항목 중 자격수당 과세대상 금액은 얼마인가?	1
42	**평가문제 [임유건 4월 급여자료입력 조회]** 급여항목 중 자가운전보조금 과세대상 금액은 얼마인가? ① 0원　　　　② 100,000원 ③ 200,000원　　④ 300,000원	2
43	**평가문제 [임유건 4월 급여자료입력 조회]** 급여항목 중 식대 과세대상 금액은 얼마인가? ① 0원　　　　② 100,000원 ③ 200,000원　　④ 300,000원	2
44	**평가문제 [임유건 4월 급여자료입력 조회]** 급여항목 중 임유건의 야간근로수당 비과세대상 금액은 얼마인가?	2
45	**평가문제 [원천징수이행상황신고서 조회]** 근로소득 가감계(A10) '10.소득세등'은 얼마인가?	1

③ 국세청연말정산간소화 및 이외의 자료를 기준으로 연말정산

자료설명	사무직 정진영(1010)의 연말정산을 위한 자료이다. 1. 사원등록의 부양가족현황은 사전에 입력되어 있다. 2. 부양가족은 정진영과 생계를 같이 하고 있다. 3. 20x1년 5월에 정수영을 입양하였다.(둘째 자녀에 해당함.) 4. 정진영은 이중근로자이다.

수행과제	[연말정산 근로소득원천징수영수증] 메뉴에서 연말정산을 완료하시오. 1. 입양관계증명서는 [사원등록] 메뉴에서 입력한다. 2. 정진영 사원은 이중근로자로 종전근무지 관련 서류는 [소득명세] 탭에서 입력한다. 3. 기부금은 [기부금] 탭에서 입력한다. 4. 교육비는 [소득공제] 탭에서 입력한다.

자료 1. 정진영 사원의 부양가족등록 현황

연말정산관계	성명	주민번호	기타사항
0.본인	정진영	731123 – 1111113	
1.배우자	주경선	770202 – 2045678	총급여 55,000,000원
1.소득자 직계존속	김규진	520411 – 2899736	기초노령연금 2,400,000원
4.직계비속	정수진	070711 – 4321578	별도 소득은 없다.
4.직계비속	정수영	200927 – 3321583	별도 소득은 없다.

자료 2. 입양관계증명서

[별지 제3호서식]

입 양 관 계 증 명 서

등록기준지	서울특별시 서대문구 충정로7길 30

구분	성 명	출생연월일	주민등록번호	성별	본
본인	정진영	1973년 11월 23일	731123 – 1111113	남	경주

입양사항

구분	성명	출생연월일	주민등록번호	성별	본
양부	정진영	1973년 11월 23일	731123 – 1111113	남	경주
양모	주경선	1977년 2월 2일	770202 – 2045678	여	신안
양자	정수영	2020년 9월 27일	200927 – 3321583	남	경주

구분	상세내용
입양	(신고일) 20x1년 5월 3일 (양자) 정수영 (양자의 주민번호) 200927 – 3321583 (처리관서) 서울특별시 서대문구

자료 3. 정진영 사원의 종전근무지 정산

(8쪽 중 제1쪽)

거주구분	거주자1 / 비거주자2		
거주지국	대한민국	거주지국코드	kr
내·외국인	내국인1 /외국인9		
외국인단일세율적용	여 1 / 부 2		
외국법인소속파견근로자여부	여 / 부2		
국적	대한민국	국적코드	kr
세대주 여부	세대주1, 세대원2		
연말정산 구분	계속근로1, 중도퇴사2		

관리
번호

[√]근로소득 원천징수영수증
[ ]근로소득 지 급 명 세 서

([√]소득자 보관용 [ ]발행자 보관용 [ ]발행자 보고용)

징 수 의무자	① 법인명(상 호)(주)순수산업		② 대 표 자(성 명) 김민영	
	③ 사업자등록번호 504-81-43121		④ 주 민 등 록 번 호	
	③-1 사업자단위과세자여부 여 1 / 부 2			
	⑤ 소 재 지(주소) 서울특별시 금천구 시흥대로 429			
소득자	⑥ 성 명 정진영		⑦ 주 민 등 록 번 호 731123-1111113	
	⑧ 주 소 서울특별시 서대문구 충정로 7길 30(충정로2가)			

	구 분		주(현)	종(전)	종(전)	⑯-1 납세조합	합 계
I 근 무 처 별 소 득 명 세	⑨ 근 무 처 명		(주)순수산업				
	⑩ 사업자등록번호		504-81-43121				
	⑪ 근무기간		20x1.1.1.~ 20x1.12.31.	~	~	~	~
	⑫ 감면기간		~	~	~	~	~
	⑬ 급 여		20,000,000				20,000,000
	⑭ 상 여		6,000,000				6,000,000
	⑮ 인 정 상 여						
	⑮-1 주식매수선택권 행사이익						
	⑮-2 우리사주조합인출금						
	⑮-3 임원 퇴직소득금액 한도초과액						
	⑮-4						
	⑯ 계		26,000,000				26,000,000
II 비 과 세 및 감 면 소 득 명 세	⑱ 국외근로	M0X					
	⑱-1 야간근로수당	O0X					
	⑱-2 출산·보육수당	Q0X					
	⑱-4 연구보조비	H0X					
	~						
	⑲ 수련보조수당	Y22					
	⑳ 비과세소득 계						
	⑳-1 감면소득 계						

	구 분			⑳ 소 득 세	㉑ 지방소득세	㉒ 농어촌특별세
III 세 액 명 세	㉓ 결 정 세 액			139,680	13,968	
	기납부 세 액	㉔ 종(전)근무지 (결정세액란의 세액 기재)	사업자 등록 번호			
		㉕ 주(현)근무지		150,000	15,000	
	㉖납부특례세액					
	㉗ 차 감 징 수 세 액(㉓-㉔-㉕-㉖)			-10,320	-1,032	

국민연금보험료 : 432,000원
건강보험료 : 340,320원
장기요양보험료 : 43,450원
고용보험료 : 86,400원

위의 원천징수액(근로소득)을 정히 영수(지급)합니다.

20x2년 1월 1일

징수(보고)의무자 (주)순수산업 (서명 또는 인)

금 천 세 무 서 장 귀하

210mm×297mm[백상지 80g/㎡(재활용품)]

자료 4. 국세청간소화서비스 및 기타증빙자료

일련번호	1217	기 부 금 영 수 증

※ 아래의 작성방법을 읽고 작성하여 주시기 바랍니다.

① 기부자

성명(법인명)	김규진	주민등록번호 (사업자등록번호)	520411 - 2******
주소(소재지)	서울특별시 서대문구 충정로7길 30		

② 기부금 단체

단 체 명	거룩 교회	사업자등록번호 (고유번호)	106 - 82 - 99369
소 재 지	경기도 고양시 일산서구 경의로 956	기부금공제대상 기부금단체 근거법령	소득세법 제34조제1항

③ 기부금 모집처(언론기관 등)

단 체 명		사업자등록번호	
소 재 지			

④ 기부내용

유형	코드	구분	연월일	내용	기 부 금 액			
					합계	공제대상 기부금액	공제제외 기부금	
							기부장려금 신청금액	기타
종교단체	41	금전	20x1.12.27.	기부금	2,400,000	2,400,000		

- 이 하 생 략 -

20x1년 귀속 소득·세액공제증명서류 : 기본(지출처별)내역 [교육비]

■ 학생 인적사항

성 명	주 민 등 록 번 호
정수진	070711 – 4321***

■ 교육비 지출내역

(단위 : 원)

교육비종류	학교명	사업자번호	지출금액 계
고등학교	**고등학교	103 – 83 – 21***	650,000
교복구입비	**교복	108 – 15 – 15***	600,000
인별합계금액			1,250,000

 국세청 National Tax Service

- 본 증명서류는 「소득세법」 제165조 제1항에 따라 영수증 발급기관으로부터 수집한 서류로 소득·세액공제 충족 여부는 근로자가 직접 확인하여야 합니다.
- 본 증명서류에서 조회되지 않는 내역은 영수증 발급기관에서 직접 발급받으시기 바랍니다.

[실무수행평가] – 근로소득관리 3

번호	평가문제	배점
46	**평가문제 [정진영 근로소득원천징수영수증 조회]** '37.차감소득금액'은 얼마인가?	2
47	**평가문제 [정진영 근로소득원천징수영수증 조회]** '57.자녀세액공제' 출산입양 세액공제액은 얼마인가? ① 0원 ② 100,000원 ③ 300,000원 ④ 500,000원	2
48	**평가문제 [정진영 근로소득원천징수영수증 조회]** '63.교육비' 세액공제액은 얼마인가?	2
49	**평가문제 [정진영 근로소득원천징수영수증 조회]** '64.기부금' 세액공제액은 얼마인가?	2
50	**평가문제 [정진영 근로소득원천징수영수증 조회]** '74.종전근무지' 기납부세액(소득세)은 얼마인가?	2
	근로소득 소계	25

실무이론평가

1	2	3	4	5	6	7	8	9	10
③	②	③	③	③	③	①	③	②	②

01 '(가)'는 내부회계관리제도에 대한 설명이다.

02

매출채권

기초잔액	80,000	회수액	180,000
매출(발생액)	250,000	*기말잔액*	*150,000*
계	330,000	계	330,000

03 매출액 = 150개 × 2,000 = 300,000원

구입순서	수량	단가	**금액**	**매출원가수량**
기초	100	1,100	110,000	<u>100</u>
구입(12.4)	120	1,200	144,000	<u>50</u>
판매(12.10)	△150	2,000		
구입(12.15)	100	1,300		

매출원가(선입선출법) = (100개 × @1,100) + (50개 × @1,200) = 170,000원

매출총이익 = 매출액(300,000) - 매출원가(170,000) = 130,000원

04 매출거래처에 제공한 금액은 접대비(기업업무추진비)로, 불우이웃에게 제공한 금액은 기부금으로 처리한다.

05 처분손익(매도) = 처분가액(1,100,000) - 취득가액(1,000,000) = + 100,000원(이익)

06 〈기말수정분개〉

(차) 미수수익　　30,000원　　(대) 임대료　　　　　　30,000원(당기순이익 30,000원 증가)

(차) 감가상각비 40,000원　　(대) 감가상각누계액　　40,000원(당기순이익 40,000원 감소)

(차) 선급비용　　20,000원　　(대) 보험료　　　　　　20,000원(당기순이익 20,000원 증가)

수정 후 당기순이익 = 수정전(400,000) + 미수수익(30,000) - 감가상각기(40,000)

　　　　　　　　　　+ 선급비용(20,000) = 410,000원

07 일반환급의 경우 **예정신고시 환급세액은 환급하지 아니하고** 확정신고시 납부세액에서 차감한다.

08 매출세액 = 국내매출(40,000,000) × 10% + 직수출(12,000,000) × 0% = 4,000,000원

매입세액 = 부품(11,000,000) × 10% + 트럭(15,000,000) × 10% = 2,600,000원

납부세액 = 4,000,000원 – 2,600,000원 = 1,400,000원

09 <u>과세표준이 없거나 결손시에도 신고</u>해야 한다.

10 대학교 등록금[Min{①11,000,000원, ②9,000,000원}] + 취학전 아동의 보습학원(1,800,000)

= 10,800,000원

실무수행평가

실무수행 1. 거래자료 입력

① 3만원 초과 거래자료에 대한 영수증수취명세서 작성

1. [일반전표입력] 1월 31일

| (차) 세금과공과금(판) | 402,290원 | (대) 현금 | 402,290원 |

2. [영수증수취명세서 (2)]

	거래일자	상호	성명	사업장	사업자등록번호	거래금액	구분	계정코드	계정과목	적요
☐	20x1-02-20	(주)삼성화재				1,000,000	16	521	보험료	
☐	20x1-01-27	다모아마트	권다정	서울 서대문구 연희로 3	110-81-45128	200,000		811	복리후생비	
☐	20x1-01-31	강남구청				402,290	19	817	세금과공과금	

[영수증수취명세서 (1)]

영수증수취명세서(2)	영수증수취명세서(1)	해당없음

1. 세금계산서, 계산서, 신용카드 등 미사용내역

9. 구분	3만원 초과 거래분		
	10. 총계	11. 명세서제출 제외대상	12. 명세서제출 대상(10-11)
13. 건수	3	2	1
14. 금액	1,602,290	1,402,290	200,000

2. 3만원 초과 거래분 명세서제출 제외대상 내역

구분	건수	금액	구분	건수	금액
15. 읍, 면 지역 소재			26. 부동산 구입		
16. 금융, 보험 용역	1	1,000,000	27. 주택임대용역		
17. 비거주자와의 거래			28. 택시운송용역		
18. 농어민과의 거래			29. 전산발매통합관리시스템가입자와의		
19. 국가 등과의 거래	1	402,290	30. 항공기항행용역		
20. 비영리법인과의 거래			31. 간주임대료		
21. 원천징수 대상사업소			32. 연체이자지급분		
22. 사업의 양도			33. 송금명세서제출분		
23. 전기통신, 방송용역			34. 접대비필요경비부인분		
24. 국외에서의 공급			35. 유료도로 통행료		
25. 공매, 경매, 수용			36. 합계	2	1,402,290

② 유가증권 매각 [일반전표입력] 3월 14일

    (차) 보통예금(국민은행(보통))   20,000,000원   (대) 매도가능증권(투자)   26,000,000원

        매도가능증권평가익   5,000,000원

        매도가능증권처분손   1,000,000원

③ 기타 일반거래 [일반전표입력] 4월 1일

    (차) 광고선전비(판)   1,350,000원   (대) 제품   1,350,000원

                                     (적요 8.타계정으로 대체액)

실무수행 2. 부가가치세관리

① 전자세금계산서 발급

1. [매입매출전표입력] 5월 31일

거래유형	품명	공급가액	부가세	거래처	전자세금
11.과세	무풍슬림AC (중형)외	17,000,000	1,700,000	(주)명신전자	전자발행
분개유형	(차) 현금	18,700,000원	(대) 제품매출		17,000,000원
1.현금			부가세예수금		1,700,000원

2. [전자세금계산서 발행 및 내역관리] 77회 기출문제 참고

② 수정전자세금계산서 발급

1. [수정전자세금계산서 발급]

    ① [매입매출전표입력] 5월 25일 전표선택 ➡ 수정세금계산서 ➡ [수정사유] 화면에서 [4.계약의 해제, 당초(세금)계산서 작성일 : 20x1년 5월 25일] 선택후 확인(Tab) 을 클릭

        수정사유   ×

        수정사유 4. 계약의 해제 ▼ (발행매수 : 1 매 발행)

        비   고 당초(세금)계산서작성일   20x1 년 05 월 25 일

    ② 수정세금계산서(매출) 화면에서 수정분 [작성일 6월 7일]입력, [공급가액 - 3,000,000원], [세액 - 300,000원] 자동반영 후 확인(Tab) 을 클릭

구분	년	월	일	유형	품명	수량	단가	공급가액	부가세	합계	코드	거래처명	사업.주민번호
당초분	20x1	05	25	과세	계약금			3,000,000	300,000	3,300,000	00167	미래전자(주)	134-81-45560
수정분	20x1	06	07	과세	계약금			-3,000,000	-300,000	-3,300,000	00167	미래전자(주)	134-81-45560

③ [매입매출전표입력] 6월 7일

거래유형	품명	공급가액	부가세	거래처	전자세금
11. 과세	계약금	-3,000,000	-300,000	미래전자(주)	전자발행
분개유형	(차) 현금	-3,300,000원	(대) 선수금		-3,000,000원
1.현금(혼합)			부가세예수금		-300,000원

2. [전자세금계산서 발행 및 내역관리] 77회 기출문제 참고

③ 부동산임대사업자의 부가가치세신고서 작성

1. [매입매출전표입력] 9월 1일

거래유형	품명	공급가액	부가세	거래처	전자세금
11.과세	9월 임대료	2,500,000	250,000	(주)우주산업	전자입력
분개유형	(차) 보통예금	2,750,000원	(대) 임대료수입(411)		2,500,000원
3.혼합	(신한은행(보통))		부가세예수금		250,000원

2. [부동산임대공급가액명세서 작성](7월~9월) 이자율 : 3.5%
   - 간주임대료 : 100,000,000원×3.5%×30일 / 365일 = 287,671원

3. [매입매출전표입력] 9월 30일

거래유형	품명	공급가액	부가세	거래처	전자세금
14.건별	간주임대료	287,671	28,767		
분개유형	(차) 세금과공과금(판)	28,767원	(대) 부가세예수금		28,767원
3.혼합					

4. [부가가치세신고서] 7월 1일 ~ 9월 30일

	구 분		금액	세율	세액
과세표준및매출세액	과세	세금계산서발급분 1	252,500,000	10/100	25,250,000
		매입자발행세금계산서 2		10/100	
		신용카드.현금영수증 3		10/100	
		기타 4	287,671	10/100	28,767
	영세	세금계산서발급분 5		0/100	
		기타 6		0/100	
	예정신고누락분	7			
	대손세액가감	8			
	합계	9	252,787,671	㉮	25,278,767

④ 매입세액불공제내역 작성자의 부가가치세신고서 작성

1. [매입세액불공제내역] 4월~6월

			2.공제받지 못할 매입세액 내역	3.공통매입세액 안분계산 내역	4.공통매입세액의 정산내역	**5.납부세액 또는 환급세액 재계산 내역**		
	계산식	구분	(20)해당재화의 매입세액	(21)경감률(%) (1- 체감률 x 과세기간수) 체감률	경과된 과세기간수	경감률	(22)증가또는감소된면세 공급가액(사용면적)비율(%)	(23)가산또는공제되는 매입세액(20 x 21 x 22)
1	1.건축.구축물		10,000,000	5/100	2	90	15	1,350,000
2	2.기타 감가상각		5,000,000	25/100	2	50	15	375,000

- 건물 : 10,000,000원×(1 - 5%×2)×15%(면세증가비율) = 1,350,000원

- 기계장치 : 5,000,000원×(1 - 25%×2)×15%(면세증가비율) = 375,000원

- 토지는 면세대상이므로 공통매입세액 재계산에서 제외

2. [부가가치세신고서] 4월 1일 ~ 6월 30일

16 공제받지 못할매입 세액명세	구분		금액	세액
	공제받지못할매입세액	50		
	공통매입세액면세사업	51	17,250,000	1,725,000
	대손처분받은세액	52		
	합계	53	17,250,000	1,725,000

- 전자신고세액공제는 10,000원 입력

3. [일반전표입력] 6월 30일

(차) 건물   1,350,000원   (대) 부가세대급금   1,725,000원

기계장치   375,000원

평가문제. 입력자료 및 회계정보를 조회하여 [평가문제]의 답안을 입력하시오.(70점)

[실무수행평가] – 부가가치세관리

번호	평가문제	배점	답
11	평가문제 [세금계산서합계표 조회]	2	(32,000,000)원
12	평가문제 [세금계산서합계표 조회]	2	(16)곳
13	평가문제 [매입매출전표입력 조회]	3	(4)
14	평가문제 [부동산임대공급가액명세서 조회]	3	(287,671)원
15	평가문제 [매입세액불공제내역 조회]	2	(50)%
16	평가문제 [부가가치세신고서 조회]	2	(1,500,000)원
17	평가문제 [부가가치세신고서 조회]	2	(1,725,000)원
18	평가문제 [부가가치세신고서 조회]	2	(10,000)원
19	평가문제 [부가가치세신고서 조회]	2	(252,787,671)원
20	평가문제 [부가가치세신고서 조회]	2	③
부가가치세 소계		22	

※ 14,19는 프로그램이 자동계산하므로 시점(세법개정, 프로그램 업데이트)마다 달라질 수가 있습니다.

실무수행 3. 결산

① 수동결산

[일반전표입력] 12월 31일

(차) 보험료(판)   400,000원   (대) 선급비용   400,000원

※ 경과된 보험료 1,200,000원×2/6＝400,000원

② 결산자료입력에 의한 자동결산

1. [결산자료입력 1]

- 퇴직급여(전입액)란에 제조 : 12,300,000원, 판매관리비 : 14,500,000원을 입력한다.

※ 생산부 : 퇴직급여추계액(52,300,000) - 퇴직급여충당부채 잔액(40,000,000)＝12,300,000원

※ 영업부 : 퇴직급여추계액(26,500,000) - 퇴직급여충당부채 잔액(12,000,000)＝14,500,000원

[결산자료입력 2]

- 결산자료입력에서 기말 원재료 45,000,000원, 제품 105,000,000원을 입력하고
전표추가(F3) 를 클릭하여 결산분개를 생성한다.

2. [이익잉여금처분계산서]
   - 이익잉여금처분계산서에서 처분일을 입력한 후, [전표추가(F3)]를 클릭하여 손익대체 분개를 생성한다.

[실무수행평가] – 재무회계

번호	평가문제	배점	답
21	**평가문제 [영수증수취명세서 조회]**	1	(200,000)원
22	**평가문제 [일/월계표 조회]**	2	(1,745,000)원
23	**평가문제 [일/월계표 조회]**	2	(990,290)원
24	**평가문제 [일/월계표 조회]**	2	④
25	**평가문제 [일/월계표 조회]**	2	(2,500,000)원
26	**평가문제 [거래처원장 조회]**	1	④
27	**평가문제 [합계잔액시산표 조회]**	1	(303,429,563)원
28	**평가문제 [합계잔액시산표 조회]**	1	(12,200,000)원
29	**평가문제 [손익계산서 조회]**	2	(18,866,000)원
30	**평가문제 [손익계산서 조회]**	2	(3,093,057)원
31	**평가문제 [손익계산서 조회]**	1	(1,350,000)원
32	**평가문제 [재무상태표 조회]**	1	②
33	**평가문제 [재무상태표 조회]**	2	(364,000,000)원
34	**평가문제 [재무상태표 조회]**	2	(45,000,000)원
35	**평가문제 [재무상태표 조회]**	1	②
	재무회계 소계	23	

※ 30,35는 프로그램이 자동계산하므로 시점(세법개정, 프로그램 업데이트)마다 달라질 수가 있습니다.

실무수행 4. 근로소득관리

① 주민등록등본에 의한 사원등록(고주원)2025

관계	요 건		기본 공제	추가 (자녀)	판 단
	연령	소득			
본인(세대주)	–	–	○		
부(75)	○	×	부		총급여액 5백만원 초과자
배우자	–	○	○	장애(1)	종합소득금액 1백만원 이하자 총수입금액(2,000,000)×(1–60%)=800,000원
자1(13)	○	×	부		사업소득금액 1백만원초과자
자2(11)	○	○	○	자녀	

[사원등록]

	연말정산관계	기본	세대	부녀	장애	경로70세	출산입양	자녀	한부모	성명	주민(외국인)번호	가족관계
1	0.본인	본인	○							고주원	LH 861111-1111111	
2	3.배우자	배우자			1					최혜정	LH 830827-2222220	02.배우자
3	1.(소)직계존속	부								고영일	LH 500102-1111116	03.부
4	4.직계비속((손	부								고정원	LH 120122-3122220	05.자녀
5	4.직계비속((손	20세이하						○		고지원	LH 140406-3182844	05.자녀

[실무수행평가] – 근로소득관리 1

번호	평가문제 [고주원 근로소득원천징수영수증 조회]	배점	답
36	기본공제 대상 인원수(본인 포함)	1	(3)명
37	배우자 공제대상액	1	(1,500,000)원
38	27. 경로우대공제 대상액(없음)	2	①
39	28. 장애인 공제대상액	1	(2,000,000)원
40	57. 자녀세액공제금액(1명 250,000원)(개정세법 25)	2	(250,000)원

② 급여명세에 의한 급여자료(임유건)

1. [사원등록] 전년도 총급여액 3천만원 이하자

    임유건 사원의 생산직, 연장근로비과세 여부

    18. 생 산 직 등 여 부 1 여 연장근로비과세 1 여

2. [수당등록] 비과세 : 육아수당, 자가운전보조금, 야간근로수당　과세 : 자격수당, 식대

	코드	수당명	과세구분	근로소득유형		구분	월정
1	101	기본급	과세	1.급여		매월	○
2	102	상여	과세	2.상여		부정기	
3	200	육아수당	비과세	7.육아수당	Q01	매월	○
4	201	자격수당	과세	1.급여		매월	○
5	202	자가운전보조금	비과세	3.자가운전	H03	매월	
6	203	식대	과세	1.급여		매월	○
7	204	야간근로수당	비과세	1.연장근로	Q01	매월	

3. [급여자료입력](귀속년월 4월, 지급일 4월30일)

급여항목	지급액	공제항목	공제액
기본급	1,500,000	국민연금	108,000
육아수당	100,000	건강보험	85,080
자격수당	100,000	고용보험	18,000
자가운전보조금	300,000	장기요양보험료	11,010
식대	300,000	상조회비	10,000
야간근로수당	200,000	소득세	14,750
		지방소득세	1,470
		농특세	

4. [원천징수이행상황신고서] 귀속기간 4월, 지급기간 4월, 0.정기신고

	구분	코드	소득지급(과세미달,비과세포함)		징수세액			9.당월 조정 환급세액	10.소득세 등 (가산세 포함)	11.농어촌 특별세
			4.인원	5.총지급액	6.소득세 등	7.농어촌특별세	8.가산세			
근로소득	간 이 세 액	A01	4	15,500,000	629,610					
	중 도 퇴 사	A02								
	일 용 근 로	A03								
	연말정산합계	A04								
	연말분납금액	A05								
	연말납부금액	A06								
	가 감 계	A10	4	15,500,000	629,610			240,000	389,610	

전월 미환급 세액의 계산			당월 발생 환급세액				18.조정대상환급 (14+15+16+17)	19.당월조정 환급액계	20.차월이월 환급액(18-19)	21.환급신청액
12.전월미환급	13.기환급신청	14.잔액12-13	15.일반환급	16.신탁재산	17.금융등	17.합병등				
240,000		240,000						240,000	240,000	

[실무수행평가] – 근로소득관리 2

번호	평가문제 [임유건 4월 급여자료입력 조회]	배점	답
41	자격수당 과세대상 금액	1	(100,000)원
42	자가운전보조금 과세대상금액(20만원 초과분 10만원)	2	②
43	식대과세대상금액	2	④
44	야간근로수당 비과세 대상 금액	2	(200,000)원
45	[원천징수이행상황신고서 조회] 10. 소득세 등	1	(389,610)원

※ 45는 프로그램이 자동계산하므로 시점(세법개정, 프로그램 업데이트)마다 달라질 수가 있습니다.

③ 국세청연말정산간소화 및 이외의 자료를 기준으로 연말정산(정진영)(2025)

[사원등록]

관계	요 건		기본공제	추가(자녀)	판 단
	연령	소득			
본인(세대주)	–	–	○		
배우자	–	×	부		총급여액 5백만원 초과자
부(73)	○	○	○	경로	기초노령연금은 비과세소득
자1(18)	○	○	○	자녀	
자2(5)	○	○	○	입양(2)	

	연말정산관계	기본	세대	부녀	장애	경로70세	출산입양	자녀	한부모	성명	주민(외국인)번호	가족관계
1	0.본인	본인	○							정진영	내 731123-1111113	
2	3.배우자	부								주경선	내 770202-2045678	02.배우자
3	1.(소)직계존속	60세이상				○				김규진	내 520411-2899738	04.모
4	4.직계비속((손)자	20세미만						○		정수진	내 070711-4321578	05.자녀
5	4.직계비속((손)자	20세미만					○(2)			정수명	내 200927-3321583	05.자녀

[연말정산 근로소득원천징수영수증]

〈연말정산 대상여부 판단〉

항 목	요건		내역 및 대상여부	입력
	연령	소득		
기 부 금	×	○	• 부친 종교단체 기부금	○(종교 2,400,000)
교 육 비	×	○	• 자1 고등학교(교복구입은 50만원한도)	○(고등 1,150,000)

1. 종전근무지 입력

정산명세	소득명세	소득공제	의료비	기부금

구분/항목	계	종전1
사업자등록번호(숫자10자리입력)		504-81-43121
13.급여	80,000,000	20,000,000
14.상여	6,000,000	6,000,000
15.인정상여		
15-1.주식매수선택권행사이익		
15-2.우리사주조합인출금		
15-3.임원퇴직소득한도초과액		
15-4.직무발명보상금		
16.급여계	86,000,000	26,000,000
미제출비과세		
건강보험료	2,467,320	340,320
장기요양보험료	318,850	43,450
국민연금보험료	3,132,000	432,000
고용보험료	626,400	86,400
소득세	2,543,880	139,680
지방소득세	254,328	13,968
근무기간(시작일)		2024-01-01

2. 기부금 세액공제

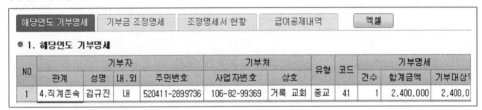

해당연도 기부명세	기부금 조정명세	조정명세서 현황	급여공제내역	엑셀

● 1. 해당연도 기부명세

NO	기부자				기부처			유형	코드	기부명세		
	관계	성명	내.외	주민번호	사업자번호	상호				건수	합계금액	기부대상액
1	4.직계존속	김규진	내	520411-2899736	106-82-99369	거룩 교회	종교	41	1	2,400,000	2,400,0

- 공제액계산 정산명세보내기

	일반종교 당기(x1년)	2,400,000	2,400,000	360,000		360,000	2,400,000

3. 교육비 세액공제

정산명세	소득명세	소득공제	의료비	기

	관계코드	성 명	기		교육비	
	내외국인	주민등록번호	본	구분	일반	
1	0 / 1	정진영 / 731123-1111113	본인/세대주	본인		
2	3 / 1	주경선 / 770202-2045678	부			
3	1 / 1	김규진 / 520411-2899736	60세 이상			
4	4 / 1	정수진 / 070711-4321578	20세 이하	초중고	1,150,000	
5	4 / 1	정수영 / 200927-3321583	20세 이하			

[실무수행평가] – 근로소득관리 3

번호	평가문제 [정진영 근로소득원천징수영수증 조회]	배점	답
46	37. 차감소득금액	2	(58,405,430)원
47	57. 자녀세액공제 출산입양세액공제액(둘째 500,000원)	2	④
48	63. 교육비세액공제액	2	(172,500)원
49	64. 기부금세액공제액	2	(360,000)원
50	74. 종전근무지 기납부세액(소득세)	2	(139,680)원
근로소득 소계		25	

※ 46는 프로그램이 자동계산하므로 시점(세법개정, 프로그램 업데이트)마다 달라질 수가 있습니다.

⟨참고사항 : 총급여액 86,000,000원⟩

※ 시험시 프로그램이 자동계산되어진 것으로 답을 입력하시고 시간이 남으시면 체크해 보시기 바랍니다.

		한도	공제율	대상금액	세액공제
1. 교육비	초중고	3백만원	15%	1,150,000	172,500
2. 기부금	종교단체	–	15%	2,400,000	360,000

합격율	시험년월
46%	2024.3

실무이론평가

[1] 다음 중 회계정보의 질적 특성에 대한 설명으로 옳지 <u>않은</u> 것은?

① 회사가 회계정책을 선택하는데 판단기준을 제공한다.

② 재무제표는 정보이용자가 이해할 수 있도록 작성해야 한다.

③ 유형자산을 역사적원가로 평가하면 신뢰성은 높아지지만 목적적합성은 낮아질 수 있다.

④ 정보이용자가 기업실체의 미래 사건의 결과를 예측하는 데 도움이 된다면 신뢰성 있는 정보이다.

[2] (주)한공의 경영진은 자재관리 담당자가 재고자산을 횡령하였다고 확신하고 있다. 다음 자료를 토대로 자재관리 담당자의 횡령에 의한 재고자산 손실 금액을 계산하면 얼마인가?(단, 횡령 외의 원인에 의한 재고자산 손실은 없다고 가정한다.)

• 기초재고액	40,000원	• 당기매출액	400,000원
• 실사에 의한 기말재고액	50,000원	• 매출총이익률	30%
• 당기매입액	300,000원		

① 10,000원
② 15,000원
③ 40,000원
④ 60,000원

[3] 다음은 (주)한공의 매입 관련 자료이다. 선입선출법에 의한 3월 상품의 매출원가는 얼마인가?

일 자	구 분	수 량	단 가
3월 3일	기초재고	4,000개	@400원
3월 16일	상품매입	12,000개	@450원
3월 25일	상품매출	6,000개	@600원
3월 30일	상품매입	3,000개	@460원

① 2,400,000원　　　　　　　② 2,500,000원
③ 2,600,000원　　　　　　　④ 2,760,000원

[4] (주)한공은 2023년 12월 31일 현재 장부금액이 2,500,000원인 기계장치를 20x1년 7월 1일에 1,800,000원에 처분하면서 200,000원의 처분손실이 발생하였다. 이 기계장치와 관련하여 (주)한공이 20x1년도에 계상한 감가상각비는 얼마인가?

① 300,000원　　　　　　　② 400,000원
③ 500,000원　　　　　　　④ 600,000원

[5] 다음 중 회계정책의 변경에 해당 하는 것은?
① 재고자산의 원가결정방법을 총평균법에서 선입선출법으로 변경
② 감가상각방법을 정액법에서 정률법으로 변경
③ 전액 회수할 것으로 평가한 매출채권을 일부만 회수할 것으로 변경
④ 유형자산의 잔존가치를 1,000,000원에서 500,000원으로 변경

[6] 다음 총계정원장을 토대로 외상매출금 기말잔액에 대한 대손추정액을 계산하면 얼마인가?

대손충당금

7/ 6 외상매출금	40,000	1/ 1 전기이월	150,000
12/31 차기이월	210,000	12/31 대손상각비	100,000
	250,000		250,000

① 40,000원　　　　　　　② 100,000원
③ 150,000원　　　　　　　④ 210,000원

[7] 다음 중 부가가치세 과세 거래에 해당하는 것은?

① 양도담보를 목적으로 부동산을 제공하는 경우
② 무상으로 견본품을 제공하는 경우
③ 매입세액공제를 받은 상품을 거래처에 접대 목적으로 증여하는 경우
④ 근로계약을 맺고 근로를 제공하는 경우

[8] 다음 자료를 토대로 (주)한공의 20x1년 제1기 부가가치세 예정 신고기간의 부가가치세 매출세액을 계산하면 얼마인가? 단, 주어진 자료의 금액은 부가가치세가 포함되어 있지 않은 금액이며, 세금계산서 등 필요한 증명서류는 적법하게 발급하였거나 수령하였다.

일 자	거 래 내 용	금 액
1월 29일	현금매출액	5,000,000원
2월 8일	외상매출액	30,000,000원
3월 7일	매입세액공제받은 재화의 거래처 증여(시가 : 3,000,000원)	2,000,000원
3월 19일	공급대가의 지급이 지체되어 받는 연체이자	1,500,000원

① 3,200,000원
② 3,300,000원
③ 3,450,000원
④ 3,800,000원

[9] 다음은 중소기업인 (주)한공의 영업부장으로 근무하고 있는 김회계 씨가 20x1년에 회사에서 지급(또는 제공)받은 금액 및 이익이다. 다음 중 소득세 과세대상 근로소득에 해당하는 것을 모두 고르면?

> 가. 월 20만원씩 받은 자가운전보조금(김회계 씨는 차량을 소유하고 있지 않음)
> 나. 자녀의 학자금 수령액
> 다. 주택 구입에 소요되는 금액을 무상으로 대여받음으로써 얻은 이익
> 라. 식사의 제공을 받지 않고 수령한 20만원의 식대

① 가, 나
② 나, 라
③ 가, 나, 다
④ 나, 다, 라

[10] 다음 자료를 토대로 거주자 김한공씨의 20x1년도 종합소득산출세액을 계산하면 얼마인가?

가. 내국법인으로부터 받는 잉여금의 배당	10,000,000원
나. 근로소득금액	50,000,000원
다. 종합소득공제액	20,000,000원

• 종합소득세율은 다음과 같다.

종합소득과세표준	세율	누진공제액
1,400만원 이하	6%	–
5,000만원 이하	15%	1,260,000원

① 600,000원

② 3,240,000원

③ 4,740,000원

④ 6,240,000원

실무수행평가

(주)올리브산업(2700)은 기능성 샴푸 제조업을 영위하는 법인기업으로 회계기간은 제6기(20x1.1.1.~20x1.12.31.)이다. 제시된 자료와 자료설명을 참고하여, [수행과제]를 완료하고 [평가문제]의 물음에 답하시오.

실무수행1 │ 거래자료 입력

실무프로세스 자료이다. [자료설명]을 참고하여 [수행과제]를 수행하시오.

① 3만원초과 거래자료에 대한 경비등송금명세서 작성

자료 1. 공급자정보

• 상   호 : 가람부동산중개
• 사업자등록번호 : 511 - 52 - 00362
• 대   표   자 : 윤하윤
• 주   소 : 인천광역시 서구 백범로630번길 22
• 은 행 정 보 : 신한은행 125 - 610215 - 140
• 예   금   주 : 윤하윤

자료 2. 보통예금(국민은행) 거래내역

번호	거래일	내용	찾으신금액	맡기신금액	잔액	거래점
		계좌번호 100-23-951241 (주)올리브산업				
1	20x1-1-12	가람부동산중개	3,500,000		***	***

자료설명	제2공장 건물신축을 위하여 토지를 취득하고 가람부동산중개에 중개수수료를 지급하였다. 1. 자료 1은 공급자정보이며 해당사업자는 경비등송금명세서 제출대상자에 해당한다. 2. 자료 2는 토지 중개수수료 계좌이체내역이다.
수행과제	1. 거래 자료를 입력하시오. 2. 경비등송금명세서를 작성하시오.(단, 영수증수취명세서 작성은 생략할 것.)

2 기타일반거래

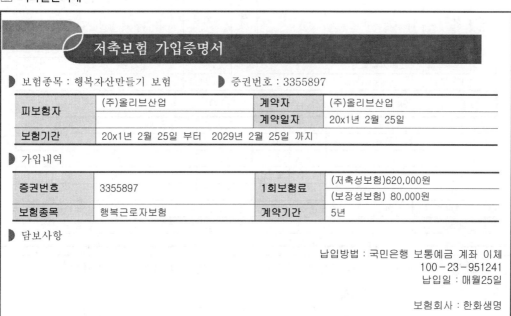

보통예금(국민은행) 거래내역

번호	거래일	내용	찾으신금액	맡기신금액	잔액	거래점
		계좌번호 100-23-951241 (주)올리브산업				
1	20x1-2-25	1회차 납입금 (한화생명)	700,000		***	***

자료설명	1. 공장 생산직 직원들에 대한 보험료 1회분을 국민은행 보통예금 계좌에서 지급하였다.
	2. 보험료 700,000원 중 저축성보험 620,000원은 자산(장기성예금)으로 처리하고 보장성보험 80,000원은 비용으로 처리하기로 하였다.
수행과제	거래자료를 입력하시오.

3 기타일반거래

전자계산서		(공급받는자 보관용)					승인번호		

공급자	등록번호	101-90-21110			공급받는자	등록번호	124-81-12344		
	상호	성원환경	성명 (대표자)	유은종		상호	(주)올리브산업	성명 (대표자)	김다솔
	사업장 주소	서울 강남구 강남대로 65				사업장 주소	서울 강남구 강남대로 252(도곡동)		
	업태	서비스업	종사업장번호			업태	제조업외	종사업장번호	
	종목	쓰레기수집처리				종목	샴푸외		
	E-Mail	sungwong@naver.com				E-Mail	olive@bill36524.com		

작성일자	20x1.4.10.	공급가액	150,000	비 고	

월	일	품목명	규격	수량	단가	공급가액	비고
4	10	폐기물처리				150,000	

합계금액	현금	수표	어음	외상미수금	이 금액을	○ 영수 함 ◉ 청구
150,000				150,000		

| 자료설명 | 성원환경으로부터 공장 폐기물처리용역을 제공받고 발급받은 전자계산서이다. |
| 수행과제 | 거래자료를 입력하시오. (전자계산서는 '전자입력'으로 처리하고, '수수료비용' 계정과목을 사용할 것.) |

실무수행2 | 부가가치세관리

부가가치세 신고 관련 자료이다. [자료설명]을 참고하여 [수행과제]를 수행하시오.

① 전자세금계산서 발급

자료 1. 보통예금(국민은행) 거래내역

		내용	찾으신금액	맡기신금액	잔액	거래점
번호	거래일	계좌번호 100 - 23 - 951241 (주)올리브산업				
1	20x1 - 04 - 10	(주)모발모발		5,000,000	***	***

자료 2. 거래명세서

<table>
<tr><td colspan="11">거래명세서 (공급자 보관용)</td></tr>
<tr><td rowspan="5">공급자</td><td>등록번호</td><td colspan="3">124 - 81 - 12344</td><td rowspan="5">공급받는자</td><td>등록번호</td><td colspan="4">514 - 81 - 35782</td></tr>
<tr><td>상호</td><td>(주)올리브산업</td><td>성명</td><td>김다솔</td><td>상호</td><td>(주)모발모발</td><td>성명</td><td colspan="2">김성민</td></tr>
<tr><td>사업장
주소</td><td colspan="3">서울 강남구 강남대로 252(도곡동)</td><td>사업장
주소</td><td colspan="4">서울 광진구 광나루로 355</td></tr>
<tr><td>업태</td><td>제조업외</td><td colspan="2">종사업장번호</td><td>업태</td><td colspan="2">도소매업</td><td colspan="2">종사업장번호</td></tr>
<tr><td>종목</td><td>샴푸외</td><td colspan="2"></td><td>종목</td><td colspan="2">샴푸외</td><td colspan="2"></td></tr>
</table>

거래일자	미수금액	공급가액	세액	총 합계금액
20x1.4.15		15,000,000	1,500,000	16,500,000

NO	월	일	품목명	규격	수량	단가	공급가액	세액	합계
1	4	15	탈모샴푸				15,000,000	1,500,000	16,500,000

자료설명	1. 자료 1은 제품공급 전 (주)모발모발에서 계약금으로 입금된 국민은행 보통예금 거래 내역이다. 2. 자료 2는 (주)모발모발에 제품을 공급하고 발급한 거래명세서이다. 계약금을 제외한 잔액은 5월 말일에 받기로 하였다.
수행과제	1. 4월 15일의 거래자료를 입력하시오. 2. 전자세금계산서 발행 및 내역관리 를 통하여 발급·전송하시오. (전자세금계산서 발급 시 결제내역 및 전송일자는 무시할 것.)

② 수정전자세금계산서의 발급

<table>
<tr><td colspan="2" rowspan="2">전자세금계산서</td><td colspan="5" rowspan="2">(공급자 보관용)</td><td colspan="2">승인번호</td><td></td></tr>
<tr></tr>
<tr>
<td rowspan="7">공급자</td>
<td>등록번호</td>
<td colspan="4">124 - 81 - 12344</td>
<td rowspan="7">공급받는자</td>
<td>등록번호</td>
<td colspan="2">123 - 81 - 95134</td>
</tr>
<tr>
<td>상호</td>
<td colspan="2">(주)올리브산업</td>
<td>성명
(대표자)</td>
<td>김다솔</td>
<td>상호</td>
<td>(주)머리천사</td>
<td>성명
(대표자)</td>
<td>김수성</td>
</tr>
<tr>
<td>사업장
주소</td>
<td colspan="4">서울 강남구 강남대로 252(도곡동)</td>
<td>사업장
주소</td>
<td colspan="3">서울 강남구 영동대로 521</td>
</tr>
<tr>
<td>업태</td>
<td colspan="2">제조업외</td>
<td colspan="2">종사업장번호</td>
<td>업태</td>
<td>도소매업</td>
<td colspan="2">종사업장번호</td>
</tr>
<tr>
<td>종목</td>
<td colspan="4">샴푸외</td>
<td>종목</td>
<td colspan="3">샴푸외</td>
</tr>
<tr>
<td>E-Mail</td>
<td colspan="4">olive@bill36524.com</td>
<td>E-Mail</td>
<td colspan="3">head@bill36524.com</td>
</tr>
</table>

작성일자	20x1.6.12.	공급가액	4,000,000	세 액	400,000
비고					

월	일	품목명	규격	수량	단가	공급가액	세액	비고
6	12	천연샴푸		20	200,000	4,000,000	400,000	

합계금액	현금	수표	어음	외상미수금	이 금액을	○ 영수 ◉ 청구	함
4,400,000				4,400,000			

자료설명	1. 제품을 공급하고 발급한 전자세금계산서이다. 2. 담당자의 착오로 작성년월일 6월 22일이 6월 12일로 잘못 기재되었다.
수행과제	수정사유를 선택하여 수정전자세금계산서를 발급·전송하시오. ※ 전자세금계산서는 전자세금계산서 발행 및 내역관리 메뉴에서 발급·전송한다. (전자세금계산서 발급 시 결제내역 입력과 전송일자는 무시할 것.)

③ 매입세액불공제내역 작성자의 부가가치세 신고서 작성
자료 1. 공급가액(제품)내역 (7월 1일 ~ 9월 30일)

구 분	금 액	비 고
과세분(전자세금계산서)	309,600,000원	
면세분(전자계산서)	50,400,000원	
합 계	360,000,000원	

자료 2. 차량운반구 매입내역

전자세금계산서 (공급받는자 보관용) 승인번호

	등록번호	101-81-09147			등록번호	124-81-12344	
공급자	상호	현대자동차(주)	성명(대표자) 장재훈	공급받는자	상호	(주)올리브산업	성명(대표자) 김다솔
	사업장주소	서울 서초구 매헌로 16			사업장주소	서울 강남구 강남대로 252	
	업태	제조업	종사업장번호		업태	제조업외	종사업장번호
	종목	자동차			종목	샴푸외	
	E-Mail	hdmotors@bill36524.com			E-Mail	olive@bill36524.com	

작성일자	20x1.8.10.	공급가액	20,000,000	세 액	2,000,000

비고

월	일	품목명	규격	수량	단가	공급가액	세액	비고
8	10	포터 트럭				20,000,000	2,000,000	

합계금액	현금	수표	어음	외상미수금	이 금액을	○ 영수 ● 청구	함
22,000,000				22,000,000			

자료설명	본 문제에 한하여 (주)올리브산업은 과세사업과 면세사업을 겸영하고 있다고 가정한다. 1. 자료 1은 제2기 부가가치세 예정 신고기간의 공급가액 내역이다. 2. 자료 2는 제2기 부가가치세 예정 신고기간의 과세사업과 면세사업에 공통으로 사용할 배달용 트럭 매입내역이다.
수행과제	1. 자료 2의 거래자료를 입력하시오.(유형에서 '51.과세매입'으로 선택하고, '전자입력'으로 처리할 것.) 2. 제2기 부가가치세 예정 신고기간의 매입세액불공제내역(공통매입세액 안분계산 내역)을 작성하시오. (단, 자료 1과 자료 2에서 주어진 공급가액으로 계산하기로 함.) 3. 제2기 부가가치세 예정신고서에 반영하시오. 4. 공통매입세액 안분계산에 대한 회계처리를 9월 30일자로 입력하시오.

④ 대손세액공제신고서 작성자의 부가가치세신고서 작성

자료.

전자세금계산서			(공급자 보관용)				승인번호		

공급자	등록번호	124 – 81 – 12344			공급받는자	등록번호	109 – 81 – 25501		
	상호	(주)올리브산업	성명 (대표자)	김다솔		상호	(주)영애샴푸	성명 (대표자)	전지현
	사업장 주소	서울 강남구 강남대로 252(도곡동)				사업장 주소	서울 서대문구 충정로7길 115		
	업태	제조업외		종사업장번호		업태	제조업		종사업장번호
	종목	샴푸외				종목	샴푸외		
	E – Mail	olive@bill36524.com				E – Mail	youngae@bill36524.com		

작성일자	2023.10.1	공급가액	2,500,000	세 액	250,000
비고					

월	일	품목명	규격	수량	단가	공급가액	세액	비고
10	1	두피 샴푸		50	50,000	2,500,000	250,000	

합계금액	현금	수표	어음	외상미수금	이 금액을	○ 영수 ◉ 청구	함
2,750,000			2,750,000				

자료설명	1. 자료는 (주)영애샴푸와의 거래내역으로, 20x1년 6월 5일 어음에 대한 부도확인을 받았다. 2. 이와 관련하여 제2기 부가가치세 확정신고 시 대손세액공제신청을 하려고 한다.
수행과제	1. 자료에 대한 대손요건을 판단하여 제2기 부가가치세 확정 신고기간의 대손세액공제신고서를 작성하시오. 2. 대손세액 및 전자신고세액공제를 반영하여 제2기 부가가치세 확정신고서를 작성하시오. –제2기 부가가치세 확정신고서를 홈택스에서 전자신고하기로 한다. 3. 대손확정일(12월 6일)의 대손세액공제 및 대손채권(받을어음)에 대한 회계처리를 입력하시오.

평가문제 **입력자료 및 회계정보를 조회하여 [평가문제]의 답안을 입력하시오.(70점)**

[실무수행평가] – 부가가치세관리

번호	평가문제	배점
11	**평가문제 [매입매출전표입력 조회]** 6월 22일자 수정세금계산서의 수정입력사유 코드번호를 입력하시오.	2
12	**평가문제 [계산서합계표 조회]** 제1기 확정 신고기간의 면세계산서 수취금액은 얼마인가?	2
13	**평가문제 [세금계산서합계표 조회]** 제1기 확정 신고기간의 매출전자세금계산서 발급매수는 총 몇 매인가?	2
14	**평가문제 [매입세액불공제내역 조회]** 제2기 예정 신고기간 매입세액불공제내역_3.공통매입세액 안분계산 내역의 불공제 매입세액은 얼마인가?	2
15	**평가문제 [부가가치세신고서 조회]** 제2기 예정 신고기간 부가가치세신고서의 과세 – 세금계산서발급분(1란) 금액은 얼마인가?	2
16	**평가문제 [부가가치세신고서 조회]** 제2기 예정 신고기간 부가가치세신고서의 고정자산매입(11란) 금액은 얼마인가?	2
17	**평가문제 [부가가치세신고서 조회]** 제2기 예정 신고기간의 부가가치세 신고시에 작성되는 부가가치세 첨부서류에 해당하지 않는 것은? ① 계산서합계표　　　　② 건물등감가상각자산취득명세서 ③ 수출실적명세서　　　　④ 공제받지못할매입세액명세서	3
18	**평가문제 [대손세액공제신고서 조회]** 제2기 확정 신고기간 대손세액공제신고서에 관한 설명으로 옳지 않은 것은? ① 당초공급일은 2023년 10월 1일이다. ② 대손확정일은 부도확인일로부터 6개월 이상 경과된 20x1년 12월 6일이다. ③ 대손세액공제는 부가가치세 확정신고시만 적용가능하다. ④ 대손금액으로 입력할 금액은 2,500,000원이다.	3
19	**평가문제 [부가가치세신고서 조회]** 제2기 확정 신고기간 부가가치세신고서의 대손세액가감(8란) 세액은 얼마인가?	2
20	**평가문제 [부가가치세신고서 조회]** 제2기 확정 신고기간의 부가가치세 차가감납부할세액(27란)은 얼마인가?	2
	부가가치세 소계	22

실무수행3 | 결산

[결산자료]를 참고로 결산을 수행하시오.(단, 제시된 자료 이외의 자료는 없다고 가정함.)

1 수동결산

자료. 장기차입금 내역

거래처	금액	차입시기	비고
우리은행 (차입금)	10,000,000원	2020년 3월 1일	만기일은 2026년 4월 30일이며, 만기일에 원금을 일시상환한다.
국민은행 (차입금)	50,000,000원	2023년 7월 1일	20x2년 6월 30일부터 5년간 원금을 균등분할 상환한다.
신한은행 (차입금)	30,000,000원	2021년 2월 28일	만기일은 2026년 2월 28일이며, 만기일에 원금을 일시상환한다.
계	90,000,000원		

자료설명	20x1년 기말 현재 장기차입금 은행별 잔액내역이다.
수행과제	장기차입금에 대한 결산정리분개를 일반전표에 입력하시오.

2 결산자료입력에 의한 자동결산

자료설명	1. 당기 법인세등 18,000,000원을 계상하려고 한다.(법인세 중간예납세액 및 원천징수 세액이 선납세금계정에 계상되어 있다.) 2. 기말재고자산 현황 <table><tr><td>구분</td><td>원가</td><td>현행대체원가</td></tr><tr><td>원재료</td><td>28,000,000원</td><td>32,000,000</td></tr><tr><td>제 품</td><td>68,000,000원</td><td>–</td></tr></table> 3. 이익잉여금처분계산서 처분 예정(확정)일 　－당기 : 20x2년 3월 31일 　－전기 : 20x1년 3월 31일
수행과제	결산을 완료하고 이익잉여금처분계산서에서 손익대체분개를 하시오. (단, 이익잉여금처분내역은 없는 것으로 하고 미처분이익잉여금 전액을 이월이익잉여금으로 이월하기로 할 것.)

[실무수행평가] – 재무회계

번호	평가문제	배점
21	**평가문제 [경비등송금명세서 조회]** 경비등송금명세서에 반영되는 신한은행의 은행코드번호(CD) 3자리를 입력하시오.	1
22	**평가문제 [일/월계표 조회]** 1/4분기(1월~3월) 발생한 보험료(제조)는 얼마인가?	1
23	**평가문제 [일/월계표 조회]** 1/4분기(1월~3월) 토지 계정의 증가액은 얼마인가?	2
24	**평가문제 [일/월계표 조회]** 2/4분기(4월~6월) 발생한 제조경비 총액은 얼마인가?	2
25	**평가문제 [거래처원장 조회]** 6월 말 거래처별 외상매출금 잔액으로 옳지 않은 것은? ① 03170.(주)모발모발 17,000,000원 ② 03180.(주)머리천사 14,300,000원 ③ 03190.(주)영헤어 13,200,000원 ④ 03200.(주)조은네이처 2,950,000원	1
26	**평가문제 [거래처원장 조회]** 9월 말 국민은행(코드 98000)의 보통예금 잔액은 얼마인가?	1
27	**평가문제 [손익계산서 조회]** 당기 손익계산서의 대손상각비(판매관리비)는 얼마인가?	2
28	**평가문제 [합계잔액시산표 조회]** 3월 말 투자자산 잔액은 얼마인가?	1
29	**평가문제 [합계잔액시산표 조회]** 4월 말 미지급금 잔액은 얼마인가?	2
30	**평가문제 [재무상태표 조회]** 6월 말 선수금 잔액은 얼마인가?	2
31	**평가문제 [재무상태표 조회]** 9월 말 차량운반구 장부금액(취득원가 – 감가상각누계액)은 얼마인가?	2
32	**평가문제 [재무상태표 조회]** 12월 말 기말 원재료 금액은 얼마인가?	2
33	**평가문제 [재무상태표 조회]** 12월 말 미지급세금 잔액은 얼마인가?	1
34	**평가문제 [재무상태표 조회]** 12월 말 장기차입금 잔액은 얼마인가?	2
35	**평가문제 [재무상태표 조회]** 12월 말 이월이익잉여금(미처분이익잉여금) 잔액으로 옳은 것은? ① 568,277,967원 ② 574,528,950원 ③ 583,218,104원 ④ 590,874,239원	1
	재무회계 소계	23

실무수행4 근로소득관리

인사급여 관련 자료이다. [자료설명]을 참고하여 [수행과제]를 수행하시오.

① 가족관계증명서에 의한 사원등록

자료. 강은성의 가족관계증명서

[별지 제1호서식] 〈개정 2010.6.3〉

가족관계증명서

등록기준지	서울특별시 강남구 강남대로 119(도곡동)

구분	성 명	출생연월일	주민등록번호	성별	본
본인	강 은 성	1969년 09월 02일	690902 – 1030745	남	信川

가족사항

구분	성 명	출생연월일	주민등록번호	성별	본
부	강 성 삼 [사망]	1942년 11월 10일	421110 – 1919012	남	信川
모	이 영 자	1946년 09월 01일	460901 – 2122786	여	全州
배우자	이 미 선	1973년 05월 27일	730527 – 2381047	여	全州
자녀	강 민 지	2015년 01월 23일	150123 – 4070787	여	信川
자녀	강 민 서	2018년 03월 10일	180310 – 4231457	여	信川

자료설명	20x1년 4월 1일에 입사한 사원 강은성(세대주)이 제출한 가족관계증명서이다. 1. 부양가족은 강은성과 생계를 같이 한다. 2. 부 강성삼은 올해 사망하였으며, 사망일까지 별도의 소득은 없다. 3. 모 이영자는 기초노령연금 수령액 2,400,000원이 있다. 4. 배우자 이미선은 일시적인 문예창작소득 2,500,000원이 있다. 5. 자녀 강민지, 강민서는 별도의 소득이 없다. 6. 세부담을 최소화하는 방법을 선택한다.
수행과제	사원등록메뉴에서 부양가족명세를 작성하시오.

[실무수행평가] – 근로소득관리 1

번호	평가문제	배점
36	**평가문제 [강은성 근로소득원천징수영수증 조회]** '25.배우자' 기본공제액은 얼마인가?	2
37	**평가문제 [강은성 근로소득원천징수영수증 조회]** '26.부양가족'은 몇 명인가?	1
38	**평가문제 [강은성 근로소득원천징수영수증 조회]** '27.경로우대' 추가공제액은 얼마인가?	2
39	**평가문제 [강은성 근로소득원천징수영수증 조회]** '37.차감소득금액'은 얼마인가?	1
40	**평가문제 [강은성 근로소득원천징수영수증 조회]** '57.자녀세액공제'는 얼마인가?	2

② 급여명세에 의한 급여자료

자료 1. 3월 급여자료

(단위 : 원)

사원	기본급	상여	육아수당	자가운전 보조금	식대	자격수당	국민 연금	건강 보험	고용 보험	장기 요양 보험
이찬수	3,500,000	3,000,000	500,000	300,000	250,000	100,000	프로그램에서 자동 계산 된 금액으로 공제한다.			

자료 2. 수당 및 공제요건

구분	코드	수당 및 공제명	내 용
수 당 등 록	101	기본급	설정된 그대로 사용한다.
	102	상여	
	200	육아수당	출산 및 6세 이하 자녀를 양육하는 경우 매월 고정적으로 지급하고 있다.
	201	자가운전보조금	전 직원에게 매월 월정액으로 지급하고 있으며, 시내출장시 별도의 여비를 지급하고 있다.
	202	식대	매월 지급하고 있으며, 별도의 음식물을 제공하고 있지 않다.
	203	자격수당	AT 자격증을 취득한 직원에게 수당을 지급하고 있다.

자료설명	1. 본사 관리부 이찬수 과장의 급여자료이다. 2. 이찬수 과장은 6세 이하 자녀를 양육하고 있다. 3. 3월 귀속분 급여지급일은 당월 25일이며, 사회보험료는 자동 계산된 금액으로 공제한다.
수행과제	1. 급여자료입력 메뉴에 수당등록을 하시오. 2. 3월분 급여자료를 입력하시오.(단, 구분 '2.급여＋상여'로 선택할 것.) 3. 3월 귀속분 [원천징수이행상황신고서]를 작성하시오.

[실무수행평가] – 근로소득관리 2

번호	평가문제	배점
41	**평가문제 [이찬수 3월 급여자료입력 조회]** 급여항목 중 과세대상 육아수당 지급액은 얼마인가?	2
42	**평가문제 [이찬수 3월 급여자료입력 조회]** 급여항목 중 과세대상 자가운전보조금 지급액은 얼마인가?	2
43	**평가문제 [이찬수 3월 급여자료입력 조회]** 급여항목 중 과세대상 식대 지급액은 얼마인가?	2
44	**평가문제 [이찬수 3월 급여자료입력 조회]** 3월분 급여에 대한 차인지급액은 얼마인가?	1
45	**평가문제 [3월 원천징수이행상황신고서 조회]** 근로소득에 대한 '10.소득세 등' 총 합계 금액은 얼마인가?	1

③ 국세청연말정산간소화 및 이외의 자료를 기준으로 연말정산

자료설명	사무직 신민규(1400)의 연말정산을 위한 자료이다. 1. 사원등록의 부양가족현황은 사전에 입력되어 있다. 2. 부양가족은 신민규와 생계를 같이 하며, 모든 지출은 신민규가 부담하였다. 3. 신민규는 20x1년 3월 31일까지 (주)글로리산업에서 근무하고 퇴직하였다. 4. 김지영의 의료비에는 근시 교정을 위한 라식 수술비 2,000,000원이 포함되어 있다.
수행과제	[연말정산 근로소득원천징수영수증] 메뉴에서 연말정산을 완료하시오. 1. 종전근무지 관련서류는 [소득명세] 탭에서 입력한다. 2. 의료비는 [의료비] 탭에서 입력하며, 국세청자료는 공제대상 합계금액을 1건으로 집계하여 입력한다. 3. 보험료, 교육비는 [소득공제] 탭에서 입력한다.

자료 1. 신민규 사원의 부양가족등록 현황

연말정산관계	성명	주민번호	기타사항
0.본인	신민규	900512 – 1887561	
3.배우자	김지영	880103 – 2774918	총급여 6,000,000원
1.소득자 직계존속	김영순	520411 – 2222220	일용근로소득 20,000,000원
4.직계비속	신소율	120123 – 4070012	소득없음
6.형제자매	신준규	980305 – 1111119	소득없음

자료 2. 신민규 사원의 전근무지 정산내역

(8쪽 중 제1쪽)

거주구분	거주자1 / 비거주자2	
거주지국 대한민국	거주지국코드	kr
내·외국인	내국인 /외국인9	
외국인단일세율적용	여 1 / 부 2	
외국법인소속파견근로자여부	여 / 부	
국적 대한민국	국적코드	kr
세대주 여부	세대주1, 세대원2	
연말정산 구분	계속근로1, 중도퇴사2	

[√]근로소득 원천징수영수증
[ ]근로소득 지 급 명 세 서

([√]소득자 보관용 [ ]발행자 보관용 [ ]발행자 보고용)

관리번호

징 수 의무자	① 법인명(상 호) (주)글로리산업	② 대 표 자(성 명) 이동은
	③ 사업자등록번호 305-86-11110	④ 주 민 등 록 번 호
	③-1 사업자단위과세자여부 여 1 / 부 2	
	⑤ 소 재 지(주소) 서울 구로구 디지털로33길 27	
소득자	⑥ 성 명 신민규	⑦ 주 민 등 록 번 호 900512-1887561
	⑧ 주 소 서울특별시 서대문구 충정로 7길 30(충정로2가)	

	구 분	주(현)	종(전)	종(전)	⑯-1 납세조합	합 계
Ⅰ 근무처별소득명세	⑨ 근 무 처 명	(주)글로리산업				
	⑩ 사업자등록번호	305-86-11110				
	⑪ 근무기간	20x1.1.1.~ 20x1.3.31.	~	~	~	~
	⑫ 감면기간	~	~	~	~	~
	⑬ 급 여	14,000,000				14,000,000
	⑭ 상 여	7,000,000				7,000,000
	⑮ 인 정 상 여					
	⑮-1 주식매수선택권 행사이익					
	⑮-2 우리사주조합인출금					
	⑮-3 임원 퇴직소득금액 한도초과액					
	⑮-4					
	⑯ 계	21,000,000				21,000,000
Ⅱ 비과세 및 감면소득명세	⑱ 국외근로	M0X				
	⑱-1 야간근로수당	O0X				
	⑱-2 출산·보육수당	Q0X				
	⑱-4 연구보조비	H0X				
	~					
	⑲ 수련보조수당	Y22				
	⑳ 비과세소득 계					
	⑳-1 감면소득 계					

	구 분		⑧⓪ 소 득 세	⑧① 지방소득세	⑧② 농어촌특별세
Ⅲ 세액명세	⑦③ 결 정 세 액		0	0	
	⑦④ 종(전)근무지 (결정세액란의 세액 기재)	사업자 등록 번호			
	기납부 세 액				
	⑦⑤ 주(현)근무지		330,000	33,000	
	⑦⑥ 납부특례세액				
	⑦⑦ 차 감 징 수 세 액(⑦③-⑦④-⑦⑤-⑦⑥)		-330,000	-33,000	

국민연금보험료 : 695,000원	위의 원천징수액(근로소득)을 정히 영수(지급)합니다.
건강보험료 : 533,750원	
장기요양보험료 : 33,040원	20x1년 월 일
고용보험료 : 140,000원	징수(보고)의무자 (주)글로리산업 (서명)

구 로 세 무 서 장 귀하

210mm×297mm[백상지 80g/㎡(재활용품)]

자료 3. 국세청간소화서비스 및 기타증빙자료

20x1년 귀속 소득·세액공제증명서류 : 기본(지출처별)내역 [의료비]

■ 환자 인적사항

성 명	주 민 등 록 번 호
김지영	880103 – 2******

■ 의료비 지출내역

(단위 : 원)

사업자번호	상 호	종류	납입금액 계
109 – 04 – 16***	**여성병원	일반	800,000
106 – 05 – 81***	***안과	일반	2,000,000
의료비 인별합계금액			2,800,000
안경구입비 인별합계금액			0
산후조리원 인별합계금액			0
인별합계금액			**2,800,000**

 국 세 청
National Tax Service

• 본 증명서류는 『소득세법』 제165조 제1항에 따라 영수증 발급기관으로부터 수집한 서류로 소득·세액공제 충족 여부는 근로자가 직접 확인하여야 합니다.
• 본 증명서류에서 조회되지 않는 내역은 영수증 발급기관에서 직접 발급받으시기 바랍니다.

20x1년 귀속 소득·세액공제증명서류 : 기본(지출처별)내역 [보험료]

■ 계약자 인적사항

성 명	주 민 등 록 번 호
신민규	900512 – 1887***

■ 보장성보험(장애인전용보장성보험) 납입내역

(단위 : 원)

종류	상 호	보험종류	주피보험자		납입금액 계
	사업자번호	증권번호	종피보험자		
저축성	조은손해보험(주)	**태아보험	900512 – 1887***	신민규	600,000
	106 – 81 – 41***	100540651**			
보장성	삼성생명보험(주)	든든실비보험	520411 – 2222***	김영순	450,000
	108 – 81 – 32***	004545217**			
인별합계금액					1,050,000

 국 세 청
National Tax Service

• 본 증명서류는 『소득세법』 제165조 제1항에 따라 영수증 발급기관으로부터 수집한 서류로 소득·세액공제 충족 여부는 근로자가 직접 확인하여야 합니다.
• 본 증명서류에서 조회되지 않는 내역은 영수증 발급기관에서 직접 발급받으시기 바랍니다.

20x1년 귀속 소득·세액공제증명서류 기본(지출처별)내역 [교육비]

■ 학생 인적사항

성 명	주 민 등 록 번 호
신준규	980305 - 1111***

■ 교육비 지출내역

교육비종류	학교명	사업자번호	납입금액 계
대학교	***대학교	**3 - 83 - 21***	5,500,000
인별합계금액			5,500,000

국 세 청
National Tax Service

• 본 증명서류는 「소득세법」 제165조 제1항에 따라 영수증 발급기관으로부터 수집한 서류로 소득·세액공제 충족 여부는 근로자가 직접 확인하여야 합니다.
• 본 증명서류에서 조회되지 않는 내역은 영수증 발급기관에서 직접 발급받으시기 바랍니다.

[실무수행평가] – 근로소득관리 3

번호	평가문제	배점
46	**평가문제 [신민규 근로소득원천징수영수증 조회]** '37.차감소득금액'은 얼마인가?	2
47	**평가문제 [신민규 근로소득원천징수영수증 조회]** '61.보장성보험' 세액공제액은 얼마인가?	2
48	**평가문제 [신민규 근로소득원천징수영수증 조회]** '62.의료비' 세액공제액은 얼마인가?	2
49	**평가문제 [신민규 근로소득원천징수영수증 조회]** '63.교육비' 세액공제액은 얼마인가?	2
50	**평가문제 [신민규 근로소득원천징수영수증 조회]** '77.차감징수세액(소득세)'은 얼마인가?	1
	근로소득 소계	25

세무정보처리 자격시험 2급

70회

실무이론평가

1	2	3	4	5	6	7	8	9	10
④	①	②	③	①	④	③	④	①	②

01 정보이용자가 기업실체의 **미래 사건의 결과에 대한 예측을 하는 데 도움이 되는 정보는 목적적합**한 정보이다.

02 매출원가 = 매출액(400,000) × 매출원가율(1 - 30%) = 280,000원

재고자산

기초재고	40,000	매출원가	280,000
총매입액	300,000	**기말재고**	**60,000**
계	340,000	계	340,000

횡령액 = 장부상 기말재고액(60,000) - 실사에 의한 기말재고액(50,000) = 10,000원

03

구입순서	수량	단가	금액	매출원가수량
기초	4,000	400	1,600,000	4,000
구입(3.16)	12,000	450	5,400,000	2,000
판매(3.25)	△6,000			
구입(3.30)	3,000	460		

매출원가(선입선출법) = (4,000개 × @400원) + (2,000개 × @450원) = 2,500,000원

04 처분가액(1,800,000) - 처분전 장부가액(?) = △200,000(손실)

처분전 장부가액 = 2,000,000원

20x1년 1월 1일부터 20x1년 7월 1일까지의 감가상각비

= 년초 장부가액(2,500,000) - 처분전 장부가액(2,000,000) = 500,000원

05 재고자산의 **원가결정방법을 총평균법에서 선입선출법으로 변경하는 것은 회계정책의 변경**이고, 그 이외의 것은 회계추정의 변경이다.

06 차기이월 금액 210,000원이 당기 **매출채권 잔액에 대한 대손추정액**이다.

07 **거래처에 접대를 목적으로 제품을 증여**하는 것은 사업상 증여로 간주공급에 해당함.

08 매출세액 = (5,000,000 + 30,000,000 + 3,000,000) × 10% = 3,800,000원

거래처 증여인 개인적공급은 시가로 과세되며, **연체이자는 과세표준에 포함되지 아니함.**

171

09 중소기업 직원에 대한 주택 구입·임차 자금 무상 대여 이익과 식사의 제공을 받지 않고 수령한 20만원의 식대는 비과세되고, **차량을 소유하지 않는 경우** 자가운전보조금과 **학자금**은 과세대상 근로소득이 된다.

10 종합소득금액 = 근로소득금액(50,000,000)
(금융소득의 합계액이 2,000만원 이하이므로 내국법인의 배당은 분리과세소득이 된다.)
- 종합소득과세표준 = 소득금액(50,000,000) – 소득공제(20,000,000) = 30,000,000원
- 종합소득산출세액 = 30,000,000원 × 세율(15%) – 누진공제액(1,260,000) = 3,240,000원

■ 실무수행평가

실무수행 1. 거래자료 입력

① 3만원초과 거래자료에 대한 경비등 송금명세서 작성

1. [일반전표입력] 1월 12일

| (차) 토지 | 3,500,000원 | (대) 보통예금 | 3,500,000원 |
| | | (국민은행(보통)) | |

2. [경비등송금명세서]

번호	⑥거래일자	⑦법인명(상호)	⑧성명	⑨사업자(주민)등록번호	⑩거래내역	⑪거래금액	⑫송금일자	CD	⑬은행명	⑭계좌번호	계정코드
1	20x1-01-12	가람부동산중개	윤하윤	511-52-00362	토지중개수수료	3,500,000	20x1-01-12	088	신한은행	125-610215-140	

② 기타일반거래 [일반전표입력] 2월 25일

| (차) 장기성예금(한화생명) | 620,000원 | (대) 보통예금(국민은행(보통)) | 700,000원 |
| 보험료(제) | 80,000원 | | |

③ 기타일반거래 [매입매출전표입력] 4월 10일

거래유형	품명	공급가액	부가세	거래처	전자세금
53.면세	폐기물처리	150,000		성원환경	전자입력
분개유형	(차) 수수료비용(제)	150,000원	(대) 미지급금		150,000원
3.혼합					

실무수행 2. 부가가치세관리

① 전자세금계산서 발급

1. [매입매출전표입력] 4월 15일

거래유형	품명	공급가액	부가세	거래처	전자세금
11.과세	탈모샴푸	15,000,000원	1,500,000원	(주)모발모발	전자발행
분개유형	(차) 외상매출금	11,500,000원	(대)	제품매출	15,000,000원
3.혼합	선수금	5,000,000원		부가세예수금	1,500,000원

2. [전자세금계산서 발행 및 내역관리] 기출문제 77회 참고

② 수정전자세금계산서의 발급

1. [매입매출전표입력] 6월 12일

① 6월 12일 전표에서 상단 수정세금계산서 를 클릭하여 수정사유(1.기재사항 착오·정정)를 선택하고 비고란에 [2.작성년월일]을 선택하여 [확인]을 클릭한다.

② 수정세금계산서(매출)화면에서 6월 22일과 수량, 단가를 입력한 후 확인(Tab) 을 클릭한다.

구분	년	월	일	유형	품명	수량	단가	공급가액	부가세	합계	코드	거래처명	사업.주민번호
당초분	20x1	06	12	과세	천연샴푸	20	200,000	4,000,000	400,000	4,400,000	03180	(주)머리천사	123-81-95134
수정분	20x1	06	12	과세	천연샴푸	-20	200,000	-4,000,000	-400,000	-4,400,000	03180	(주)머리천사	123-81-95134
수정분	20x1	06	22	과세	천연샴푸	20	200,000	4,000,000	400,000	4,400,000	03180	(주)머리천사	123-81-95134
				합 계				4,000,000	400,000	4,400,000			

③ 수정세금계산서 2건에 대한 회계처리가 자동 반영된다.

→ 6월 12일 당초에 발급한 과세세금계산서의 (-)세금계산서 발급분에 대한 회계처리

거래유형	품명	공급가액	부가세	거래처	전자세금
11.과세	천연샴푸	- 4,000,000	- 400,000	(주)머리천사	전자발행
분개유형	(차) 외상매출금	- 4,400,000원	(대)	제품매출	- 4,000,000원
2.외상				부가세예수금	- 400,000원

→ 6월 22일 수정분 세금계산서 발급분에 대한 회계처리

거래유형	품명	공급가액	부가세	거래처	전자세금
11.과세	천연샴푸	4,000,000	400,000	(주)머리천사	전자발행
분개유형	(차) 외상매출금	4,400,000원	(대)	제품매출	4,000,000원
2.외상				부가세예수금	400,000원

2. [전자세금계산서 발행 및 내역관리] 기출문제 77회 참고

③ 매입세액불공제내역 작성자의 부가가치세 신고서 작성

1. [매입매출전표입력] 8월 10일

거래유형	품명	공급가액	부가세	거래처	전자세금
51.과세	포터 트럭	20,000,000	2,000,000	현대자동차(주)	전자입력
분개유형	(차) 차량운반구	20,000,000원	(대) 미지급금		22,000,000원
3.혼합	부가세대급금	2,000,000원			

2. [매입세액불공제내역](7월~9월) 공통매입세액 안분계산

	계산식	구분	과세.면세 사업 공통매입		(12)총공급가액 등 (총예정사용면적)	(13)면세공급가액 등 (총예정사용면적)	(14)불공제 매입세액 (⑪×⑬÷⑫)
			(10)공급가액	(11)세액			
1	1.공급가액기준		20,000,000	2,000,000	360,000,000	50,400,000	280,000
2							

3. [부가가치세신고서] 7월 1일 ~ 9월 30일

공제받지못할매입세액명세

16 공제받지 못할매입 세액명세	구분		금액	세액
	공제받지못할매입세액	50		
	공통매입세액면세 사업	51	2,800,000	280,000
	대손처분받은세액	52		
	합계	53	2,800,000	280,000

4. [일반전표입력] 9월 30일

(차) 차량운반구　　　　280,000원　　(대) 부가세대급금　　　　280,000원

④ 대손세액공제신고서 작성자의 부가가치세신고서 작성

1. [대손세액공제신고서](10월~12월) 대손발행

	당초공급일	대손사유	대손기준일	대손확정일	대손금액	대손세액	코드	거래상대방 상호	사업자등록번호	주민등록번호	성명
1	2023-10-01	부도[6월 되는날]	20×1-06-05	20×1-12-06	2,750,000	250,000	00114	(주)영애삼푸	109-81-25501		전지현

2. [부가가치세신고서] 10월 1일 ~ 12월 31일

출세액	예정신고누락분	7			
	대손세액가감	8			-250,000
	합계	9	306,247,500	㉮	23,384,000

전자신고세액공제 : 10,000원 입력

3. [일반전표입력] 12월 6일 (대손충당금 잔액 확인 후 입력)

    (차) 대손상각비(판)   2,500,000원   (대) 받을어음((주)영애샴푸)   2,750,000원

         부가세예수금   250,000원

평가문제. 입력자료 및 회계정보를 조회하여 [평가문제]의 답안을 입력하시오.(70점)

[실무수행평가] – 부가가치세관리

번호	평가문제	배점	답
11	평가문제 [매입매출전표입력 조회]	2	(1)
12	평가문제 [계산서합계표 조회]	2	(2,150,000)원
13	평가문제 [세금계산서합계표 조회]	2	(35)매
14	평가문제 [매입세액불공제내역 조회]	2	(280,000)원
15	평가문제 [부가가치세신고서 조회]	2	(309,600,000)원
16	평가문제 [부가가치세신고서 조회]	2	(150,000,000)원
17	평가문제 [부가가치세신고서 조회]	3	③
18	평가문제 [대손세액공제신고서 조회]	3	④
19	평가문제 [부가가치세신고서 조회]	2	(-250,000)원
20	평가문제 [부가가치세신고서 조회]	2	(20,258,000)원
부가가치세 소계		22	

실무수행 3. 결산

① 수동결산 [일반전표입력] 12월 31일

    (차) 장기차입금   10,000,000원   (대) 유동성장기부채   10,000,000원

        (국민은행(차입금))   (국민은행(차입금))

② 결산자료입력에 의한 자동결산

    [결산자료입력 1]

    [방법 1] [일반전표입력] 12월 31일 선납세금과 미지급법인세 분개

    (차) 법인세등   18,000,000원   (대) 선납세금   9,462,000원

                                      미지급세금   8,538,000원

[방법 2] [일반전표입력] 12월 31일 선납세금 정리분개 입력

(차) 법인세등   9,462,000원   (대) 선납세금   9,462,000원 입력 후

[결산자료입력] 의 '법인세등'란에 8,538,000원을 입력

[결산자료입력 2]

- 결산자료입력에서 기말 원재료 28,000,000원, 제품 68,000,000원을 입력하고 전표추가(F3) 를 클릭하여 결산분개를 생성한다.

[이익잉여금처분계산서]

- 이익잉여금처분계산서에서 처분일을 입력한 후, 전표추가(F3) 를 클릭하여 손익대체 분개를 생성한다.

[실무수행평가] - 재무회계

번호	평가문제	배점	답
21	평가문제 [경비등송금명세서 조회]	1	(088)
22	평가문제 [일/월계표 조회]	1	(200,000)원
23	평가문제 [일/월계표 조회]	2	(65,500,000)원
24	평가문제 [일/월계표 조회]	2	(8,050,000)원
25	평가문제 [거래처원장 조회]	1	④
26	평가문제 [거래처원장 조회]	1	(52,195,400)원
27	평가문제 [손익계산서 조회]	2	(2,500,000)원
28	평가문제 [합계잔액시산표 조회]	1	(39,620,000)원
29	평가문제 [합계잔액시산표 조회]	2	(49,095,000)원
30	평가문제 [재무상태표 조회]	2	(9,254,000)원
31	평가문제 [재무상태표 조회]	2	(55,280,000)원
32	평가문제 [재무상태표 조회]	2	(28,000,000)원
33	평가문제 [재무상태표 조회]	1	(8,538,000)원
34	평가문제 [재무상태표 조회]	2	(80,000,000)원
35	평가문제 [재무상태표 조회]	1	①
재무회계 소계		23	

실무수행 4. 근로소득관리

① 가족관계증명서에 의한 사원등록(강은성)2025

관계	요 건		기본 공제	추가 (자녀)	판 단
	연령	소득			
본인(세대주)	–	–	○		
부(83)	○	○	○	경로	사망전일로 판단
모(79)	○	○	○	경로	
배우자	–	○	○		기타소득금액 1백만원 이하자 총수입금액(2,500,000)×(1-60&)=1,000,000원
자1(10)	○	○	○	자녀	
자2(7)	○	○	○		8세 이상 부터 자녀세액공제 대상

[실무수행평가] – 근로소득관리 1

번호	평가문제 [강은성 근로소득원천징수영수증 조회]	배점	답
36	25. 배우자 공제액	2	(1,500,000)원
37	26. 부양가족(부, 모, 자1, 자2)	1	(4)명
38	27. 경로우대 추가공제액	2	(2,000,000)원
39	37. 차가감소득금액	1	(9,107,500)원
40	57. 자녀세액공제액(1명 250,000)(개정세법 25)	2	(250,000)원

※ 39는 프로그램이 자동계산하므로 시점(세법개정, 프로그램 업데이트)마다 달라질 수가 있습니다.

② 급여명세에 의한 급여자료

1. [수당등록] 비과세 : 육아(양육)수당, 식대   과세 : 자가운전보조금, 자격수당

	코드	수당명	과세구분	근로소득유형
1	101	기본급	과세	1.급여
2	102	상여	과세	2.상여
3	200	육아수당	비과세	7.육아수당
4	201	자가운전보조금	과세	1.급여
5	202	식대	비과세	2.식대
6	203	자격 수당	과세	1.급여

2. [급여자료입력 - 3월]

급여항목	지급액	공제항목	공제액
기본급	3,500,000	국민연금	180,000
상여	3,000,000	건강보험	141,800
육아수당	500,000	고용보험	65,250
자가운전보조금	300,000	장기요양보험료	18,360
식대	250,000	소득세	617,710
자격수당	100,000	지방소득세	61,770

3. [원천징수이행상황신고서] - 귀속기간 3월 ~ 3월, 지급기간 3월 ~ 3월

구분	코드	소득지급(과세미달,비과세포함)		징수세액			9.당월 조정 환급세액	10.소득세 등 (가산세 포함)
		4.인원	5.총지급액	6.소득세 등	7.농어촌특별세	8.가산세		
간 이 세 액	A01	1	7,650,000	617,710				
중 도 퇴 사	A02							

[실무수행평가] - 근로소득관리 2

번호	평가문제 [이찬수 3월 급여자료입력 조회]	배점	답
41	과세대상 육아수당(20만원 초과분)	2	(300,000)원
42	과세대상 자가운전보조금	2	(300,000)원
43	과세대상 식대 지급액(20만원 초과분)	2	(50,000)원
44	차인지급액	1	(6,565,110)원
45	**[3월 원천징수이행상황신고서 조회]** 10. 소득세 등 총합계금액	1	(617,710)원

※ 44,45은 프로그램이 자동계산하므로 시점(세법개정, 프로그램 업데이트)마다 달라질 수가 있습니다.

③ 국세청연말정산간소화 및 이외의 자료를 기준으로 연말정산(신민규)

〈연말정산 대상여부 판단〉

항 목	요건		내역 및 대상여부	입력
	연령	소득		
의 료 비	×	×	• 배우자 의료비	○(일반 2,800,000)
보 험 료	○(×)	○	• 본인 저축성 보험은 대상에서 제외 • 모친(73) 실버보험	× ○(일반 450,000)
교 육 비	×	○	• 동생(27) 대학교 등록금	○(대학 5,500,000)

1. 종전근무지 입력

정산명세	소득명세	소득공제	의료비	기부금

구분/항목	계	종전1
근무처명		(주)글로리산업
사업자등록번호(숫자10자리입력)		305-86-11110
13.급여	43,700,000	14,000,000
14.상여	7,000,000	7,000,000
15.인정상여		
15-1.주식매수선택권행사이익		
15-2.우리사주조합인출금		
15-3.임원퇴직소득한도초과액		
15-4.직무발명보상금		
16.급여계	50,700,000	21,000,000
미제출비과세		
건강보험료	1,586,570	533,750
장기요양보험료	167,860	33,040
국민연금보험료	2,031,500	695,000
고용보험료	407,300	140,000
소득세	329,220	
지방소득세	32,850	

2. 의료비 세액공제

정산명세	소득명세	소득공제	의료비	기부금	신용카드	연금투자명세	월세액명세

● 지급내역

	공제대상자					지급처			지급명세		
	부양가족 관계코드	성명	내외	주민등록번호	본인등 해당여부	상호	사업자번호	의료증빙 코드	건수	지급액	실손의료보험금
1	배우자	김지영	내	880103-2774918	×			국세청	1	2,800,000	

3. 보험료 세액공제

3	1	김영순	60세이상	450,000	
	1	520411-2222220			

4. 교육비 세액공제

5	6	신준규	부	대학생	5,500,000	
	1	980305-1111119				

5. 정산명세 조회

특별소득공제	33.보험	가.건강		1,754,430	>	1,754,430	연금계좌	58.과학기술인공제		>			
		나.고용		407,300	>	407,300		59.근로자퇴직급여보장법		>			
	34.주택 - 가.주택임차 차입금 원리금상환액	대출기관			>			60.연금저축		>			
		거주자			>			60-1. ISA만기시연금계좌		>			
	34.주택	11년이전 차입분	15년미만		>		특별세액공제	61.보장성보험	450,000	>		54,000	
			15~29년		>			62.의료비	2,800,000	>		191,850	
			30년이상		>			63.교육비	5,500,000	>		825,000	
		나.장기주택저당차입금이자상환액	12년이후 차입분(15년이상)	고정or비거치	>			64.기부금	정치	10만원이하	>		
				기타대출	>					10만원초과	>		
			15년이후 차입분(15년이상)	고정&비거치	>				나.법정기부금		>		
				고정or비거치	>				다.우리사주기부금		>		
				기타대출	>				라.지정기부금(종교외)		>		
			15년이후 차입분(10~15년)	고정or비거치	>				마.지정기부금(종교)		>		
	35.기부금(이월분)				>			65.계				1,070,850	
	36.계					2,161,730		66.표준세액공제		>			
37.차감소득금액						28,721,770		67.납세조합공제		>			
그 밖의 소득공제	38.개인연금저축				>			68.주택차입금		>			
	39.소기업·소상공인공제부금				>			69.외국납부		>			
	40.주택마련저축	가.청약저축			>			70.월세액		>			
		나.주택청약종합저축			>								
		다.근로자주택마련저축			>								
	41.투자조합출자 등				>								
	42.신용카드등			0	>								
	43.우리사주조합 출연금				>								
	44.고용유지중소기업근로자				>								
	45.장기집합투자증권저축				>			71.세액공제계				1,880,850	
	46.청년형장기집합투자증권저축				>		72.결정세액(50-55-71)					1,167,415	
	47.그 밖의 소득공제 계						82.실효세율(%) (72/21)×100%					2.3%	

		소득세	지방소득세	농어촌특별세	계
73.결정세액		1,167,415	116,741	0	1,284,156
기납부 세액	74.종(전) 근무지	0	0	0	0
	75.주(현) 근무지	329,220	32,850	0	362,070
76. 납부특례세액		0	0	0	0
77. 차감징수세액(73-74-75-76)		838,190	83,890	0	922,080

[실무수행평가] - 근로소득관리 3

번호	평가문제[신민규 근로소득원천징수영수증 조회]	배점	답
46	37. 차감소득금액	2	(28,721,770)원
47	61. 보장성보험료 세액공제액	2	(54,000)원
48	62. 의료비 세액공제액	2	(191,850)원
49	63. 교육비 세액공제액	2	(825,000)원
50	77. 차감징수세액(소득세)	1	(838,190)원
	근로소득 소계	25	

※ 46,50는 프로그램이 자동계산하므로 시점(세법개정, 프로그램 업데이트)마다 달라질 수가 있습니다.

[참고사항 : 총급여액 50,700,000원]

※ 시험시 프로그램이 자동계산되어진 것으로 답을 입력하시고 시간이 남으시면 체크해 보시기 바랍니다.

		한도	공제율	대상금액	세액공제
1. 보험료	일반	1백만원	12%	450,000	54,000
2. 의료비	일반	–	15%	2,800,000	191,850
	☞의료비세액공제 = [2,800,000 – 총급여액(50,700,000)×3%]×15% = 191,850				
3. 교육비	대학	7백만원	15%	5,500,000	825,000

███████ **실무이론평가**

[1] 다음 중 (ㄱ), (ㄴ)에 들어갈 회계정보의 질적특성으로 옳은 것은?

> • 유형자산을 역사적원가로 평가하면 일반적으로 측정의 (ㄱ) 은(는) 높아지나 (ㄴ) 이(가) 낮아질 수 있다.
>
> | | (ㄱ) | (ㄴ) |
> | --- | --- | --- |
> | 가. | 목적적합성 | 신뢰성 |
> | 나. | 목적적합성 | 검증가능성 |
> | 다. | 신뢰성 | 목적적합성 |
> | 라. | 신뢰성 | 검증가능성 |

① 가   ② 나

③ 다   ④ 라

[2] 다음은 (주)한공의 무형자산 관련 자료이다. 이에 대한 설명으로 옳지 않은 것은?

> • (주)한공은 신제품 개발에 성공하여 20x1년 9월 1일부터 신제품 생산ㆍ판매를 시작하였다.
> • 신제품 개발에 소요된 금액은 30,000,000원이며, 자산요건을 충족하여 개발비로 계상하려고 한다.

① 개발비의 20x1년 9월 1일 장부금액은 30,000,000원이다.

② 개발비의 상각은 생산ㆍ판매를 시작한 20x1년 9월 1일부터 시작한다.

③ 차후에 개발비의 공정가치가 증가한 경우 공정가치를 장부금액으로 할 수 있다.

④ 개발비 손상을 시사하는 징후가 있다면 회수가능액을 추정한다.

[3] 다음은 (주)한공의 주식 관련 자료이다. 20x1년 당기순이익에 미치는 영향으로 옳은 것은?

> • 20x0년 5월 7일 장기투자목적으로 (주)서울의 주식 100주를 주당 1,000원에 취득하였다.
> • 20x0년 말 이 주식의 공정가치는 주당 1,200원이었다.
> • 20x1년 9월 30일 이를 주당 1,300원에 전량 매도하였다.

① 10,000원 증가　　　　　　　　　② 20,000원 증가

③ 30,000원 증가　　　　　　　　　④ 40,000원 증가

[4] 장부마감전 발견된 다음 오류 사항 중 당기순이익에 영향을 미치지 않는 것은?

① 대손상각비 미계상

② 감가상각비 미계상

③ 재고자산에 대한 평가손실 미계상

④ 매도가능증권에 대한 평가손실 미계상

[5] 다음 결산 정리사항을 반영한 후 당기순이익의 변동으로 옳은 것은?

> • 소모품 미사용액 : 30,000원 (구입 시 80,000원 전액 비용처리됨)
> • 이자수익 기간경과분 발생액 : 20,000원

① 50,000원 감소　　　　　　　　　② 30,000원 감소

③ 20,000원 증가　　　　　　　　　④ 50,000원 증가

[6] 다음 중 무형자산에 대한 설명으로 옳지 않은 것은?　　

① 연구단계에서 발생한 지출은 무형자산으로 인식하지 않는다.

② 전기에 비용으로 인식한 개발단계의 지출은 당기에 무형자산으로 인식할 수 없다.

③ 무형자산의 잔존가치는 없는 것을 원칙으로 한다.

④ 무형자산은 합리적인 상각방법을 정할 수 없는 경우에는 정률법으로 상각한다.

[7] 다음 중 부가가치세법상 신고·납부에 대한 설명으로 옳지 않은 것은?

① 법인사업자는 예정신고기간의 과세표준과 납부세액을 예정신고기간 종료일부터 25일 이내 신고·납부하는 것이 원칙이다.

② 조기환급신고를 할 때 이미 신고한 과세표준은 확정신고 시 포함하지 않는다.

③ 개인사업자의 부가가치세 예정고지세액이 50만원 미만인 경우 이를 징수하지 아니한다.

④ 주사업장 총괄납부를 하는 경우에 세금계산서는 주사업장에서 총괄하여 발급하여야 한다.

[8] 다음 자료를 토대로 의류제조업을 영위하는 (주)한공의 공제받을 수 있는 매입세액을 계산하면 얼마인가?(단, 세금계산서는 적법하게 수령하였다.)

• 거래처 방문용 소형승용차(2,000cc)의 매입세액	3,000,000원
• 공장부지의 조성과 관련된 매입세액	14,000,000원
• 해당 과세기간에 매입하였으나 과세기간 말 현재 사용하지 않은 원재료의 매입세액	8,000,000원
• 거래처 기업 업무추진(접대)와 관련된 매입세액	5,000,000원

① 8,000,000원　　　　　　　　② 11,000,000원
③ 19,000,000원　　　　　　　　④ 22,000,000원

[9] 다음의 자료를 토대로 사업자 김한공 씨의 20x1년 종합소득 산출세액을 계산하면 얼마인가?

가. 복식부기에 따라 계산한 사업소득금액　　　　　　　30,000,000원
나. 근로소득금액　　　　　　　　　　　　　　　　　　50,000,000원
다. 종합소득공제와 그 밖의 소득공제 합계액　　　　　24,000,000원
라. 세율

종합소득과세표준	기본세율
1,400만원 이하	과세표준의 6%
1,400만원 초과 5,000만원 이하	84만원 + 1,400만원 초과금액의 15%
5,000만원 초과 8,800만원 이하	624만원 + 5,000만원 초과금액의 24%

① 7,680,000원　　　　　　　　② 10,500,000원
③ 10,620,000원　　　　　　　　④ 12,500,000원

[10] 다음 중 소득세법상 비과세 근로소득에 해당하지 않는 것은?
① 의료 취약지역의 의료인이 받는 벽지수당 월 20만원
② 국민건강보험법에 따라 사용자가 부담하는 건강보험료
③ 고용보험법에 의한 육아휴직수당
④ 출장 여비 등의 실제 비용을 별도로 받는 직원에 대한 자가운전보조금 월 20만원

■■■■■■■ **실무수행평가**

(주)아모레산업(2650)은 화장품 제조업을 영위하는 법인기업으로 회계기간은 제6기(20x1.1.1.~ 20x1.12.31.)이다. 제시된 자료와 [자료설명]을 참고하여 [평가문제]의 물음에 답하시오.

실무수행1 | 거래자료 입력

실무프로세스 자료이다. [자료설명]을 참고하여 [수행과제]를 수행하시오.

① 3만원 초과 거래자료에 대한 영수증수취명세서 작성
자료. 공급자 정보

영 수 증 (공급받는자용)				자료설명	공장 형광등을 교체하고, 대금은 국민은행 보통예금계좌에서 이체하여 지급하였다.(원명상회는 일반과세사업자이다.)
(주)아모레산업			귀하		
공급자	사업자등록번호	120-21-12348			
	상호	원명상회	성명	최시현	
	사업장소재지	서울시 서대문구 충정로7길 29-8			
	업태	도소매업외	종목	전기제품외	
작성년월일	공급대가총액		비고		
20x1.1.15.	₩ 200,000				
위 금액을 영수(청구)함.				수행과제	1. 거래자료를 입력하시오.('수익적 지출'로 처리할 것.) 2. 영수증수취명세서(2)와 (1)서식을 작성하시오.
월/일	품명	수량	단가	공급대가(금액)	
1/15	형광등교체			200,000	
위 금액을 영수(청구)함					

② 정부보조금에 의한 유/무형자산의 구입
■ 보통예금(국민은행) 거래내역

번호	거래일자	내용	찾으신금액	맡기신금액	잔액	거래점
		계좌번호 100-23-951241 (주)아모레산업				
1	20x1-2-11	중소벤처기업진흥공단		100,000,000	***	***
2	20x1-2-15	산업자원부		200,000,000	***	***

자료설명	1. 중소벤처기업진흥공단의 보조금은 운영자금충당목적으로 상환의무가 있다. (상환예정일 : 20x3년 3월 10일, 장기차입금 처리할 것.) 2. 산업자원부의 보조금은 추후 생산설비 취득예정목적으로 상환의무가 없다.
수행과제	정부보조금 입금과 관련된 2월 11일 및 2월 15일의 거래자료를 각각 입력하시오.

③ 기타 일반거래

자료 1. 국민연금보험료 결정내역 통보서

서식기호 E8901	국민연금보험료 결정내역 통보서		

사업장관리번호	12481123440	사업장명칭	(주)아모레산업
해 당 년 월	20x1 - 02		

20x1년 2월분 개인별 보험료 내역

(단위 : 원)

일련 번호	성 명	주민(외국인) 등록번호	기준소득월액	월보험료(계)	(사용자부담금)	(근로자기여금)
1	김태영	911109 - 1******	2,000,000	180,000	90,000	90,000
2	윤서연	850321 - 2******	3,800,000	342,000	171,000	171,000
대상자수		2명		522,000	261,000	261,000

이하생략

※ 당월에 납부할 연금보험료는 당월분 금액과 소급분 금액의 합산으로 결정됩니다.
※ 개인사업장 사용자의 국민연금보험료는 사용자부담금과 근로자기여금으로 구분하여 표기하였습니다.

자료 2. 보통예금(국민은행) 거래내역

		내용	찾으신금액	맡기신금액	잔액	거래점
번호	거래일	계좌번호 100 - 23 - 951241 (주)아모레산업				
1	20x1 - 3 - 10	국민연금관리공단	522,000		***	***

자료설명	1. 자료 1은 공장에 근무중인 김태영과 본사 관리부에 근무중인 윤서연의 2월분 국민 연금 결정내역 통보서이다. 2. 자료 2는 2월분 국민연금을 국민은행 보통예금 통장에서 이체하여 납부한 내역이다.
수행과제	국민연금 납부일의 거래자료를 입력하시오. (단, 국민연금회사부담금은 '세금과공과금'으로 회계처리할 것.)

실무수행2 부가가치세관리

부가가치세 신고 관련 자료이다. [자료설명]을 참고하여 [수행과제]를 수행하시오.

① 전자세금계산서 발급

자료 1. 보통예금(국민은행) 거래내역

번호	거래일	내용	찾으신금액	맡기신금액	잔액	거래점
		계좌번호 100 - 23 - 951241 (주)아모레산업				
1	20x1 - 04 - 20	(주)수려한		5,000,000	***	***

자료 2. 거래명세서

거래명세서 (공급자 보관용)			

	공급자				공급받는자		
등록번호	124 - 81 - 12344			등록번호	514 - 81 - 35782		
상호	(주)아모레산업	성명	정지현	상호	(주)수려한	성명	김혜수
사업장주소	경기도 수원시 팔달구 매산로 10 (매산로1가), 301호			사업장주소	서울특별시 광진구 광나루로 355		
업태	제조업	종사업장번호		업태	도소매업	종사업장번호	
종목	화장품			종목	화장품		

거래일자	미수금액	공급가액	세액	총 합계금액
20x1 - 05 - 10		20,000,000	2,000,000	22,000,000

NO	월	일	품목명	규격	수량	단가	공급가액	세액	합계
1	5	10	주름개선 크림		100	200,000	20,000,000	2,000,000	22,000,000

자료설명	1. 자료 1은 제품공급 전 (주)수려한으로부터 계약금으로 입금된 국민은행 보통예금 거래내역이다. 2. 자료 2는 (주)수려한에 제품을 공급하고 발급한 거래명세서이다. 계약금을 제외한 잔액은 6월 30일에 받기로 하였다.
수행과제	1. 5월 10일의 거래자료를 입력하시오. 2. 전자세금계산서 발행 및 내역관리 를 통하여 발급 · 전송하시오. (전자세금계산서 발급 시 결제내역 및 전송일자는 무시할 것.)

② 수정전자세금계산서의 발급

전자세금계산서			(공급자 보관용)			승인번호			

공급자	등록번호	124-81-12344			공급받는자	등록번호	123-81-95134		
	상호	(주)아모레산업	성명(대표자)	정지현		상호	(주)올리브영	성명(대표자)	이수지
	사업장주소	경기도 수원시 팔달구 매산로 10 (매산로1가), 301호				사업장주소	서울 강남구 영동대로 521		
	업태	제조업	종사업장번호			업태	도소매업	종사업장번호	
	종목	화장품				종목	화장품		
	E-Mail	amore@bill36524.com				E-Mail	olive@bill36524.com		

작성일자	20x1.6.3.	공급가액	9,000,000	세 액	900,000
비고					

월	일	품목명	규격	수량	단가	공급가액	세액	비고
6	3	미백개선 크림		30	300,000	9,000,000	900,000	

합계금액	현금	수표	어음	외상미수금	이 금액을	○ 영수 ● 청구	함
9,900,000				9,900,000			

자료설명	1. (주)올리브영에 제품을 공급하고 발급한 전자세금계산서이다. 2. 전자세금계산서의 공급단가를 320,000원으로 기재했어야 하나, 담당자의 실수로 공급단가를 300,000원으로 기재하여 발급하였음을 확인하였다.
수행과제	수정사유에 따른 수정전자세금계산서를 발급 전송하시오. (외상대금 및 제품매출에서 음수(-)로 처리하고 전자세금계산서 발급 시 결제내역 입력 및 전송일자는 고려하지 말 것.)

③ 매입세액불공제내역 작성자의 부가가치세신고서 작성

자료 1. 공급가액(제품)내역 (7월 1일 ~ 9월 30일)

구 분	금 액	비 고
과세분(전자세금계산서)	240,000,000원	
면세분(전자계산서)	60,000,000원	
합 계	300,000,000원	

자료 2. 기계장치 매입금액 중 안분대상내역

전자세금계산서 (공급받는자 보관용)			승인번호	2023010123

공급자
- 등록번호: 206-81-45981
- 상호: (주)대주기계 / 성명(대표자): 황재원
- 사업장주소: 서울시 강남구 강남대로 272
- 업태: 제조업 / 종사업장번호:
- 종목: 포장기계
- E-Mail: daeju@bill36524.com

공급받는자
- 등록번호: 124-81-12344
- 상호: (주)아모레산업 / 성명(대표자): 정지현
- 사업장주소: 경기도 수원시 팔달구 매산로 10 (매산로1가), 301호
- 업태: 제조업 / 종사업장번호:
- 종목: 화장품
- E-Mail: amore@bill36524.com

작성일자	20x1.8.7.	공급가액	20,000,000	세 액	2,000,000

비고

월	일	품목명	규격	수량	단가	공급가액	세액	비고
8	7	고속분쇄기계				20,000,000	2,000,000	

합계금액	현금	수표	어음	외상미수금	이 금액을	
22,000,000				22,000,000	○ 영수 ● 청구	함

자료설명	본 문제에 한하여 (주)아모레산업은 과세사업과 면세사업을 겸영하고 있다고 가정한다. 1. 자료 1은 제2기 부가가치세 예정신고기간의 공급가액 내역이다. 2. 자료 2는 제2기 부가가치세 예정신고기간의 과세사업과 면세사업에 공통으로 사용할 기계장치 매입자료이다.
수행과제	1. 자료 2의 거래자료를 입력하시오.(유형에서 '51.과세매입'으로 선택하고, '전자입력'으로 처리할 것.) 2. 제2기 부가가치세 예정신고기간의 매입세액불공제내역(공통매입세액 안분계산 내역)을 작성하고 제2기 예정 부가가치세 신고서에 반영하시오. (단, 자료 1과 자료 2에서 주어진 공급가액으로 계산하기로 할 것.) 3. 공통매입세액 안분계산에 대한 회계처리를 9월 30일자로 일반전표에 입력하시오.

④ 매입세액불공제내역 작성자의 부가가치세 신고서 작성

자료 1.

전자세금계산서			(공급받는자 보관용)				승인번호		2023010124	
공급자	등록번호	108-81-51419				공급받는자	등록번호	124-81-12344		
	상호	(주)수원중고 자동차	성명 (대표자)	이수원			상호	(주)아모레산업	성명 (대표자)	정지현
	사업장 주소	경기도 수원시 팔달구 매산로 1-10 (매산로1가)					사업장 주소	경기도 수원시 팔달구 매산로 10 (매산로1가), 301호		
	업태	도소매업		종사업장번호			업태	제조업		종사업장번호
	종목	자동차					종목	화장품		
	E-Mail	soo1@bill36524.com					E-Mail	amore@bill36524.com		

작성일자	20x1.10.15.	공급가액	25,000,000	세 액	2,500,000
비고					

월	일	품목명	규격	수량	단가	공급가액	세액	비고
10	15	그랜저IG				25,000,000	2,500,000	

합계금액	현금	수표	어음	외상미수금	이 금액을	○ 영수	함
27,500,000				27,500,000		◉ 청구	

자료 2.

전자세금계산서			(공급받는자 보관용)				승인번호		2023010125	
공급자	등록번호	101-81-21118				공급받는자	등록번호	124-81-12344		
	상호	(주)하모니마트	성명 (대표자)	이하늘			상호	(주)아모레산업	성명 (대표자)	정지현
	사업장 주소	서울특별시 서대문구 충정로7길 29-11(충정로3가)					사업장 주소	경기도 수원시 팔달구 매산로 10 (매산로1가), 301호		
	업태	도소매업		종사업장번호			업태	제조업		종사업장번호
	종목	생활잡화					종목	화장품		
	E-Mail	hamo@bill36524.com					E-Mail	amore@bill36524.com		

작성일자	20x1.10.21.	공급가액	520,000	세 액	52,000
비고					

월	일	품목명	규격	수량	단가	공급가액	세액	비고
10	21	스팸세트		10	52,000	520,000	52,000	

합계금액	현금	수표	어음	외상미수금	이 금액을	○ 영수	함
572,000				572,000		◉ 청구	

자료 3.

항목	내용
자료설명	자료 1. 관리부 업무용으로 승용차(배기량 2,700cc)를 구입하고 발급받은 전자세금계산서이다. 자료 2. 매출거래처에 증정할 선물을 구입하고 발급받은 전자세금계산서이다. 자료 3. 대표이사(정지현)가 자녀에게 선물할 아이패드를 구입하고 발급받은 법인 신용카드매출전표이다. ('가지급금'으로 회계처리할 것.)
수행과제	1. 자료 1 ~ 3의 거래를 매입매출전표 및 일반전표에 입력하시오. (전자세금계산서와 관련된 거래는 '전자입력'으로 처리할 것.) 2. 제2기 부가가치세 확정신고기간의 매입세액불공제내역을 작성하시오. 3. 매입세액불공제내역 및 전자신고세액공제를 반영하여 제2기 부가가치세 확정신고서를 작성하시오. 　－제2기 부가가치세 확정신고서를 홈택스로 전자신고하여 전자신고세액공제 10,000원을 공제받기로 한다.

평가문제 입력자료 및 회계정보를 조회하여 [평가문제]의 답안을 입력하시오.(70점)

[실무수행평가] – 부가가치세관리

번호	평가문제	배점
11	**평가문제 [매입매출전표입력 조회]** 6월 3일자 수정세금계산서의 수정입력사유 코드번호를 입력하시오.	2
12	**평가문제 [세금계산서합계표 조회]** 제1기 확정 신고기간의 거래처'(주)수려한'에 전자발급된 세금계산서 공급가액은 얼마인가?	2
13	**평가문제 [세금계산서합계표 조회]** 제1기 확정 신고기간의 매출전자세금계산서 발급매수는 총 몇 매인가?	2
14	**평가문제 [매입세액불공제내역 조회]** 제2기 예정신고기간 매입세액불공제내역_3.공통매입세액 안분계산 내역의 불공제 매입세액은 얼마인가?	3
15	**평가문제 [부가가치세신고서 조회]** 제2기 예정신고기간 부가가치세신고서의 과세_세금계산서발급분(1란) 금액은 얼마인가?	2
16	**평가문제 [부가가치세신고서 조회]** 제2기 예정신고기간의 부가가치세 차가감납부할세액(27번란)은 얼마인가?	2
17	**평가문제 [부가가치세신고서 조회]** 제2기 예정 신고기간의 부가가치세 신고시에 작성되는 부가가치세 첨부서류에 해당하지 않는 것은? ① 계산서합계표 ② 신용카드매출전표등수령금액합계표 ③ 건물등감가상각자산취득명세서 ④ 공제받지못할매입세액명세서	2
18	**평가문제 [매입세액불공제내역 조회]** 제2기 확정신고기간 매입세액불공내역의 2.공제받지 못할 매입세액 내역의 내용으로 옳지 않은 것은? ① 사업과 직접 관련 없는 지출 관련 건수는 1건이다. ② 비영업용 소형 승용 자동차구입 및 유지관련 건수는 1건이다. ③ 접대비 및 이와 유사한 비용 관련 건수는 1건이다. ④ 공제받지 못할 매입세액은 총 2,552,000원이다.	3
19	**평가문제 [부가가치세신고서 조회]** 제2기 확정신고기간 부가가치세신고서의 세금계산서수취부분_고정자산매입(11란) 금액은 얼마인가?	2
20	**평가문제 [부가가치세신고서 조회]** 제2기 확정 신고기간의 부가가치세신고서의 차가감납부할세액(27번란)은 얼마인가?	2
부가가치세 소계		22

실무수행3 | 결산

[결산자료]를 참고로 결산을 수행하시오.(단, 제시된 자료 이외의 자료는 없다고 가정함.)

① 수동결산

자료. 장기차입금 내역

은행	차입금액	차입일	상환일	비고
우리은행(차입)	20,000,000원	20x0년 6월 1일	20x2년 6월 1일	만기 원금일시상환
국민은행(차입)	40,000,000원	20x0년 6월 1일	20x3년 6월 1일	만기 원금일시상환
신한은행(차입)	30,000,000원	20x0년 1월 1일	20x4년 2월 28일	만기 원금일시상환

자료설명	20x1년 기말 현재 장기차입금 은행별 잔액내역이다.
수행과제	장기차입금에 대한 결산정리분개를 일반전표에 입력하시오.

② 결산자료입력에 의한 자동결산

<table>
<tr><td rowspan="9">자료설명</td><td colspan="7">1. 당기 법인세등 15,000,000원을 계상하려고 한다.(법인세 중간예납세액 및 원천징수 세액이 선납세금계정에 계상되어 있다.)</td></tr>
<tr><td colspan="7">2. 기말재고자산 현황</td></tr>
<tr><td rowspan="2">구분</td><td colspan="3">장부상내역</td><td colspan="3">실사내역</td></tr>
<tr><td>단위당원가</td><td>수량</td><td>평가액</td><td>단위당원가</td><td>수량</td><td>평가액</td></tr>
<tr><td>원재료</td><td>23,000원</td><td>800개</td><td>18,400,000원</td><td>23,000원</td><td>800개</td><td>18,400,000원</td></tr>
<tr><td>제 품</td><td>50,000원</td><td>350개</td><td>17,500,000원</td><td>50,000원</td><td>200개</td><td>10,000,000원</td></tr>
<tr><td colspan="7">※ 제품의 수량차이는 위탁판매제품으로 현재 수탁자의 창고에 보관중이다.</td></tr>
<tr><td colspan="7">3. 이익잉여금처분계산서 처분확정(예정)일
   - 당기 : 20x2년 3월 31일
   - 전기 : 20x1년 3월 31일</td></tr>
</table>

수행과제	결산을 완료하고 이익잉여금처분계산서에서 손익대체분개를 하시오. (단, 이익잉여금처분내역은 없는 것으로 하고 미처분이익잉여금 전액을 이월이익잉여금으로 이월하기로 할 것.)

[실무수행평가] – 재무회계

번호	평가문제	배점
21	**평가문제 [영수증수취명세서 조회]** 영수증수취명세서(1)에 반영되는 '12.명세서제출 대상' 금액은 얼마인가?	1
22	**평가문제 [거래처원장 조회]** 5월 말 거래처별 외상매출금 잔액으로 옳지 않은 것은? ① 00101.(주)진성화장품　5,170,000원　② 00102.(주)서린뷰티　24,125,000원 ③ 03170.(주)수려한　28,000,000원　④ 05107.(주)필립뷰티플 15,900,000원	1
23	**평가문제 [일/월계표 조회]** 1/4분기(1~3월)에 발생한 수선비(제조경비) 금액은 얼마인가?	2
24	**평가문제 [일/월계표 조회]** 1/4분기(1~3월)에 발생한 세금과공과금(제조경비) 금액은 얼마인가?	2
25	**평가문제 [일/월계표 조회]** 2/4분기(4~6월)에 발생한 제품매출 금액은 얼마인가?	1
26	**평가문제 [일/월계표 조회]** 4/4분기(10월~12월)에 발생한 접대비(판매관리비) 금액은 얼마인가?	1
27	**평가문제 [재무상태표 조회]** 3월 말 보통예금 장부금액(보통예금총액 – 정부보조금)은 얼마인가?	2
28	**평가문제 [재무상태표 조회]** 3월 말 예수금 잔액은 얼마인가?	2
29	**평가문제 [재무상태표 조회]** 12월 말 가지급금 잔액은 얼마인가?	1
30	**평가문제 [재무상태표 조회]** 12월 말 기계장치 장부금액은 얼마인가?	2
31	**평가문제 [재무상태표 조회]** 12월 말 차량운반구 장부금액은 얼마인가?	2
32	**평가문제 [재무상태표 조회]** 12월 말 미지급세금 잔액은 얼마인가?	1
33	**평가문제 [재무상태표 조회]** 12월 말 비유동부채 금액은 얼마인가?	2
34	**평가문제 [재무상태표 조회]** 기말 제품 잔액은 얼마인가?	2
35	**평가문제 [재무상태표 조회]** 12월 말 이월이익잉여금(미처분이익잉여금) 잔액으로 옳은 것은? ① 282,692,140원　　② 394,125,400원 ③ 437,513,440원　　④ 509,164,850원	1
	재무회계 소계	23

실무수행4 근로소득관리

인사급여 관련 자료이다. [자료설명]을 참고하여 [수행과제]를 수행하시오.

① 가족관계증명서에 의한 사원등록
자료. 홍유찬의 가족관계증명서

[별지 제1호서식] <개정 2010.6.3>

가 족 관 계 증 명 서

등록기준지	서울특별시 강남구 강남대로 238 – 13

구분	성 명	출생연월일	주민등록번호	성별	본
본인	홍 유 찬	1964년 10월 11일	641011 – 1899772	남	南陽

가족사항

구분	성 명	출생연월일	주민등록번호	성별	본
자	홍 승 혁	1990년 08월 03일	900803 – 1785417	남	南陽
며느리	손 지 영	1988년 12월 12일	881212 – 2075525	여	一直
손녀	홍 아 름	2020년 12월 24일	201224 – 4023187	여	南陽

자료설명	20x1년 7월 1일에 입사한 부장 홍유찬(세대주)이 제출한 가족관계증명서이다. 1. 본인 홍유찬은 20x0년 배우자와 이혼하였다. 2. 자녀 홍승혁은 국가유공자이며, 별도의 소득은 없다. 3. 며느리 손지영은 장애인이 아니며 별도의 소득이 없다. 4. 손녀 홍아름은 별도의 소득이 없다. 5. 세부담을 최소화하는 방법을 선택한다.
수행과제	사원등록메뉴에서 부양가족명세를 작성하시오.

[실무수행평가] – 근로소득관리 1

번호	평가문제	배점
36	**평가문제 [홍유찬 근로소득원천징수영수증 조회]** '21.총급여'는 얼마인가?	2
37	**평가문제 [홍유찬 근로소득원천징수영수증 조회]** 기본공제 합계액은 얼마인가?	1
38	**평가문제 [홍유찬 근로소득원천징수영수증 조회]** '28.장애인' 추가공제액은 얼마인가?	2
39	**평가문제 [홍유찬 근로소득원천징수영수증 조회]** '30.한부모' 추가공제액은 얼마인가?	2
40	**평가문제 [홍유찬 근로소득원천징수영수증 조회]** 37.차감소득금액'은 얼마인가?	1

② 일용직사원의 원천징수

자료 1. 일용직사원 관련정보

성 명	허성태(코드 5001)
거주구분(내국인 / 외국인)	거주자 / 내국인
주민등록번호	900909 – 1182817
입사일자	20x1년 11월 10일

자료 2. 일용직급여내역

성 명	계산내역	11월의 근무일
허성태	1일 170,000원×총 5일＝850,000원	15, 17, 21, 23, 25

자료설명	1. 자료 1, 2는 일용직 사원의 관련정보 및 급여지급내역이다. 2. 일용직 급여는 매일 지급하는 방식으로 한다. 3. 사회보험료 중 고용보험만 징수하기로 한다. 4. 제시된 사항 이외의 자료는 없는 것으로 한다.
수행과제	1. [일용직사원등록] 메뉴에 사원등록을 하시오. 2. [일용직급여입력] 메뉴에 급여내역을 입력하시오. 3. 11월 귀속분 원천징수이행상황신고서를 작성하시오.

[실무수행평가] – 근로소득관리 2

번호	평가문제	배점
41	**평가문제 [일용직(허성태) 11월 일용직급여입력 조회]** 공제항목 중 고용보험의 합계액은 얼마인가?	2
42	**평가문제 [일용직(허성태) 11월 일용직급여입력 조회]** 11월 급여의 차인지급액 합계는 얼마인가?	1
43	**평가문제 [11월 원천징수이행상황신고서 조회]** 근로소득에 대한 원천징수대상 인원은 총 몇 명인가?	2
44	**평가문제 [11월 원천징수이행상황신고서 조회]** 근로소득 일용근로(A03) '6.소득세 등' 금액은 얼마인가?	1
45	**평가문제 [11월 원천징수이행상황신고서 조회]** 근로소득 가감계(A10)의 '6.소득세 등' 금액은 얼마인가?	1

③ 국세청연말정산간소화 및 이외의 자료를 기준으로 연말정산

자료설명	사무직 정성화(1400)의 연말정산을 위한 자료이다. 1. 사원등록의 부양가족현황은 사전에 입력되어 있다. 2. 부양가족은 정성화와 함께 생계를 같이 한다.
수행과제	[연말정산 근로소득원천징수영수증] 메뉴에서 연말정산을 완료하시오. 1. 신용카드는 [신용카드] 탭에서 입력한다. 　(신용카드 일반사용 금액에는 아파트관리비 2,000,000원이 포함되어 있다.) 2. 보험료와 교육비는 [소득공제] 탭에서 입력한다. 　(김고은은 20x2년 출산예정으로 조은손해보험(주)에 납입한 태아보험료 내역이 　있다.) 3. 연금계좌세액공제는 [정산명세] 탭에서 입력한다.

자료 1. 정성화 사원의 부양가족등록 현황

연말정산관계	성명	주민번호	기타사항
0.본인	정성화	741011 – 1111113	
1.배우자	김고은	790502 – 2222221	복권당첨소득 50,000,000원
1.소득자 직계존속	나문희	510102 – 2111116	배당소득 4,000,000원
4.직계비속	정진주	091215 – 3094119	

자료 2. 국세청간소화서비스 및 기타증빙자료

20x1년 귀속 소득·세액공제증명서류 : 기본(사용처별)내역 [신용카드]

■ 사용자 인적사항

성 명	주 민 등 록 번 호
정성화	741011 – 1111***

■ 신용카드 등 사용금액 집계

일반	전통시장	대중교통	도서공연등	합계금액
9,500,000	3,500,000	0	0	13,000,000

 국 세 청 National Tax Service
- 본 증명서류는 『소득세법』 제165조 제1항에 따라 영수증 발급기관으로부터 수집한 서류로 소득·세액공제 충족 여부는 근로자가 직접 확인하여야 합니다.
- 본 증명서류에서 조회되지 않는 내역은 영수증 발급기관에서 직접 발급받으시기 바랍니다.

20x1년 귀속 소득·세액공제증명서류 : 기본(지출처별)내역 [보험료]

■ 계약자 인적사항

성 명	주 민 등 록 번 호
정성화	741011 – 1111***

■ 보장성보험(장애인전용보장성보험) 납입내역

(단위 : 원)

종류	상 호		보험종류	주피보험자		납입금액 계
	사업자번호		증권번호	종피보험자		
보장성	조은손해보험(주)		**태아보험	790502 – 2222***	김고은	600,000
	106 – 81 – 41***		100540651**			
보장성	삼성생명보험(주)		든든실비보험	790502 – 2222***	김고은	450,000
	108 – 81 – 32***		004545217**			
인별합계금액						1,050,000

 국 세 청 National Tax Service
- 본 증명서류는 『소득세법』 제165조 제1항에 따라 영수증 발급기관으로부터 수집한 서류로 소득·세액공제 충족 여부는 근로자가 직접 확인하여야 합니다.
- 본 증명서류에서 조회되지 않는 내역은 영수증 발급기관에서 직접 발급받으시기 바랍니다.

20x1년 귀속 소득 · 세액공제증명서류 : 기본(지출처별)내역 [교육비]

■ 학생 인적사항

성 명	주 민 등 록 번 호
나문희	510102 - 2111***

■ 교육비 지출내역

(단위 : 원)

교육비종류	학교명	사업자번호	납입금액 계
고등학교등록금	방송통신고등학교	108 - 90 - 15***	1,250,000
인별합계금액			1,250,000

 국 세 청 National Tax Service

• 본 증명서류는 『소득세법』 제165조 제1항에 따라 영수증 발급기관으로부터 수집한 서류로 소득·세액공제 충족 여부는 근로자가 직접 확인하여야 합니다.
• 본 증명서류에서 조회되지 않는 내역은 영수증 발급기관에서 직접 발급받으시기 바랍니다.

20x1년 귀속 세액공제증명서류 : 기본내역[연금저축]

■ 가입자 인적사항

성 명	주 민 등 록 번 호
정성화	741011 - 1******

■ 연금저축 납입내역

(단위 : 원)

상호	사업자번호	당해연도 납입금액	당해연도 납입액 중 인출금액	순납입금액
계좌번호				
(주)신한은행	134 - 81 - 54***	1,200,000		1,200,000
013479999				
순납입금액 합계				1,200,000

 국 세 청 National Tax Service

• 본 증명서류는 『소득세법』 제165조 제1항에 따라 영수증 발급기관으로부터 수집한 서류로 소득·세액공제 충족 여부는 근로자가 직접 확인하여야 합니다.
• 본 증명서류에서 조회되지 않는 내역은 영수증 발급기관에서 직접 발급받으시기 바랍니다.

[실무수행평가] – 근로소득관리 3

번호	평가문제	배점
46	**평가문제 [정성화 근로소득원천징수영수증 조회]** '42.신용카드' 최종공제액은 얼마인가?	2
47	**평가문제 [정성화 근로소득원천징수영수증 조회]** '61.보장성보험' 세액공제액은 얼마인가?	2
48	**평가문제 [정성화 근로소득원천징수영수증 조회]** '63.교육비' 세액공제액은 얼마인가?	2
49	**평가문제 [정성화 근로소득원천징수영수증 조회]** '60.연금저축' 세액공제액은 얼마인가?	2
50	**평가문제 [정성화 근로소득원천징수영수증 조회]** '77.차감징수세액(소득세)'은 얼마인가?	2
	근로소득 소계	25

실무이론평가

1	2	3	4	5	6	7	8	9	10
③	③	③	④	④	④	④	①	①	④

01 <u>유형자산을 역사적원가로 평가</u>하면 일반적으로 <u>검증가능성이 높으므로 측정의 신뢰성은 높아지나</u> 목적적합성은 낮아질 수 있다.

02 <u>무형자산은 재평가모형이 인정되지 않는다.</u>

03 매도가능증권처분이익 = [처분금액(1,300) - 취득원가(1,000)] × 100주 = 30,000원

04 <u>매도가능증권 평가손실은 기타포괄손익누계액</u>으로 당기손익에 영향을 주지 않는다.

05 순이익 변동금액 = 소모품(30,000) + 미수수익(20,000) = 50,000원(증가)

소모품의 미사용분 계상 : (차) 소모품   30,000원 (대) 소모품비   30,000원

이자수익 미수분 계상 :   (차) 미수수익 20,000원 (대) 이자수익   20,000원

06 무형자산은 경제적 효익이 소비되는 행태를 반영하여 합리적인 방법으로 상각하며, <u>합리적인 상각방법을 정할 수 없는 경우에는 정액법으로 상각</u>한다.

07 주사업장 총괄납부를 하는 경우에도 <u>세금계산서는 각 사업장별로 작성·발급</u>하여야 한다.

08 해당 과세기간에 매입한 경우에는 <u>과세기간 말 현재 사용하지 않아도 원재료의 매입세액을 공제받을 수 있다</u>(나머지 금액들은 매입세액 불공제 대상이다).

09 종합소득금액 = 사업소득금액(30,000,000) + 근로소득금액(50,000,000) = 80,000,000원

과세표준 = 종합소득금액(80,000,000) - 소득공제(24,000,000) = 56,000,000원

산출세액 = 6,240,000원 + (56,000,000 - 50,000,000) × 24% = 7,680,000원

10 자가운전 보조금의 경우 <u>출장 여비 등을 받는 대신에 지급받는 금액 중 월 20만원까지 비과세</u> 적용됨.

■■■■■ **실무수행평가**

실무수행 1. 거래자료 입력

1 3만원 초과 거래자료에 대한 영수증수취명세서 작성

1. [일반전표입력] 1월 15일

(차) 수선비(제)	200,000원	(대) 보통예금(국민은행(보통))	200,000원

2. [영수증수취명세서(2)]

	거래일자	상 호	성 명	사업장	사업자등록번호	거래금액	구분	계정코드	계정과목
☐	20×1-01-29	(주)해피뷰티	한시준	서울특별시 강남구 강남대	144-81-12955	35,000		172	소모품
☐	20×1-03-28	기업은행	한명준	서울특별시 강동구 천호대	104-85-12616	125,000	16	931	이자비용
☐	20×1-01-15	원명상회	최시헌	서울시 서대문구 충정로7길	120-21-12348	200,000		520	수선비

3. [영수증수취명세서(1)]

1. 세금계산서, 계산서, 신용카드 등 미사용내역			
9. 구분	3만원 초과 거래분		
	10. 총계	11. 명세서제출 제외대상	12. 명세서제출 대상(10-11)
13. 건수	3	1	2
14. 금액	360,000	125,000	235,000

2. 3만원 초과 거래분 명세서제출 제외대상 내역					
구분	건수	금액	구분	건수	금액
15. 읍, 면 지역 소재			26. 부동산 구입		
16. 금융, 보험 용역	1	125,000	27. 주택임대용역		
17. 비거주자와의 거래			28. 택시운송용역		

2 정부보조금에 의한 유/무형자산의 구입

1. [일반전표입력] 2월 11일

(차) 보통예금(국민은행(보통))	100,000,000원	(대) 장기차입금	100,000,000원
(중소벤처기업진흥공단)			

2. [일반전표입력] 2월 15일

(차) 보통예금(국민은행(보통))	200,000,000원	(대) 정부보조금(104)	200,000,000원

3 기타 일반거래 [일반전표입력] 3월 10일

(차) 예수금	261,000원	(대) 보통예금	522,000원
세금과공과금(제)	90,000원	(국민은행(보통))	
세금과공과금(판)	171,000원		

실무수행 2. 부가가치세관리

① 전자세금계산서 발급

1. [매입매출전표입력] 5월 10일

거래유형	품명	공급가액	부가세	거래처	전자세금
11.과세	주름개선 크림	20,000,000원	2,000,000원	(주)수려한	전자발행
분개유형	(차) 외상매출금	17,000,000원	(대) 제품매출		20,000,000원
3.혼합	선수금	5,000,000원	부가세예수금		2,000,000원

2. [전자세금계산서 발행 및 내역관리] 기출문제 77회 참고

② 수정전자세금계산서의 발급

1. [수정세금계산서 발급]

① [매입매출전표 입력] 6월 3일 전표 선택 ➡ 수정세금계산서 클릭 ➡ [수정사유] 화면에서 [1.기재
사항 착오·정정, 착오항목 : 1.공급가액 및 세액] 선택 후 확인(Tab)을 클릭

② [수정세금계산서(매출)] 화면에서 수정분 [단가 320,000원] 입력을 통해 공급가액과 세액을 반영
한 후 확인(Tab)을 클릭

수정입력사유	1 기재사항 착오·정정			기재사항착오항목		1.공급가액 및 세액					
구분	년	월 일	유형	품명	수량	단가	공급가액	부가세	합계	코드	거래처명	사업.주민번호
당초분	20×1	06 03	과세	미백개선 크림	30	300,000	9,000,000	900,000	9,900,000	03180	(주)올리브영	123-81-95134
수정분	20×1	06 03	과세	미백개선 크림	-30	300,000	-9,000,000	-900,000	-9,900,000	03180	(주)올리브영	123-81-95134
수정분	20×1	06 03	과세	미백개선 크림	30	320,000	9,600,000	960,000	10,560,000	03180	(주)올리브영	123-81-95134
				합 계			9,600,000	960,000	10,560,000			

③ [매입매출전표입력] 6월 3일에 수정분이 2건 입력된다.

거래유형	품명	공급가액	부가세	거래처	전자세금
11.과세	미백개선 크림	-9,000,000	-900,000	(주)올리브영	전자발행
분개유형	(차) 외상매출금	-9,900,000원	(대) 제품매출		-9,000,000원
2.외상(혼합)			부가세예수금		-900,000원

거래유형	품명	공급가액	부가세	거래처	전자세금
11.과세	미백개선 크림	9,600,000	960,000	(주)올리브영	전자발행
분개유형	(차) 외상매출금	10,560,000원	(대) 제품매출		9,600,000원
2.외상(혼합)			부가세예수금		960,000원

2. [전자세금계산서 발행 및 내역관리] 기출문제 77회 참고

③ 매입세액불공제내역 작성자의 부가가치세신고서 작성

1. [매입매출전표입력] 8월 7일

거래유형	품명	공급가액	부가세	거래처	전자세금
51.과세	고속분쇄기계	20,000,000	2,000,000	(주)대주기계	전자입력
분개유형	(차) 기계장치	20,000,000원	(대) 미지급금		22,000,000원
3.혼합	부가세대급금	2,000,000원			

2. [매입세액불공제내역] 7월 ~ 9월

	2.공제받지 못할 매입세액 내역	3.공통매입세액 안분계산 내역	4.공통매입세액의 정산내역	5.납부세액 또는 환급세액 재계산 내역			
	계산식	구분	과세,면세 사업 공통매입		(12)총공급가액 등 (총예정사용면적)	(13)면세공급가액 등 (총예정사용면적)	(14)불공제 매입세액 (⑫×⑬÷⑫)
			(10)공급가액	(11)세액			
1	1.공급가액기준		20,000,000	2,000,000	300,000,000	60,000,000	400,000

3. [부가가치세신고서] 7월 1일 ~ 9월 30일

공제받지못할매입세액명세				✕
	구분		금액	세액
16 공제받지 못할매입	공제받지못할매입세액	50		
	공통매입세액면세사업	51	4,000,000	400,000
	대손처분받은 내역	52		

4. [일반전표입력] 9월 30일

(차) 기계장치　　　　　　　　400,000원　　(대) 부가세대급금　　　　　　400,000원

④ 매입세액불공제내역 작성자의 부가가치세 신고서 작성

1. [거래자료입력]

① [매입매출전표입력] 10월 15일

거래유형	품명	공급가액	부가세	거래처	전자세금
54.불공	그랜저IG	25,000,000	2,500,000	(주)수원중고자동차	전자입력
불공사유	3.비영업용 소형승용차 구입 및 유지				
분개유형	(차) 차량운반구	27,500,000원	(대) 미지급금		27,500,000원
3.혼합					

② [매입매출전표입력] 10월 21일

거래유형	품명	공급가액	부가세	거래처	전자세금
54.불공	스팸세트	520,000	52,000	(주)하모니마트	전자입력
불공사유	9.접대비(기업업무추진비) 관련 매입세액				
분개유형	(차) 접대비(판)	572,000원	(대) 미지급금		572,000원
3.혼합					

③ [일반전표입력] 11월 10일

(차) 가지급금(정지현)　　　　1,320,000원　　(대) 미지급금(비씨카드)　　　　1,320,000원

2. [매입세액불공제내역] 10월 ~ 12월

2.공제받지 못할 매입세액 내역	3.공통매입세액 안분계산 내역	4.공통매입세액의 정산내역	5.납부세액 또는 환급세액 재계산 내역

불공제 사유	세금계산서		
	매수	공급가액	매입세액
①필요한 기재사항 누락			
②사업과 직접 관련 없는 지출			
③비영업용 소형 승용 자동차구입 및 유지	1	25,000,000	2,500,000
④접대비 및 이와 유사한 비용 관련	1	520,000	52,000
⑤면세사업 관련			
⑥토지의 자본적 지출 관련			
⑦사업자등록 전 매입세액			
⑧금.구리 스크랩 거래계좌 미사용 관련 매입세액			
⑨ 합　　　　계	2	25,520,000	2,552,000

3. [부가가치세신고서] 10월 1일 ~ 12월 31일

세금계산서 수취부분	일반매입	10	31,688,000		3,168,800
	수출기업수입분납부유예	10-1			
	고정자산매입	11	25,000,000		2,500,000
매입세액	예정신고누락분	12			
	매입자발행세금계산서	13			
	그밖의공제매입세액	14			
	합계 (10-(10-1)+11+12+13+14)	15	56,688,000		5,668,800
	공제받지못할매입세액	16	25,520,000		2,552,000
	차감계 (15-16)	17	31,168,000	④	3,116,800

- 전자신고세액공제 10,000원

[실무수행평가] – 부가가치세관리

번호	평가문제	배점	답
11	평가문제 [매입매출전표입력 조회]	2	(1)
12	평가문제 [세금계산서합계표 조회]	2	(30,000,000)원
13	평가문제 [세금계산서합계표 조회]	2	(34)매
14	평가문제 [매입세액불공제내역 조회]	3	(400,000)원
15	평가문제 [부가가치세신고서 조회]	2	(240,000,000)원
16	평가문제 [부가가치세신고서 조회]	2	(8,620,000)원
17	평가문제 [부가가치세신고서 조회]	2	②
18	평가문제 [매입세액불공제내역 조회]	3	①
19	평가문제 [부가가치세신고서 조회]	2	(25,000,000)원
20	평가문제 [부가가치세신고서 조회]	2	(20,552,700)원
부가가치세 소계		22	

실무수행 3. 결산

① 수동결산 [일반전표입력] 12월 31일

    (차) 장기차입금(우리은행(차입금)) 20,000,000원   (대) 유동성장기부채   20,000,000원
                                                  (우리은행(차입금))

    ☞우리은행 차입금만 상환일이 1년 이내(내년도 상환)에 도래하므로 유동성대체 분개를 입력

② 결산자료입력에 의한 자동결산

[결산자료입력 1]

    (차) 법인세등   15,000,000원   (대) 선납세금   9,308,000원
                                          미지급세금   5,692,000원

[결산자료입력2]

    – 결산자료입력에서 기말 원재료 18,400,000원, 제품 17,500,000원을 입력하고 전표추가(F3) 를 클릭하여 결산분개를 생성한다.

      ➡ 합계잔액시산표 재고자산금액과 일치

[이익잉여금처분계산서] 메뉴

    – 이익잉여금처분계산서에서 처분일을 입력한 후, 전표추가(F3) 를 클릭하여 손익대체분개를 생성한다.

[실무수행평가] – 재무회계

번호	평가문제	배점	답
21	평가문제 [영수증수취명세서 조회]	1	(235,000)원
22	평가문제 [거래처원장 조회]	1	④
23	평가문제 [일/월계표 조회]	2	(1,000,000)원
24	평가문제 [일/월계표 조회]	2	(4,290,000)원
25	평가문제 [일/월계표 조회]	1	(325,270,000)원
26	평가문제 [일/월계표 조회]	1	(1,272,000)원
27	평가문제 [재무상태표 조회]	2	(772,366,000)원
28	평가문제 [재무상태표 조회]	2	(1,465,000)원
29	평가문제 [재무상태표 조회]	1	(3,320,000)원
30	평가문제 [재무상태표 조회]	2	(221,400,000)원
31	평가문제 [재무상태표 조회]	2	(62,500,000)원
32	평가문제 [재무상태표 조회]	1	(5,692,000)원
33	평가문제 [재무상태표 조회]	2	(210,000,000)원

번호	평가문제	배점	답
34	**평가문제 [재무상태표 조회]**	2	**(17,500,000)원**
35	**평가문제 [재무상태표 조회]**	1	④
	재무회계 소계	23	

실무수행 4. 근로소득관리

① 가족관계증명서에 의한 사원등록(홍유찬)

관계	요 건		기본 공제	추가 (자녀)	판 단
	연령	소득			
본인(세대주)	–	–	○	한부모	기본공제대상자인 직계비속이 있으므로 한부모 공제대상임.
자(35)	×	○	○	장애(2)	국가유공자로서 근로능력이 없는 자는 장애인에 해당함.
며느리(37)	–		부		장애인일 경우 기본공제가 가능
손녀(5)	○	○	○		

[실무수행평가] – 근로소득관리 1

번호	평가문제 **[홍유찬 근로소득원천징수영수증 조회]**	배점	답
36	21. 총급여	2	**(35,000,000)원**
37	기본공제 합계액(본인,자녀,손녀)	1	**(4,500,000)원**
38	28. 장애인 추가공제액	2	**(2,000,000)원**
39	30. 한부모추가공제액	2	**(1,000,000)원**
40	37. 차감소득금액	1	**(16,775,000)원**

※ **40은 프로그램이 자동계산하므로 시점(세법개정, 프로그램 업데이트)마다 달라질 수가 있습니다.**

② 일용직사원의 원천징수

1. [일용직사원등록](5001.허성태) **급여지급방법 : 매일지급**

관리 사항 등록

1. 입 사 년 월 일	20x1 년 11 월 10 일 [?]	
2. 퇴 사 년 월 일	년 월 일 [?]	
3. 주 민 등 록 번 호	내외국인 0 내국인 900909-1182817	
4. 주 소	[?]	
5. 전 화 번 호	) -	6. 핸 드 폰 번 호) -
7. E m a i l 등 록	@ 직접입력 ▼	
8. 은행/계좌번호/예금주	[?]	허성태
9. 직종/부서/직급	현 장 [?]	직 종 [?]
	부 서 [?]	직 급 [?]
	프 로 젝 트 [?]	
10. 국적/체류자격	국 적 100 [?] 한국	체 류 자 격 [?]
11. 거주구분/거주지국	거 주 구 분 0 거주자	거 주 지 국 KR [?] 대한민국
12. 퇴직금적용	0 부	
13. 단기예술인여부	0 부	단 기 예 술 인 사 업 장 [?]

급여 사항 등록

13. 급 여 지 급 방 법	0 매일지급
14. 정 상 급 여	170,000 원 급여유형 0 일급직
15. 연 장 급 여	0 원 연장급여방식 0 일급직
16. 국 민 연 금	0 일당 0 원 지급방식 0 일지급
17. 건 강 보 험	0 일당 0 원 지급방식 0 일지급
18. 요 양 보 험	0 부 0
19. 고 용 보 험 율	1 여 0.9 % 지급방식 0 일지급

2. [일용직급여입력] 귀속년월 11월, 지급년월 11월, 근무일 : 15, 17, 21, 23, 25일

코드	현장 현장명	일자	요일	근무	근무시간 정상	근무시간 연장	지급액 정상	지급액 연장	기타비과세	고용보험	국민연금	건강보험	요양보험	소득세	지방소득세	임금총액	공제총액
		06	월	X													
		07	화	X													
		08	수	X													
		09	목	X													
		10	금	X													
		11	토	X													
		12	일	X													
		13	월	X													
		14	화	X													
		15	수	O			170,000			1,530						170,000	1,530
		16	목	X													
		17	금	O			170,000			1,530						170,000	1,530
		18	토	X													
		19	일	X													
		20	월	X													
		21	화	O			170,000			1,530						170,000	1,530
		22	수	X													
		23	목	O			170,000			1,530						170,000	1,530
		24	금	X													
		25	토	O			170,000			1,530						170,000	1,530
		26	일	X													
		27	월	X													
		28	화	X													
		29	수	X													
		30	목	X													
	합계			5			850,000			7,650						850,000	7,650

3. [원천징수이행상황신고서] 귀속기간 11월, 지급기간 11월, 0.정기신고

원천징수내역 | 부표-거주자 | 부표-비거주자 | 부표-법인원천

	구분	코드	소득지급(과세미달,비과세포함) 4.인원	소득지급(과세미달,비과세포함) 5.총지급액	징수세액 6.소득세 등	징수세액 7.농어촌특별세	징수세액 8.가산세	9.당월 조정 환급세액	10.소득세 등 (가산세 포함)	11.농어촌 특별세
근로소득	간 이 세 액	A01	2	9,200,000	326,890					
	중 도 퇴 사	A02								
	일 용 근 로	A03	1	850,000						
	연말정산합계	A04								
	연말분납금액	A05								
	연말납부금액	A06								
	가 감 계	A10	3	10,050,000	326,890				326,890	

[실무수행평가] – 근로소득관리 2

번호	평가문제	배점	답
41	[일용직(허성태) 11월 일용직급여입력 조회] 고용보험	2	(7,650)원
42	[일용직(허성태) 11월 일용직급여입력 조회] 차인지급액	1	(842,350)원
43	[11월 원천징수이행상황신고서 조회] 원천징수대상 인원	2	(3)명
44	[11월 원천징수이행상황신고서 조회] 일용근로 6.소득세 등	1	(0)원
	☞일용근로 원천징수세액＝(170,000－150,000)×6%×(1－55%)＝540원→1,000원 미만인 경우 소액부징수		
45	[11월 원천징수이행상황신고서 조회] 가감계 6.소득세 등	1	(326,890)원

※ 41,42,45는 프로그램이 자동계산하므로 시점(세법개정, 프로그램 업데이트)마다 달라질 수가 있습니다.

③ 국세청연말정산간소화 및 이외의 자료를 기준으로 연말정산(정성화)(2025)

〈연말정산 대상여부 판단〉

항 목	요건		내역 및 대상여부	입력
	연령	소득		
신용카드	×	○	• 본인 신용카드(**아파트 관리비는 제외**)	○(신용 7,500,000 전통 3,500,000)
보 험 료	○	○	• 배우자 태아보험(**태아는 기본공제 대상자가 아니기 때문에 대상이 안됨**) • 배우자 실비보험	× ○(일반 450,000)
교 육 비	×	○	• 직계존속의 교육비는 공제대상이 아님	×
연금계좌	본인		• 본인 납입	○(1,200,000)

1. 신용카드 소득공제

2. 보험료 세액공제

3. 연금계좌세액공제

구분		금융회사등	계좌번호	불입금액
3.연금저축	308	(주)신한은행	013479999	1,200,000

4. 정산명세 조회

특별소득공제	34.주택-가.주택임차차입금원리금상환액	34.주택임차차입금원리금상환액	대출기관	>	계좌	60.연금저축	>	180,000
			거주자	>		60-1. ISA만기시연금계좌		
		11년이전차입분	15년미만	>		61.보장성보험 450,000	>	54,000
			15~29년	>		62.의 료 비 0	>	
			30년이상	>		63.교 육 비 0	>	
	나.장기주택저당차입금이자상환액	12년이후차입분(15년이상)	고정or비거치	>	특별세액공제	64기부금	정치 10만원이하	>	
			기타대출	>			10만원초과	>	
		15년이후차입분(15년이상)	고정&비거치	>		나.법정기부금	>	
			고정or비거치	>		다.우리사주기부금	>	
			기타대출	>		라.지정기부금(종교외)	>	
		15년이후차입분(10~15년)	고정or비거치	>		마.지정기부금(종교)	>	
	35.기부금(이월분)			>		65.계		54,000
	36.계				2,057,600		66.표준세액공제	>	
37.차 감 소 득 금 액					19,502,400		67.납세조합공제	>	
그밖의소득공제	38.개인연금저축			>			68.주택차입금	>	
	39.소기업ㆍ소상공인공제부금			>			69.외 국 납 부	>	
	40.주택마련저축	가.청약저축		>			70.월세액	>	
		나.주택청약종합저축		>					
		다.근로자주택마련저축		>					
	41.투자조합출자 등			>					
	42.신용카드등	11,000,000		>	200,000				
	43.우리사주조합출연금			>					
	44.고용유지중소기업근로자			>					
	45.장기집합투자증권저축			>			71.세 액 공 제 계		1,052,000
	46.청년형장기집합투자증권저축			>			72.결 정 세 액(50-55-71)		583,360
	47.그 밖의 소득공제 계				200,000	82.실 효 세 율(%) (72/21)×100%			1.4%

		소득세	지방소득세	농어촌특별세	계
73.결정세액		583,360	58,336	0	641,696
기납부세액	74.종(전) 근무지	0	0	0	0
	75.주(현) 근무지	1,115,400	111,500	0	1,226,900
76. 납부특례세액		0	0	0	0
77. 차감징수세액(73-74-75-76)		-532,040	-53,160	0	-585,200

[실무수행평가] – 근로소득관리 3

번호	평가문제 [정성화 근로소득원천징수영수증 조회]	배점	답
46	42. 신용카드 최종공제액	2	(200,000)원
47	61. 보장성보험 세액공제액	2	(54,000)원
48	63. 교육비 세액공제액	2	(0)원
49	60. 연금저축 세액공제액	2	(180,000)원
50	77. 차감징수세액(소득세)	2	(-532,040)원
근로소득 소계		25	

※ 46,48,50은 프로그램이 자동계산하므로 시점(세법개정, 프로그램 업데이트)마다 달라질 수가 있습니다.

[참고사항 : 총급여액 42,000,000원]

※ 시험시 프로그램이 자동계산되어진 것으로 답을 입력하시고 시간이 남으시면 체크해 보시기 바랍니다.

		한도	공제율	대상금액	세액공제
1. 보험료	일반	1백만원	12%	450,000	54,000
2. 연금계좌	연금저축	6백만원	15%[*1]	1,200,000	180,000

*1.총급여액의 55백만원 이하일 경우 15%

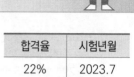

합격율	시험년월
22%	2023.7

 **실무이론평가**

01. 다음 중 선생님의 질문에 올바른 답변을 한 사람은?

> • 선생님 : 경영진과 독립적으로 내부회계관리제도에 대한 평가기능을 수행하는 담당조직은 무엇인 가요?
> • 민수 : 감사위원회입니다.
> • 준희 : 대표이사입니다.
> • 지혜 : 경리부서입니다.
> • 수현 : 이사회입니다.

※ 1차 저작권자의 저작권 침해 소지가 있어 삽화 삽입은 어려우니 양해바랍니다.

① 민수   ② 준희   ③ 지혜   ④ 수현

02. 다음은 (주)한공의 본사 건물 관련 자료이다. 20x1년 1월 1일부터 건물의 처분시점까지 인식한 감가상 각비는 얼마인가?

> • 건물의 20x0년말 장부금액은 2,000,000원이었다.
> • 이 건물을 20x1년 8월 1일 2,050,000원에 처분하고 250,000원의 처분이익이 발생하였다.

① 50,000원   ② 200,000원   ③ 250,000원   ④ 300,000원

03. 다음은 (주)한공의 퇴직급여에 관한 자료이다. 이에 대해 올바르게 설명하고 있는 것은?

퇴직급여충당부채			
⋮		기초	5,000,000원
		⋮	

- 20x1년말 현재 전종업원이 일시에 퇴직할 경우 지급하여야 할 퇴직금은 7,000,000원이고, 이는 퇴직급여규정의 개정으로 증가된 1,500,000원이 포함되어 있다.(전기 이전분 1,300,000원, 당기분 200,000원)
- 당기에 지급한 퇴직급여는 1,000,000원이다.

① 기말 재무상태표상 퇴직급여충당부채는 6,500,000원이다.
② 20x1년 손익계산서상의 퇴직급여는 3,000,000원이다.
③ 퇴직급여규정의 개정으로 증가된 전기 이전분 1,300,000원은 전기이익잉여금에 반영한다.
④ (주)한공은 확정기여형(DC) 퇴직연금제도를 적용하고 있다.

04. 제조업을 영위하는 (주)한공의 수정 전 영업이익은 6,000,000원이다. 다음의 결산정리사항을 반영한 수정 후 영업이익은 얼마인가?

- 미지급임차료 500,000원에 대한 회계처리를 누락하였다.
- 보험료선급분 100,000원을 전액 당기비용으로 처리하였다.
- 이자미수분 200,000원에 대한 회계처리를 누락하였다.

① 5,400,000원   ② 5,500,000원   ③ 5,600,000원   ④ 5,800,000원

05. 다음 중 주식배당으로 인한 영향으로 옳지 않은 것은?
① 미교부주식배당금만큼 부채가 증가한다.
② 순자산의 유출없이 배당효과를 얻을 수 있다.
③ 자본금은 증가하지만 이익잉여금은 감소한다.
④ 자본 총액은 변동이 없으나 주식 수는 증가한다.

06. 장부마감 전 발견된 다음 오류사항 중 당기순이익에 영향을 미치는 것은?
① 주식할인발행차금의 미상각
② 유형자산처분손실을 판매비와관리비로 계상
③ 재고자산에 대한 평가손실 미계상
④ 매도가능증권에 대한 평가손실 미계상

07. 다음 중 부가가치세 과세대상 용역의 공급이 아닌 것은?

① 근로계약에 따라 근로를 제공하는 경우

② 특수관계인에게 사업용 부동산을 무상으로 임대하는 경우

③ 산업재산권을 대여하는 경우

④ 건설업자가 건설용역을 제공하면서 건설자재의 일부를 부담하는 경우

08. 다음 자료를 토대로 (주)한공의 20x1년 제2기 부가가치세 예정신고 시 과세표준을 계산하면 얼마인가? (단, 주어진 자료에는 부가가치세가 포함되지 아니하였다.)

• 제품 매출액	50,000,000원
• 국가에 무상으로 기증한 제품	20,000,000원(시가)
• 화재로 인하여 소실된 제품	5,000,000원(시가)
• 중고 기계장치 처분액	10,000,000원

① 55,000,000원

② 60,000,000원

③ 75,000,000원

④ 80,000,000원

09. 다음 중 과세대상 근로소득에 해당하는 것은?

① 사내근로복지기금으로부터 근로자의 자녀가 지급받는 학자금

② 월 20만원씩 받는 기자의 취재수당

③ 국외에서 근로를 제공하고 받는 급여 중 월 100만원

④ 퇴직시 받는 금액 중 퇴직소득에 속하지 않는 퇴직위로금

10. 제조업을 영위하는 개인사업자 김한공 씨의 20x1년도 사업소득금액을 계산하면?

가. 소득세 차감 전 순이익	100,000,000원
나. 손익계산서에 포함된 수익 항목	
• 예금 이자수입	2,000,000원
• 사업과 관련된 자산수증이익(이월결손금 보전에 충당하지 아니함)	3,000,000원
다. 손익계산서에 포함된 비용 항목	
• 교통사고벌과금	5,000,000원
• 김한공 씨의 배우자(영업부서에 근무)에 대한 급여	4,000,000원

① 101,000,000원

② 103,000,000원

③ 106,000,000원

④ 107,000,000원

■■■■■■■ **실무수행평가**

(주)히말라야(2640)는 등산용품 제조업을 영위하는 법인기업으로 회계기간은 제6기(20x1.1.1.~20x1.12.31.)이다. 제시된 자료와 [자료설명]을 참고하여 [평가문제]의 물음에 답하시오.

실무수행1	거래자료 입력

실무프로세스 자료이다. [자료설명]을 참고하여 [수행과제]를 수행하시오.

① 3만원초과 거래자료에 대한 경비등의송금명세서 작성

자료 1. 공급자 정보

NO.	영 수 증 (공급받는자용)			
	(주)히말라야　　　귀하			
공급자	사 업 자 등 록 번 호	312 - 04 - 22512		
	상 호	동아가공	성명	옥수형
	사 업 장 소 재 지	서울특별시 서대문구 충정로7길 13 - 7		
	업 태	제조	종목	금형 외
작성일자	공급대가총액		비고	
20x1.1.10.	₩ 400,000			
공 급 내 역				
월/일	품명	수량	단가	금액
1/10	가공비			400,000
합 계			₩ 400,000	
위 금액을 영수(청구)함				

자료 2. 보통예금(국민은행) 거래내역

		내용	찾으신금액	맡기신금액	잔액	거래점
번호	거래일	계좌번호 204456 - 02 - 344714　(주)히말라야				
1	20x1 - 1 - 10	가공비	400,000		***	***

자료설명	동아가공에 제품제조에 필요한 가공용역을 의뢰하고 대금 400,000원을 국민은행 보통예금에서 송금하였다. 1. 자료 1은 공급자 정보이며, 해당사업자는 경비등의송금명세서 제출대상자에 해당한다. 2. 자료 2는 가공비 계좌이체 내역이다. 　(은행정보 : 농협은행 44212 - 2153 - 700, 예금주 : 동아가공 옥수형)

수행과제	1. 거래자료를 입력하시오. 2. 경비등의 송금명세서를 작성하시오.

② 퇴직연금

자료. 보통예금(국민은행) 거래내역

번호	거래일	내용	찾으신금액	맡기신금액	잔액	거래점
		계좌번호 204456 – 02 – 344714 (주)히말라야				
1	20x1 – 2 – 15	퇴직연금(DC형)	12,000,000		***	***

자료설명	5월분 퇴직연금(공장직원 7,000,000원, 본사 사무직 5,000,000원)을 이체하여 납입하였다. (단, 회사는 해당 직원에 대하여 국민은행에 확정기여형(DC형) 퇴직연금이 가입되어 있다.)
수행과제	거래자료를 입력하시오.

③ 기타 일반거래

자료 1. 출장비 지출 내역

지출내역	금액(원)	비고
숙박비	200,000	100,000원×2박
교통비	90,000	택시비 등
거래처식사	120,000	매출거래처 접대비(기업업무추진비)
지출 합계	410,000	

자료 2. 보통예금(국민은행) 내역

번호	거래일	내용	찾으신금액	맡기신금액	잔액	거래점
		계좌번호 204456 – 02 – 344714 (주)히말라야				
1	20x1 – 4 – 20	손호준	410,000		***	***

자료설명	1. 자료 1은 지역 영업점 및 거래처 출장을 마친 영업부 손호준 사원의 출장비 지출 내역이다. 2. 회사는 출장비의 경우 사후 정산 방식을 적용하고 있으며, 계좌이체일 기준으로 회계처리하고 있다.
수행과제	거래자료를 입력하시오.

실무수행2 · 부가가치세관리

부가가치세 신고 관련 자료이다. [자료설명]을 참고하여 [수행과제]를 수행하시오.

① 전자세금계산서 발급

거 래 명 세 서 (공급자 보관용)

공급자	등록번호	120-81-32144			공급받는자	등록번호	514-81-35782		
	상호	(주)히말라야	성명	최종길		상호	(주)야호산업	성명	김윤호
	사업장 주소	서울특별시 강남구 강남대로 246, 3층				사업장 주소	서울특별시 구로구 가마산로 134-10		
	업태	제조업외	종사업장번호			업태	도소매업	종사업장번호	
	종목	등산용품외				종목	등산용품		

거래일자	미수금액	공급가액	세액	총 합계금액
20x1.5.25		6,000,000	0	6,000,000

NO	월	일	품목명	규격	수량	단가	공급가액	세액	합계
1	5	25	등산장갑		100	60,000	6,000,000	0	6,000,000

자료설명	(주)야호산업에 내국신용장(Local L/C)에 의하여 제품을 공급하고 발급한 거래명세서이며, 물품대금은 전액 6월 30일에 받기로 하였다.
수행과제	1. 5월 25일의 거래자료를 입력하시오. 2. 전자세금계산서 발행 및 내역관리 를 통하여 발급·전송하시오. (전자세금계산서 발급 시 결제내역 및 전송일자는 고려하지 않는다.)

2 수정전자세금계산서의 발급

전자세금계산서 (공급자 보관용)

승인번호

공급자	등록번호	120-81-32144			공급받는자	등록번호	120-81-51234		
	상호	(주)히말라야	성명(대표자)	최종길		상호	(주)백두산업	성명(대표자)	백두산
	사업장주소	서울특별시 강남구 강남대로 246, 3층				사업장주소	서울특별시 구로구 구로중앙로 198		
	업태	제조업외	종사업장번호			업태	도소매업	종사업장번호	
	종목	등산용품외				종목	등산용품		
	E-Mail	yaho@bill36524.com				E-Mail	mountain@bill36524.com		

작성일자	20x1.6.20	공급가액	20,000,000	세 액	2,000,000
비고					

월	일	품목명	규격	수량	단가	공급가액	세액	비고
6	20	등산가방		200	100,000	20,000,000	2,000,000	

합계금액	현금	수표	어음	외상미수금	이 금액을	○ 영수 / ● 청구 함
22,000,000				22,000,000		

자료설명	1. 6월 20일 제품을 공급하고 발급한 전자세금계산서이며 매입매출전표에 입력되어 있다. 2. 담당자의 착오로 동일 건을 이중 발급한 사실을 확인하였다.
수행과제	수정사유를 선택하여 수정전자세금계산서를 발급·전송하시오.(외상대금 및 제품매출에서 음수(-)로 처리하고 전자세금계산서 발급 시 결제내역 및 전송일자는 무시할 것.)

3 의제매입세액공제신고사업자의 부가가치세신고서 작성

자료 1. 농산물 구입관련 자료(전자계산서 수취)

전자계산서 (공급받는자 보관용)

승인번호

공급자	등록번호	219-81-25429			공급받는자	등록번호	120-81-32144		
	상호	(주)영동농협	성명(대표자)	김주희		상호	(주)히말라야	성명(대표자)	최종길
	사업장주소	서울특별시 강남구 강남대로 252 (도곡동)				사업장주소	서울특별시 강남구 강남대로 246, 3층		
	업태	도소매업	종사업장번호			업태	제조업외	종사업장번호	
	종목	농산물				종목	등산용품외		
	E-Mail	youngdong@bill36524.com				E-Mail	yaho@bill36524.com		

작성일자	20x1.7.15.	공급가액	5,000,000	비 고	

월	일	품목명	규격	수량	단가	공급가액	비고
7	15	사과		100	50,000	5,000,000	

합계금액	현금	수표	어음	외상미수금	이 금액을	○ 영수 / ● 청구 함
5,000,000				5,000,000		

자료 2. 농산물 구입관련 자료(농민과의 거래)

농산물 공급 계약서

■ 공급자 인적사항

성　　명	주 민 등 록 번 호
한세윤	820927 - 1032540

■ 계약내역

농산물 품목	공급량	납품일자	금　　액
배	300상자	20x1.7.20.	15,000,000원
합계금액		15,000,000원	

■ 대금지급조건 : 공급시기의 다음달 10일까지 지급

자료 3. 농산물 구입관련 자료(현금영수증 수취)

현 금 영 수 증 (고객용)

사업자등록번호 : 229 - 81 - 16010 이시만
사 업 자 명 : 하나로마트
단 말 기 I D : 73453259(tel:02 - 345 - 4546)
가 맹 점 주 소 : 서울특별시 서초구 청계산로 10
현금영수증 회원번호
　120 - 81 - 32144　　　　　　(주)히말라야
승 인 　 번 호 : 83746302　　(PK)
거 래 　 일 시 : 20x1년 7월 24일 10시29분15초
거 래 　 금 액 : 900,000원

휴대전화, 카드번호 등록
http://현금영수증.kr
국세청문의(126)
　　　38036925 - gca10106 - 3870 - U490
　《《《《이용해 주셔서 감사합니다.》》》》

자료설명	본 문제에 한하여 (주)히말라야는 농산물(과일)을 구입하여 가공식품(과세제품)을 제조 판매한다고 가정한다. 1. 자료 1은 사과 100상자를 외상으로 구입하고 발급받은 전자계산서이다. 2. 자료 2는 배 300상자를 농민(한세윤)으로부터 외상 구입하고 작성한 계약서이다. 3. 자료 3은 오렌지 30상자를 현금으로 구입하고 발급받은 현금영수증이다. 4. (주)히말라야는 중소기업에 해당하며, 의제매입세액 공제율은 4/104로 한다.
수행과제	1. 자료 1 ~ 3의 거래를 검토하여 의제매입세액공제 요건을 갖춘 거래는 매입매출전표에 입력하고, 그 외의 거래는 일반전표에 입력하시오. 　(의제매입세액공제신고서에 자동반영 되도록 적요를 선택할 것.) 2. 제2기 부가가치세 예정신고기간의 의제매입세액공제신고서를 작성하시오. 3. 의제매입세액공제내역을 제2기 부가가치세 예정신고서에 반영하시오. 4. 의제매입세액과 관련된 회계처리를 일반전표입력에 9월 30일자로 입력하시오. 　(공제세액은 '부가세대급금'으로 회계처리할 것.)

4 수출실적명세서 작성자의 부가가치세 신고서 작성

자료 1. 수출신고필증(갑지)

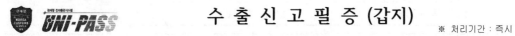

수 출 신 고 필 증 (갑지)

※ 처리기간 : 즉시

제출번호 12345-04-0001230	⑤ 신고번호 071-10-090055857-4	⑥ 신고일자 20x1/11/10	⑦ 신고구분 H	⑧ C/S구분
① 신 고 자 대한 관세법인 관세사 백용명				

② 수 출 대 행 자 (주)히말라야 (통관고유부호) (주)히말라야-1-74-1-12-4 수출자구분 A 수 출 화 주 (주)히말라야 (통관고유부호) (주)히말라야-1-74-1-12-4 (주소) 서울특별시 강남구 강남대로 246, 3층 (대표자) 최종길 (소재지) 서울특별시 강남구 강남대로 246, 3층 (사업자등록번호) 120-81-32144	⑨ 거래구분 11	⑩ 종류 A	⑪ 결제방법 L./C
	⑫ 목적국 JAPAN	⑬ 적재항 INC 인천항	⑭ 선박회사 (항공사) HANJIN
	⑮ 선박명(항공편명) HANJIN SAVANNAH	⑯ 출항예정일자 20x1/11/30	⑰ 적재예정보세구역 03012202
	⑱ 운송형태 10 BU		⑲ 검사희망일 20x1/11/25
	⑳ 물품소재지 한진보세장치장 인천 중구 연안동 245-1		

③ 제 조 자 (주)히말라야 (통관고유부호)(주)히말라야-1-74-1-12-4 제조장소 214 산업단지부호	㉑ L/C번호 868EA-10-55554		㉒ 물품상태 N
	㉓ 사전임시개청통보여부 A		㉔ 반송 사유
④ 구 매 자 오사카상사 (구매자부호) CNTOSHIN12347	㉕ 환급신청인 1 (1:수출대행자/수출화주, 2:제조자) 간이환급 NO		

• 품명 • 규격 (란번호/총란수: 999/999)

㉖ 품 명 등산가방 ㉗ 거래품명 등산가방			㉘ 상표명 NO		
㉙ 모델·규격 텀블러		㉚ 성분	㉛ 수량 1,000(BOX)	㉜ 단가(JPY) 780	㉝ 금액(JPY) 780,000
㉞ 세번부호	1234.12-1234	㉟ 순중량	900KG	㊱ 수량 1,000(BOX)	㊲ 신고가격 (FOB)	¥800,000 ₩8,800,000
㊳ 송품장번호	AC-2023-00620	㊴ 수입신고번호		㊵ 원산지 Y	㊶ 포장갯수(종류)	1,000(BOX)
㊷ 수출요건확인(발급서류명)						
㊸ 총중량	950KG	㊹ 총포장갯수	1000C/T	㊺ 총신고가격 (FOB)		¥800,000 ₩8,800,000
㊻ 운임(₩)		㊼ 보험료(₩)		㊽ 결제금액	FOB-¥800,000	
㊾ 수입화물관리번호				㊿ 컨테이너번호	CKLU7845013	Y

※ 신고인기재란 수출자 : 제조/무역, 판촉물		�51 세관기재란		
㊾ 운송(신고)인 한진통운(주) 최진우 ㊾ 기간 20x1/11/10 부터 20x1/11/30 까지		㊾ 적재 의무 기한 20x1/ 11/30	㊾ 담당자 990101 (이현구)	㊾ 신고수리 일자 20x1/11/10

자료 2. 환율 내역

11월 5일	11월 10일	11월 30일
1,010원/100¥	1,030원/100¥	1,100원/100¥

자료설명	1. 자료 1은 11월 30일 선적한 일본 오사카상사에 대한 수출신고필증이다. 2. 자료 2는 환율 내역이다. 　(계약체결일 : 11월 5일, 수출신고일 : 11월 10일, 선적일 : 11월 30일) 3. 수출대금은 전액 20x1년 12월 31일 받기로 하였다.
수행과제	1. 거래자료를 입력하시오. 2. 제2기 확정 신고기간의 수출실적명세서를 작성하시오. 3. 수출실적명세 및 전자신고세액공제를 반영하여 제2기 부가가치세 확정신고서를 작성하시오. 　- 제2기 부가가치세 확정신고서를 홈택스로 전자신고한다(전자신고세액공제 10,000원).

평가문제	입력자료 및 회계정보를 조회하여 [평가문제]의 답안을 입력하시오.(70점)

[실무수행평가] – 부가가치세관리

번호	평가문제	배점
11	**[환경설정 조회]** (주)히말라야의 환경설정 정보이다. 다음 중 올바르지 않은 것은? ① 계정과목코드체계는 세목미사용(3자리) 이다. ② 소수점관리는 수량 : 1.버림, 단가 : 1.버림, 금액 : 3.반올림으로 설정되어 있다. ③ 카드입력방식은 '1.공급대가(부가세포함)' 이다. ④ 카드채권에 대하여 120.미수금 계정을 사용한다.	2
12	**[매입매출전표입력 조회]** 6월 20일자 수정세금계산서의 수정사유를 코드로 입력하시오.	2
13	**[세금계산서합계표 조회]** 제1기 확정 신고기간의 거래처 '(주)야호산업'에 전자발행된 세금계산서 공급가액은 얼마인가?	2
14	**[세금계산서합계표 조회]** 제1기 확정 신고기간의 매출전자세금계산서 발급매수는 총 몇 매인가?	3
15	**[의제매입세액공제신고서 조회]** 제2기 예정 신고기간의 의제매입세액공제신고서의 의제매입세액은 총 얼마인가?	2
16	**[부가가치세신고서 조회]** 제2기 예정 신고기간 부가가치세신고서의 과세_세금계산서발급분(1란) 금액은 얼마인가?	2
17	**[부가가치세신고서 조회]** 제2기 예정 신고기간의 부가가치세 신고시에 작성되는 부가가치세 첨부서류에 해당하지 않는 것은? ① 세금계산서합계표 ② 계산서합계표 ③ 건물등감가상각자산취득명세서 ④ 의제매입세액공제신고서	2
18	**[수출실적명세서 조회]** 제2기 확정 신고기간의 수출실적명세서 '⑩수출한재화'의 원화금액은 얼마인가?	3
19	**[부가가치세신고서 조회]** 제2기 확정 신고기간의 부가가치세신고서에 반영되는 영세율 과세표준 총금액은 얼마인가?	2
20	**[부가가치세신고서 조회]** 제2기 확정 신고기간의 부가가치세 신고서와 관련된 설명으로 옳지 않은 것은? ① 과세표준 금액은 253,390,000원이다. ② 부가가치세 조기환급 대상이다. ③ 부가가치세 환급세액의 경우에는 전자신고세액공제를 적용받을 수 없다. ④ 국세환급금 계좌은행은 '국민은행'이다.	2
	부가가치세 소계	22

실무수행3 결산

[결산자료]를 참고로 결산을 수행하시오.(단, 제시된 자료 이외의 자료는 없다고 가정함.)

① 수동결산

자료설명	단기투자목적으로 구입한 유가증권에 대하여 일반기업회계기준에 따라 기말평가를 반영하시오. 단, 현재까지 일반기업회계기준에 따라 회계처리를 하였다.			
	구분	20x0.10.15. 취득원가	20x0.12.31. 공정가치	20x1.12.31. 공정가치
	단기매매증권	15,000,000원	17,000,000원	14,000,000원
수행과제	결산정리분개를 입력하시오.			

② 결산자료입력에 의한 자동결산

자료설명	1. 기말 단기대여금 잔액에 대하여 1%의 대손충당금을 보충법으로 설정한다. 2. 기말재고자산 현황

구분	장부상내역		실사내역	
	단위당원가	수량	단위당원가	수량
원재료	30,000원	300개	30,000원	300개
제 품	40,000원	450개	40,000원	420개

자료설명	– 재고자산감모내역은 모두 정상적으로 발생한 감모손실이다. 3. 이익잉여금처분계산서 처분확정(예정)일 – 당기 : 20x2년 3월 31일 – 전기 : 20x1년 3월 31일
수행과제	결산을 완료하고 이익잉여금처분계산서에서 손익대체분개를 하시오. (단, 이익잉여금처분내역은 없는 것으로 하고 미처분이월이익잉여금 전액을 이월이익잉여금으로 이월할 것.)

[실무수행평가] – 재무회계

번호	평가문제	배점
21	**[경비등의송금명세서 조회]** 경비등송금명세서에 반영되는 농협은행의 은행코드번호(CD) 3자리를 입력하시오.	2
22	**[일/월계표 조회]** 1/4분기(1월~3월)에 발생한 제조경비 총금액은 얼마인가?	1

번호	평가문제	배점
23	**[일/월계표 조회]** 1/4분기(1월~3월)에 발생한 퇴직급여(판매관리비)는 얼마인가?	2
24	**[일/월계표 조회]** 2/4분기(4월~6월)에 발생한 판매관리비 금액으로 옳지 않은 것은? ① 복리후생비 2,292,000원 ② 여비교통비 1,195,000원 ③ 접대비 930,000원 ④ 통신비 176,500원	2
25	**[일/월계표 조회]** 2/4분기(4월~6월)에 발생한 제품매출 금액은 얼마인가?	1
26	**[일/월계표 조회]** 4/4분기(10월~12월)에 발생한 제품매출 금액은 얼마인가?	1
27	**[일/월계표 조회]** 4/4분기(10월~12월)에 발생한 영업외비용 금액은 얼마인가?	2
28	**[거래처원장 조회]** 3월 말 거래처별 보통예금 잔액으로 옳지 않은 것은? ① 98000.국민은행 623,247,000원 ② 98001.신한은행 116,316,000원 ③ 98003.우리은행 59,461,000원 ④ 98005.대구은행 7,800,000원	1
29	**[거래처원장 조회]** 5월 말 거래처별 외상매출금 잔액으로 옳지 않은 것은? ① 03300.(주)삼광산업 12,000,000원 ② 03350.(주)야호산업 8,200,000원 ③ 03400.(주)백두산업 22,000,000원 ④ 04003.(주)볼핑블루 33,000,000원	2
30	**[합계잔액시산표 조회]** 9월 말 원재료 잔액으로 옳은 것은? ① 381,954,029원 ② 382,530,952원 ③ 382,565,567원 ④ 382,757,874원	1
31	**[합계잔액시산표 조회]** 9월 말 외상매입금 잔액은 얼마인가?	2
32	**[재무상태표 조회]** 12월 말 단기매매증권 잔액은 얼마인가?	2
33	**[재무상태표 조회]** 12월 말 단기대여금 순장부금액은 얼마인가?	2
34	**[재무상태표 조회]** 기말 제품 금액은 얼마인가?	1
35	**[재무상태표 조회]** 12월말 이월이익잉여금(미처분이익잉여금) 잔액으로 옳은 것은? ① 285,120,269원 ② 355,109,431원 ③ 439,002,396원 ④ 524,102,891원	1
	재무회계 소계	23

실무수행4 근로소득관리

인사급여 관련 자료이다. [자료설명]을 참고하여 [수행과제]를 수행하시오.

1 주민등록등본에 의한 사원등록

자료. 진호개의 주민등록등본

문서확인번호   1/1

주 민 등 록 표
(등   본)

이 등본은 세대별 주민등록표의 원본내용과
틀림없음을 증명합니다.
담당자 : 이등본   전화 : 02 - 3149 - 0236
신청인 : 진호개
용도 및 목적 : 회사제출용
20x1년 12월 31일

세대주 성명(한자)	진호개 (進 護 開)	세 대 구 성 사유 및 일자	전입 2020 - 11 - 05

현주소 : 서울특별시 성북구 동소문로 179 - 12

번호	세대주 관 계	성 명 주민등록번호	전입일 / 변동일	변동사유
1	본인	진호개 830808 - 1042112		
2	배우자	송설 830426 - 2785411	2020 - 11 - 05	전입
3	자	진기우 040501 - 3200481	2020 - 11 - 05	전입
4	자	진미화 211215 - 4399489	2021 - 12 - 15	출생등록

자료설명	사무직 사원 진호개(1004)의 사원등록을 위한 자료이다. 1. 부양가족은 진호개와 생계를 같이 한다. 2. 본인 진호개는 장애인복지법상 시각 장애인이다. 3. 배우자 송설은 모친으로부터 상속받은 보통예금 50,000,000원이 있다. 4. 자녀 진기우는 교내 경진대회에서 상금 600,000원을 수령하였으며, 분리과세를 선 택하였다. 5. 자녀 진미화는 별도 소득이 없다. 6. 세부담을 최소화하는 방법으로 선택한다.
수행과제	[사원등록] 메뉴에서 부양가족명세를 작성하시오.

[실무수행평가] – 근로소득관리 1

번호	평가문제	배점
36	**[진호개 근로소득원천징수영수증 조회]** 기본공제 대상 인원수(본인 포함)는 모두 몇 명인가?	1
37	**[진호개 근로소득원천징수영수증 조회]** '25.배우자' 공제대상액은 얼마인가?	2
38	**[진호개 근로소득원천징수영수증 조회]** '28.장애인' 공제대상액은 얼마인가?	1
39	**[진호개 근로소득원천징수영수증 조회]** '37.차감소득금액'은 얼마인가?	2
40	**[진호개 근로소득원천징수영수증 조회]** '57.자녀세액공제' 금액은 얼마인가?	2

② 급여명세에 의한 급여자료

자료 1. 12월 급여자료

(단위 : 원)

사원	기본급	육아수당	차량 보조금	식대	국외근로 수당	국민 연금	건강 보험	고용 보험	장기 요양 보험	상조 회비
김래원	3,000,000	120,000	300,000	200,000		프로그램에서 자동 계산된 금액으로 공제한다.				30,000
손호준	4,000,000	0	300,000	200,000	1,000,000					

자료 2. 수당 및 공제요건

구분	코드	수당 및 공제명	내 용
수 당 등 록	101	기본급	설정된 그대로 사용한다.
	200	육아수당	초·중·고 기본공제 대상 자녀를 양육하는 경우 매월 고정적으로 지급하고 있다.
	201	차량보조금	차량을 소유한 직원들에게 지급하며, 출장 시에는 별도의 교통비를 지급하고 있다.
	202	식대	별도의 음식물은 제공하고 있지 않다.
	203	국외근로수당	해외 지사에 파견 근무 중인 사원에게 지급하고 있다.

자료설명	1. 자료 1에서 김래원은 관리부 대리이다. 2. 자료 1에서 손호준은 영업부 사원이며, 20x1년 12월부터 싱가포르 지사에 파견되어 근무 중이다. 3. 12월 귀속분 급여지급일은 당월 24일이며, 사회보험료는 자동 계산된 금액으로 공제한다. 4. 전 직원은 급여 지급시 상조회비를 일괄공제하고 있다. 5. 당사는 반기별 원천징수 납부대상자가 아니며, 전월 미환급세액 220,000원(지방소득세 22,000원 제외)이 있다.
수행과제	1. 사원등록에서 국외근로 비과세여부를 적용하시오. 2. 급여자료입력 메뉴에 수당등록을 하시오. 3. 12월분 급여자료를 입력하시오.(단, 구분 '1.급여'로 선택할 것.) 4. 12월 귀속분 [원천징수이행상황신고서]를 작성하시오.

[실무수행평가] – 근로소득관리 2

번호	평가문제	배점
41	**[김래원 12월 급여자료입력 조회]** 12월 급여항목 중 과세대상 지급액은 얼마인가?	2
42	**[김래원 12월 급여자료입력 조회]** 12월 급여의 차인지급액은 얼마인가?	1
43	**[손호준 12월 급여자료입력 조회]** 12월 급여항목 중 비과세대상 지급액은 얼마인가?	2
44	**[손호준 12월 급여자료입력 조회]** 12월 급여의 공제액 합계는 얼마인가?	1
45	**[12월 원천징수이행상황신고서 조회]** '10.소득세 등' 총 합계 금액은 얼마인가?	2

③ 국세청연말정산간소화 및 이외의 자료를 기준으로 연말정산

자료설명	사무직 봉도진(1003)의 연말정산을 위한 자료이다. 1. 사원등록의 부양가족현황은 사전에 입력되어 있다. 2. 부양가족은 봉도진과 생계를 같이 한다.
수행과제	[연말정산 근로소득원천징수영수증] 메뉴에서 연말정산을 완료하시오. 1. 신용카드와 현금영수증은 [신용카드] 탭에서 입력한다. 2. 의료비는 [의료비] 탭에서 입력하며, 국세청자료는 공제대상 합계금액을 1건으로 집계하여 입력한다.(튼튼한의원의 의료비는 전액 건강증진약품 구입비용이다.) 3. 보험료와 교육비는 [소득공제] 탭에서 입력한다.

자료 1. 봉도진 사원의 부양가족등록 현황

연말정산관계	성명	주민번호	기타사항
0.본인	봉도진	801215 - 1640707	
1.배우자	이희정	920426 - 2875651	총급여 35,000,000원
1.소득자 직계존속	이은실	520411 - 2899736	주거형편상 타지역에 거주 중이며, 별도 소득은 없다.
4.직계비속	봉은지	070711 - 4321578	중학생으로 타지역 기숙사에 생활 중이며, 별도 소득은 없다.
4.직계비속	봉지혁	200927 - 3321583	별도 소득은 없다.

자료 2. 국세청간소화서비스 및 기타증빙자료

20x1년 귀속 소득 · 세액공제증명서류 : 기본(사용처별)내역 [신용카드]

■ 사용자 인적사항

성 명	주 민 등 록 번 호
봉도진	801215 - 1640***

■ 신용카드 등 사용금액 집계

일반	전통시장	대중교통	도서공연등	합계금액
8,300,000	1,700,000	0	0	10,000,000

 국 세 청
National Tax Service

- 본 증명서류는 『소득세법』 제165조 제1항에 따라 영수증 발급기관으로부터 수집한 서류로 소득·세액공제 충족 여부는 근로자가 직접 확인하여야 합니다.
- 본 증명서류에서 조회되지 않는 내역은 영수증 발급기관에서 직접 발급받으시기 바랍니다.

20x1년 귀속 소득 · 세액공제증명서류 : 기본(사용처별)내역 [현금영수증]

■ 사용자 인적사항

성 명	주 민 등 록 번 호
이은실	520411 - 2899***

■ 신용카드 등 사용금액 집계

일반	전통시장	대중교통	도서공연등	합계금액
2,200,000	400,000	0	0	2,600,000

 국 세 청
National Tax Service

- 본 증명서류는 『소득세법』 제165조 제1항에 따라 영수증 발급기관으로부터 수집한 서류로 소득·세액공제 충족 여부는 근로자가 직접 확인하여야 합니다.
- 본 증명서류에서 조회되지 않는 내역은 영수증 발급기관에서 직접 발급받으시기 바랍니다.

20x1년 귀속 소득 · 세액공제증명서류 : 기본(지출처별)내역 [의료비]

■ 환자 인적사항

성 명	주 민 등 록 번 호
이은실	520411 – 2899***

■ 의료비 지출내역

(단위 : 원)

사업자번호	상 호	종류	지출금액 계
109 – 04 – 16***	서울한방병원	일반	1,500,000
106 – 05 – 81***	튼튼한의원	일반	600,000
의료비 인별합계금액			2,100,000
안경구입비 인별합계금액			0
산후조리원 인별합계금액			0
인별합계금액			2,100,000

- 본 증명서류는 『소득세법』 제165조 제1항에 따라 영수증 발급기관으로부터 수집한 서류로 소득·세액공제 충족 여부는 근로자가 직접 확인하여야 합니다.
- 본 증명서류에서 조회되지 않는 내역은 영수증 발급기관에서 직접 발급받으시기 바랍니다.

20x1년 귀속 소득 · 세액공제증명서류 : 기본(지출처별)내역 [보험료]

■ 계약자 인적사항

성 명	주 민 등 록 번 호
봉도진	801215 – 1640***

■ 보장성보험(장애인전용보장성보험) 납입내역

(단위 : 원)

종류	상 호	보험종류	주피보험자		납입금액 계
	사업자번호	증권번호	종피보험자		
보장성	장수손해보험(주)	**운전자보험	801215 – 1******	봉도진	1,200,000
	106 – 81 – 41***	100540651**			
인별합계금액					1,200,000

- 본 증명서류는 『소득세법』 제165조 제1항에 따라 영수증 발급기관으로부터 수집한 서류로 소득·세액공제 충족 여부는 근로자가 직접 확인하여야 합니다.
- 본 증명서류에서 조회되지 않는 내역은 영수증 발급기관에서 직접 발급받으시기 바랍니다.

20x1년 귀속 소득·세액공제증명서류 : 기본(지출처별)내역 [교육비]

■ 학생 인적사항

성 명	주 민 등 록 번 호
봉도진	801215 - 1640***

■ 교육비 지출내역

(단위 : 원)

교육비종류	학교명	사업자번호	지출금액 계
대학원등록금	**대학교	108 - 90 - 15***	2,500,000
인별합계금액			2,500,000

 국 세 청
National Tax Service

- 본 증명서류는 『소득세법』 제165조 제1항에 따라 영수증 발급기관으로부터 수집한 서류로 소득·세액공제 충족 여부는 근로자가 직접 확인하여야 합니다.
- 본 증명서류에서 조회되지 않는 내역은 영수증 발급기관에서 직접 발급받으시기 바랍니다.

■ 소득세법 시행규칙 [별지 제44호서식]　　　　　　　　　　　　　　　　　(앞쪽)

교 육 비 납 입 증 명 서

① 상 호	박윤숙 영어학원	② 사 업 자 등 록 번 호	111 - 90 - 11114
③ 대표자	박윤숙	④ 전 화 번 호	
⑤ 주 소	서울특별시 강남구 논현로 92		

신청인	⑥ 성명 봉도진		⑦ 주민등록번호　801215 - 1640707
	⑧ 주소　서울특별시 강남구 강남대로 302 - 2		
대상자	⑨ 성명 봉은지		⑩ 신청인과의 관계　　자

Ⅰ. 교육비 부담 명세

⑪ 납부연월	⑫ 종 류	⑬ 구 분	⑭ 총교육비(A)	⑮ 장학금 등 수혜액(B)		⑯ 공제대상 교육비부담액 (C=A-B)
				학비감면	직접지급액	
20x1. 4.	학원	수업료	350,000			350,000
20x1. 7.	학원	수업료	350,000			350,000
20x1.10.	학원	수업료	350,000			350,000
계			1,050,000			1,050,000
이하 생략						

[실무수행평가] – 근로소득관리 3

번호	평가문제	배점
46	**[봉도진 근로소득원천징수영수증 조회]** '47.그 밖의 소득공제' 합계액은 얼마인가?	2
47	**[봉도진 근로소득원천징수영수증 조회]** '61.보장성보험' 세액공제액은 얼마인가?	2
48	**[봉도진 근로소득원천징수영수증 조회]** '62.의료비' 세액공제액은 얼마인가?	2
49	**[봉도진 근로소득원천징수영수증 조회]** '63.교육비' 세액공제액은 얼마인가?	2
50	**[봉도진 근로소득원천징수영수증 조회]** '77.차감징수세액(소득세)'은 얼마인가?	1
	근로소득 소계	25

해답해설

실무이론평가

1	2	3	4	5	6	7	8	9	10
①	②	②	③	①	③	①	②	④	②

01 경영진과 독립적으로 **내부회계관리제도에 대한 평가기능을 수행하는 역할은 감사위원회가 담당**한다.

02 처분시점 장부금액 = 처분금액(2,050,000원) – 처분이익(250,000) = 1,800,000원

20x1년 감가상각비 = 전기말 장부금액(2,000,000) – 처분시점장부금액(1,800,000)

= 200,000원(1.1~7.31)

03

퇴직급여충당부채

퇴사	1,000,000	기초	5,000,000
기말	①7,000,000	설정(퇴직급여)	②3,000,000
계	8,000,000	계	8,000,000

③ 퇴직급여규정의 개정으로 증가된 전기 이전분 1,300,000원도 **당기비용으로 처리**한다.

④ **퇴직급여충당부채를 설정하고 있으므로 확정연금형(DB) 퇴직연금제도를 적용**하고 있다.

04 수정 후 영업이익 = 수정 전 영업이익(6,000,000) – 미지급임차료(500,000)

+ 보험료선급분(100,000) = 5,600,000원

이자미수분은 영업이익에 영향을 미치지 않고, 당기순이익에 영향을 미친다.

05 **미교부주식배당금은 자본조정항목**으로 자본에 해당한다.

06 재고자산평가손실은 매출원가로 당기손익에 영향을 미친다.

07 **고용관계에 따라 근로를 제공하는 것은 용역의 공급으로 보지 아니한다.**

08 부가가치세 과세표준 = 매출액(50,000,000) + 기계장치(10,000,000) = 60,000,000원

국가 무상 기증은 면세 대상에 해당하며, 화재로 인한 손실은 재화의 공급이 아니다.

09 퇴직시 받는 금액 중 **퇴직소득에 속하지 않는 퇴직위로금은 근로소득**이다.

10 사업소득금액 = 소득세 차감전 순이익(100,000,000) – 예금이자(2,000,000) + 벌과금(5,000,000)

= 103,000,000원

이자수익은 이자소득으로 과세된다.

■■■■■■■■ **실무수행평가**

실무수행 1. 거래자료입력

① 3만원초과 거래자료에 대한 경비등의송금명세서 작성 [일반전표입력] 1월 10일

(차) 외주가공비(제)　　　　　　400,000원　　(대) 보통예금(국민은행(보통))　　　400,000원

[경비등송금명세서]

번호	⑥거래일자	⑦법인명(상호)	⑧성명	⑨사업자(주민)등록번호	⑩거래내역	⑪거래금액	⑫송금일자	CD	⑬은행명	⑭계좌번호	계정코드
1	20×1-01-10	동아가공	옥수형	312-04-22512	가공비	400,000	20×1-01-10	011	농협은행	44212-2153-700	

② 퇴직연금 [일반전표입력] 2월 15일

(차) 퇴직급여(제)　　　　　7,000,000원　　(대) 보통예금(국민은행(보통))　　12,000,000원
　　퇴직급여(판)　　　　　5,000,000원　　　　(국민은행(보통))

③ 기타 일반거래 [일반전표입력] 4월 20일

(차) 여비교통비(판)　　　　290,000원　　(대) 보통예금(국민은행(보통))　　　410,000원
　　접대비(판)　　　　　　120,000원

실무수행 2. 부가가치세관리

① 전자세금계산서 발급

1. [매입매출전표입력] 5월 25일

거래유형	품명	공급가액	부가세	거래처	전자세금
12.영세	등산장갑	6,000,000	0	(주)야호산업	전자발행
분개유형	(차) 외상매출금	6,000,000원	(대) 제품매출		6,000,000원
2.외상					

2. [전자세금계산서 발행 및 내역관리] 기출문제 77회 참고

② 수정전자세금계산서의 발급

1. [수정전자세금계산서 발급]

① [매입매출전표입력]에서 6월 20일 전표 1건 선택 ➜ 툴바의 수정세금계산서 를 클릭

➜ 수정사유(6.착오에 의한 이중발급 등)선택 ➜ 확인(Tab) 을 클릭

② 수정세금계산서(매출)화면에서 수정분 [작성일 6월 20일], [공급가액 - 20,000,000원],
[세액 - 2,000,000원] 자동 반영 ➡ 확인(Tab) 을 클릭

③ [매입매출전표입력] 화면에 수정분이 입력된다.

거래유형	품명	공급가액	부가세	거래처	전자세금
11.과세	등산가방	- 20,000,000	- 2,000,000	(주)백두산업	전자발행
분개유형	(차) 외상매출금		- 22,000,000원	(대) 부가세예수금	- 2,000,000원
2.외상				제품매출	- 20,000,000원

2. [전자세금계산서 발행 및 내역관리] 기출문제 77회 참고

③ 의제매입세액공제신고사업자의 부가가치세신고서 작성

1. 거래자료입력

① [매입매출전표 입력] 7월 15일

거래유형	품명	공급가액	부가세	거래처	전자세금
53.면세	사과	5,000,000		(주)영동농협	전자입력
분개유형	(차) 원재료		5,000,000원	(대) 외상매입금	5,000,000원
2.외상(혼합)	(적요 : 6.의제매입세액 원재료 차감)				

② [매입매출전표 입력] 7월 20일

거래유형	품명	공급가액	부가세	거래처	전자세금
60.면건	배	15,000,000		한세윤	
분개유형	(차) 원재료		15,000,000원	(대) 외상매입금	15,000,000원
2.외상(혼합)	(적요 : 6.의제매입세액 원재료 차감)				

③ [매입매출전표 입력] 7월 24일

거래유형	품명	공급가액	부가세	거래처	전자세금
62.현면	오렌지	900,000		하나로마트	
분개유형	(차) 원재료		900,000원	(대) 현금	900,000원
1.현금	(적요 : 6.의제매입세액 원재료 차감)				

2. [의제매입세액공제신고서] 7월 ~ 9월(공제율 4/104)

① ㈜영동농협

취득일자	구분	물품명	수량	매입가액	공제율	의제매입세액	건수	전표
20x1 -07-15	사업자(계산서	사과	100	5,000,000	4/104	192,307	1	매입

② 하나로마트

취득일자	구분	물품명	수량	매입가액	공제율	의제매입세액	건수	전표
20x1 -07-24	사업자(신용카	오렌지	30	900,000	4/104	34,615	1	매입

③ 한세윤

취득일자	구분	*물품명	수량	매입가액	공제율	의제매입세액	건수	전표
20x1 -07-20	농.어민으로부	배	300	15,000,000	4/104	576,923	1	매입

3. [부가가치세신고서] 7월 1일 ~ 9월 30일

	구분		금액	세율	세액
14 그 밖의	신용매출전표수취/일반	41			
	신용매출전표수취/고정	42			
	의제매입세액/평창,광주	43	20,900,000	뒤쪽참조	803,845
	재활용폐자원등매입세	44		뒤쪽참조	

4. [일반전표입력] 9월 30일

(차) 부가세대급금   803,845원   (대) 원재료   803,845원

④ 수출실적명세서 작성자의 부가가치세 신고서 작성

1. [매입매출전표입력] 11월 30일

거래유형	품명	공급가액	부가세	거래처	전자세금
16. 수출	등산가방	8,800,000		오사카상사	
분개유형 2.외상(혼합)	(차) 외상매출금	8,800,000원	(대) 제품매출		8,800,000원

※ 과세표준 = 수출신고필증의 ⑱결제금액(¥800,000) × 선적일의 환율(11원/100¥) = 8,800,000원

2. [수출실적명세서] 10월 ~ 12월

구분	건수	외화금액	원화금액	비고
⑨합 계	1	800,000.00	8,800,000	
⑩수 출 한 재 화	1	800,000.00	8,800,000	
⑪기타영세율적용				기타영세율은 하단상세내역에 입력

NO	□	수출신고번호	기타영세율건수	(14)선(기)적일자	(15)통화코드	(16)환율	(17)외화	(18)원화
1		071-10-09-0055857-4		20x1 -11-10	JPY	11.0000	800,000.00	8,800,000

3. [부가가치세신고서] 10월 1일 ~ 12월 31일

구 분				금액	세율	세액
과세표준및매출	과세	세금계산서발급분	1	214,590,000	10/100	21,459,000
		매입자발행세금계산서	2		10/100	
		신용카드.현금영수증	3		10/100	
		기타	4		10/100	
	영세	세금계산서발급분	5	30,000,000	0/100	
		기타	6	8,800,000	0/100	

- 전자신고세액공제 : 10,000원

[실무수행평가] – 부가가치세관리

번호	평가문제	배점	답
11	[환경설정 조회]	2	④
12	[매입매출전표입력 조회]	2	(6)
13	[세금계산서합계표 조회]	2	(8,000,000)원
14	[세금계산서합계표 조회]	3	(37)매
15	[의제매입세액공제신고서 조회]	2	(803,845)원
16	[부가가치세신고서 조회]	2	(20,000,000)원
17	[부가가치세신고서 조회]	2	③
18	[수출실적명세서 조회]	3	(8,800,000)원
19	[부가가치세신고서 조회]	2	(38,800,000)원
20	[부가가치세신고서 조회]	2	③
부가가치세 소계		22	

실무수행 3. 결산

① 수동결산 [일반전표입력] 12월 31일

(차) 단기매매증권평가손   3,000,000원   (대) 단기매매증권   3,000,000원

☞ 평가손익 = 당기말 공정가치(14,000,000) – 전기말 공정가치(17,000,000) = △3,000,000원(손실)

② 결산자료입력에 의한 자동결산

[결산자료입력 1]

- 단기대여금 대손상각비 설정액 = 10,000,000원 × 1% = 100,000원

① 방법 1.

결산자료입력(기타의 대손상각비)란에 단기대여금 100,000원 입력

② 방법 2. [일반전표입력] 12월 31일

    (차) 기타의대손상각비   100,000원   (대) 대손충당금   100,000원

[결산자료입력 2]

결산자료입력에서 기말 원재료 9,000,000원, 제품 16,800,000원을 입력하고 전표추가(F3) 를 클릭하여 결산분개를 생성한다.

※ 제품의 재고자산감모손실중 정상적으로 발생한 감모는 매출원가에 산입되므로 별도의 회계처리를 하지 않는다.

[이익잉여금처분계산서] 메뉴

    이익잉여금처분계산서에서 처분일을 입력한 후, 전표추가(F3) 를 클릭하여 손익대체 분개를 생성한다.

[실무수행평가] – 재무회계

번호	평가문제	배점	답
21	[경비등의송금명세서 조회]	2	(011)
22	[일/월계표 조회]	1	(13,240,000)원
23	[일/월계표 조회]	2	(8,000,000)원
24	[일/월계표 조회]	2	②
25	[일/월계표 조회]	1	(319,318,840)원
26	[일/월계표 조회]	1	(256,390,000)원
27	[일/월계표 조회]	2	(11,860,000)원
28	[거래처원장 조회]	1	④
29	[거래처원장 조회]	2	④
30	[합계잔액시산표 조회]	1	①
31	[합계잔액시산표 조회]	2	(363,014,000)원
32	[재무상태표 조회]	2	(14,000,000)원
33	[재무상태표 조회]	2	(9,900,000)원
34	[재무상태표 조회]	1	(16,800,000)원
35	[재무상태표 조회]	1	②
	재무회계 소계	23	

실무수행 4. 근로소득관리

1 주민등록등본에 의한 사원등록(진호개, 2025)

관계	요 건		기본 공제	추가 (자녀)	판 단
	연령	소득			
본인(세대주)	–	–	○	장애(1)	
배우자	–	○	○		**상속재산은 소득요건 대상이 아님**
자1(21)	×	○	부	–	
자2(4)	○	○	○	–	

[실무수행평가] – 근로소득관리 1

번호	평가문제[진호개 근로소득원천징수영수증 조회]	배점	답
36	기본공제대상 인원	1	(3)명
37	배우자 공제대상액	2	(1,500,000)원
38	장애인 공제대상액	1	(2,000,000)원
39	차감소득금액	2	(14,471,500)원
40	자녀세액공제(8세 이상 기본공제대상자가 대상)	2	(0)원

<u>※ 39는 프로그램이 자동계산하므로 시점(세법개정, 프로그램 업데이트)마다 달라질 수가 있습니다.</u>

2 급여명세에 의한 급여자료

1. [사원등록]

  영업부 손호준 사원의 16.국외근로적용여부 수정 → 1. 100만

2. [수당등록]

	코드	수당명	과세구분	근로소득유형	
1	101	기본급	과세	1.급여	
2	102	상여	과세	2.상여	
3	200	육아수당	과세	1.급여	
4	201	차량보조금	과세	1.급여	
5	202	식대	비과세	2.식대	P01
6	203	국외근로수당	비과세	9.국외등근로(건설지원	M01

	코드	공제항목명	공제소득유형
1	501	국민연금	0.무구분
2	502	건강보험	0.무구분
3	503	고용보험	0.무구분
4	504	장기요양보험료	0.무구분
5	505	학자금상환액	0.무구분
6	903	농특세	0.사용
7	600	상조회비	0.무구분

  ☞ <u>초·중·고등학생의 육아(양육)수당 지급은 과세대상임.</u> <u>별도의 교통비를 지급하는 차량보조금은 과세대상임.</u>

237

3. [급여자료입력] 귀속년월 12월, 지급일 ; 12월 24일

[김래원]

급여항목	지급액	공제항목	공제액
기본급	3,000,000	국민연금	135,000
육아수당	120,000	건강보험	106,350
차량보조금	300,000	고용보험	30,780
식대	200,000	장기요양보험료	13,620
		상조회비	30,000
		소득세	35,130
		지방소득세	3,510
		농특세	

[손호준]

급여항목	지급액	공제항목	공제액
기본급	4,000,000	국민연금	180,000
육아수당		건강보험	141,800
차량보조금	300,000	고용보험	38,700
국외근로수당	1,000,000	장기요양보험료	18,160
식대	200,000	상조회비	30,000
		소득세	236,010
		지방소득세	23,600
		농특세	

☞ 김래원 비과세=식대(200,000)   손호준 비과세=국외(1,000,000)+식대(200,000)=1,200,000원
☞ 소득세 등은 자동 계산되어집니다.

4. [원천징수이행상황신고서] 귀속기간 12월, 지급기간 12월

구분		코드	소득지급(과세미달,비과세포함)		징수세액				9.당월 조정 환급세액	10.소득세 등 (가산세 포함)	11.농어촌 특별세
			4.인원	5.총지급액	6.소득세 등	7.농어촌특별세	8.가산세				
근로소득	간 이 세 액	A01	4	36,020,000	1,764,670						
	중 도 퇴 사	A02									
	일 용 근 로	A03									
	연말정산합계	A04									
	연말분납금액	A05									
	연말납부금액	A06									
	가 감 계	A10	4	36,020,000	1,764,670				220,000	1,544,670	

전월 미환급 세액의 계산				당월 발생 환급세액				18.조정대상환급 (14+15+16+17)	19.당월조정 환급액계	20.차월이월 환급액(18-19)	21.환급신청액
12.전월미환급	13.기환급신청	14.잔액12-13		15.일반환급	16.신탁재산	17.금융등	17.합병등				
220,000		220,000							220,000	220,000	

[실무수행평가] – 근로소득관리 2

번호	평가문제	배점	답
41	[김래원 12월 급여자료입력 조회] 과세대상지급액 기본급(3,000,000)+육아수당(120,000)+차량보조금(300,000)	2	(3,420,000)원
42	[김래원 12월 급여자료입력 조회] 차인지급액	1	(3,265,610)원
43	[손호준 12월 급여자료입력 조회] 비과세대상지급액 국외근로수당(1,000,000)+식대(200,000)	2	(1,200,000)원
44	[손호준 12월 급여자료입력 조회] 급여의 공제액	1	(668,270)원
45	[12월 원천징수이행상황신고서 조회] 소득세등 총합계액	2	(1,544,670)원

※ 42,44,45는 프로그램이 자동계산되어지므로 시점(세법개정, 프로그램 업데이트)마다 달라질 수가 있습니다.

③ 국세청연말정산간소화 및 이외의 자료를 기준으로 연말정산(봉도진,2025)

〈기본공제대상 요건〉

관계	요 건		기본 공제	판 단
	연령	소득		
본인(세대주)	–	–	○	
배우자	–	×	부	총급여액 5백만원 초과자
모(73)	○	○	○	주거형편상 별거도 인정
자1(18)	○	○	○	
자2(5)	○	○	○	

항 목	요건		내역 및 대상여부	입력
	연령	소득		
신용카드	×	○	• 본인 신용카드 • 모친 현금영수증	○(신용 8,300,000 전통 1,700,000) ○(현금 2,200,000 전통 400,000)
의 료 비	×	×	• 모친 의료비(건강증진용 한약은 제외)	○(65세이상 1,500,000)
보 험 료	○	○	• 본인 손해보험료	○(일반 1,200,000)
교 육 비	×	○	• 본인 대학원 등록금 ☞ 대학원은 본인만 대상 • 자1의 학원수강료 대상에서 제외	○(본인 2,500,000) ×

[연말정산 근로소득원천징수영수증]

1. 신용카드 소득공제

● 1. 공제대상자및대상금액

공제대상자			신용카드 등 공제대상금액								
내·외 관 계	성 명 생년월일	구분	⑤소계(⑥+ ⑦+⑧+⑨+ ⑩+⑪)	⑥신용카드	⑦직불선불카드	⑧현금영수증	⑨도서공연박물관미술관사용분 (총급여7천만원이하자만)			⑩전통시장 사용분	⑪ 대중교통 이용분
							신용카드	직불선불카드	현금영수증		
내 본인	봉도진 1980-12-15	국세청자료	10,000,000	8,300,000						1,700,000	
		그밖의자료									
내 1	이은실 1952-04-11	국세청자료	2,600,000			2,200,000				400,000	
		그밖의자료									

2. 의료비 세액공제

정산명세	소득명세	소득공제	의료비	기부금	신용카드	연금투자명세	월세액명세

● 지 급 내 역

	공제대상자					지급처			지급명세			난임시술비 해당 여부	중증질 결불환
	부양가족 관계코드	성명	내 외	주민등록번호	본인등 해당여부	상호	사업자번호	의료증빙 코 드	건수	지급액	실손의료보험금		
1	소득자의 직계존	이은실	내	520411-2899736	○			국세청	1	1,500,000		X	X

3. 소득공제
① 보험료 세액공제(봉도진)

| 정산명세 | 소득명세 | 소득공제 | 의료비 | 기부금 | 신용카드 | 연금투자명세 | 월세액명세 |

	관계코드 내외국인	성명 주민등록번호	기본	소득100만원초과여부	부녀자	한부모	장애인	경로70	출산입양	자녀	구분	보험료			
												건강	고용	보장성	장애인
1	0	봉도진	본인/세대주								국세청			1,200,000	
	1	801215-1640707									기타	1,655,950	349,200		
2	3	이희정	부								국세청				

② 교육비 세액공제

| 정산명세 | 소득명세 | 소득공제 | 의료비 | 기부금 | 신 |

	관계코드 내외국인	성명 주민등록번호	기본	교육비		
				구분	일반	장애인특수교육
1	0	봉도진	본인/세대주	본인	2,500,000	
	1	801215-1640707				

4. 정산명세 조회

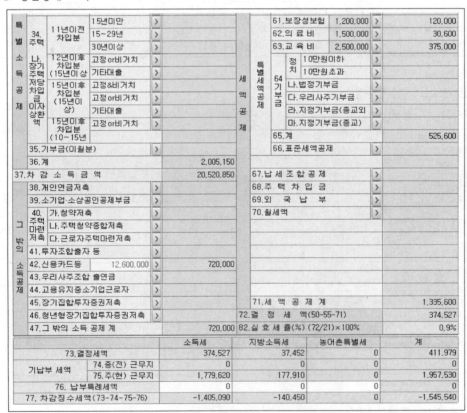

특별소득공제						특별세액공제				
34.주택	11년이전차입분	15년미만	>			61.보장성보험	1,200,000	>	120,000
		15~29년	>			62.의료비	1,500,000	>	30,600
		30년이상	>			63.교육비	2,500,000	>	375,000
	나.장기주택저당차입금이자상환액	12년이후차입분(15년이상)	고정or거치	>		64.기부금	정치	10만원이하	>	
			기타대출	>				10만원초과	>	
		15년이후차입분(15년이상)	고정&비거치	>			나.법정기부금		>	
			고정or비거치	>			다.우리사주기부금		>	
			기타대출	>			라.지정기부금(종교외)		>	
		15년이후차입분(10~15년)	고정or비거치	>			마.지정기부금(종교)		>	
	35.기부금(이월분)		>			65.계			525,600
	36.계			2,005,150		66.표준세액공제		>	
37.차감소득금액			20,520,850			67.납세조합공제		>	
그밖의소득공제	38.개인연금저축		>			68.주택차입금		>	
	39.소기업·소상공인공제부금		>			69.외국납부		>	
	40.주택마련저축	가.청약저축	>			70.월세액		>	
		나.주택청약종합저축	>						
		다.근로자주택마련저축	>						
	41.투자조합출자 등		>						
	42.신용카드등	12,600,000	>	720,000					
	43.우리사주조합 출연금		>						
	44.고용유지중소기업근로자		>						
	45.장기집합투자증권저축		>			71.세액공제계			1,335,600
	46.청년형장기집합투자증권저축		>			72.결정세액(50-55-71)			374,527
	47.그 밖의 소득공제 계		720,000			82.실효세율(%)(72/21)×100%			0.9%

		소득세	지방소득세	농어촌특별세	계
73.결정세액		374,527	37,452	0	411,979
기납부세액	74.증(전)근무지	0	0	0	0
	75.주(현)근무지	1,779,620	177,910	0	1,957,530
76. 납부특례세액		0	0	0	0
77. 차감징수세액(73-74-75-76)		-1,405,090	-140,450	0	-1,545,540

[실무수행평가] - 근로소득관리 3

번호	평가문제 [봉도진 근로소득원천징수영수증 조회]	배점	답
46	47.그 밖의 소득공제 합계액	2	(720,000)원
47	보장성보험료 세액공제액	2	(120,000)원
48	의료비세액공제액	2	(30,600)원
49	교육비 세액공제액	2	(375,000)원
50	차감징수소득세액	1	(−1,405,090)원
	근로소득 소계	25	

※ 46~50은 프로그램이 자동계산되어지므로 시점(세법개정, 프로그램 업데이트)마다 달라질 수가 있습니다.

[참고사항 : 총급여액 43,200,000원]

※ 시험시 프로그램이 자동계산되어진 것으로 답을 입력하시고 시간이 남으시면 체크해 보시기 바랍니다.

		한도	공제율	대상금액	세액공제
1. 보험료	일반	1백만원	12%	1,200,000	**120,000**
2. 의료비	특정	–	15%	1,500,000	**30,600**
	☞의료비세액공제 = [1,500,000 − 총급여액(43,200,000)×3%]×15% = 30,600				
3. 교육비	본인	–	15%	2,500,000	**375,000**

실무이론평가

01. 다음은 (주)한공의 회계담당자간 대화이다. 아래의 (가), (나)에 들어갈 내용으로 옳은 것은?

- A직원 : 금년에 재고자산의 단위당 원가가 전년도에 비하여 상승한 이유가 있나요?
- B직원 : 재고자산 평가방법을 올해부터 총평균법에서 선입선출법으로 변경하였기 때문입니다.
- A직원 : 변경으로 인한 효과를 어떻게 처리해야 하나요?
- B직원 : 재고자산 평가방법의 변경은 (가)에 해당하므로 그 변경효과를 (나)적용하는 것이 원칙입니다.

※ 1차 저작권자의 저작권 침해 소지가 있어 삽화 삽입은 어려우니 양해바랍니다.

	(가)	(나)		(가)	(나)
①	회계정책의 변경	전진적으로	②	회계추정의 변경	전진적으로
③	회계정책의 변경	소급하여	④	회계추정의 변경	소급하여

02. 다음은 (주)한공의 A기계장치 관련 자료이다. 20x1년 말에 인식할 유형자산손상차손 금액은 얼마인가?

- 20x0년 1월 1일 A기계장치를 200,000,000원에 취득
- 20x0년 12월 31일 A기계장치에 대한 감가상각비 계상
  (차) 감가상각비 20,000,000원 (대) 감가상각누계액 20,000,000원
- 20x1년 12월 31일 A기계장치에 대한 감가상각비 계상
  (차) 감가상각비 20,000,000원 (대) 감가상각누계액 20,000,000원
- 20x1년 말 A기계장치에 대한 손상검사를 실시한 결과, 처분 시 예상되는 순공정가치는 60,000,000원, 계속사용가치는 70,000,000원으로 판단되었다.

① 60,000,000원
② 70,000,000원
③ 90,000,000원
④ 100,000,000원

03. 다음은 (주)한공의 상품 관련 자료이다. 이를 토대로 20x1년도 매출원가를 계산하면 얼마인가? (단, 재고자산평가손실은 모두 정상적인 것이다.)

[자료 1. 20x0년도]

기초상품재고액	당기매입액	기말상품재고액
1,000,000원	6,000,000원	취 득 원 가 : 2,000,000원 순실현가능가치 : 1,500,000원

[자료 2. 20x1년도]

기초상품재고액	당기매입액	기말상품재고액
×××	7,000,000원	취 득 원 가 : 3,000,000원 순실현가능가치 : 2,000,000원

① 5,500,000원　　　② 6,000,000원　　　③ 6,500,000원　　　④ 7,000,000원

04. 다음 자료를 토대로 (주)한공의 재고자산 중 자연재해로 인해 유실된 금액을 계산하면 얼마인가?

〈재고자산 자료〉
- 기초상품재고액　　500,000원
- 당기상품매출액　2,000,000원
- 당기상품매입액　1,500,000원
- 매출총이익율　20%

〈재해 발생 후 재고자산 실사 결과 자료〉
- 기말상품재고 창고실사 결과 실재액　300,000원

① 100,000원　　　② 200,000원　　　③ 300,000원　　　④ 500,000원

05. (주)한공은 20x1년 결산 후에 매출거래처인 (주)서울이 20x1년 12월에 파산하여 매출채권의 회수가 불가능한 사실을 알게 되었다. 이에 대한 회계처리 누락이 20x1년 재무제표에 미치는 영향으로 옳은 것은?(단, 대손충당금 잔액은 없다.)

① 매출의 과대계상　　　　　　　② 당기순이익의 과소계상
③ 자산의 과대계상　　　　　　　④ 이익잉여금의 과소계상

06. 다음은 (주)한공의 매도가능증권 관련 자료이다. 7월 1일자 회계처리로 옳은 것은?

• 20x0년 8월 10일 매도가능증권 1,000주를 1주당 공정가치 8,000원에 취득하다.
• 20x0년 12월 31일 매도가능증권을 1주당 공정가치 9,000원으로 평가하다.
• 20x1년 7월 1일 매도가능증권 1주당 7,000원에 모두 처분하고 주금은 현금으로 받다.
가. (차) 현   금   7,000,000원   (대) 매도가능증권   8,000,000원   매도가능증권처분손실   1,000,000원
나. (차) 현   금   7,000,000원   (대) 매도가능증권   8,000,000원   매도가능증권평가이익   1,000,000원
다. (차) 현   금   7,000,000원   (대) 매도가능증권   9,000,000원   매도가능증권처분손실   2,000,000원

라. (차) 현   금   7,000,000원   (대) 매도가능증권   9,000,000원
       매도가능증권평가이익   1,000,000원
       매도가능증권처분손실   1,000,000원

① 가   ② 나   ③ 다   ④ 라

07. 부가가치세법상 재화의 수입에 대한 설명으로 옳지 않은 것은?

① 보세구역 내에서 보세구역 외의 장소로 공급하는 재화가 외국에서 도착한 물품인 경우 재화의 수입에 해당한다.

② 수출신고가 수리된 물품으로서 선적되지 아니한 물품을 보세구역에서 반입하는 경우는 재화의 수입에 해당하지 아니한다.

③ 외국에서 보세구역으로 재화를 반입하는 것은 재화의 수입에 해당한다.

④ 부가가치세가 과세되는 재화를 수입하는 경우에는 세관장이 수입세금계산서를 발급한다.

08. 다음은 제조업을 영위하는 일반과세자 (주)한공의 20x1년 제1기 부가가치세 확정신고와 관련된 매입세액 자료이다. 부가가치세법상 공제받을 수 있는 매입세액은 얼마인가?(단, 세금계산서는 적법하게 수취하였다.)

가. 공장용 화물차 유류대 관련 매입세액	3,400,000원
나. 거래처 접대(기업업무추진)용 선물세트 구입 관련 매입세액	1,000,000원
다. 사무용 비품 구입 관련 매입세액	4,000,000원
라. 토지 자본적 지출 관련 매입세액	2,500,000원

① 5,000,000원   ② 5,900,000원   ③ 6,500,000원   ④ 7,400,000원

09. 다음 중 연금소득에 대한 설명으로 옳지 않은 것은?

① 연금계좌에서 연금수령하는 경우의 연금소득은 연금수령한 날이 수입시기가 된다.

② 연금소득공제액이 900만원을 초과하는 경우에는 900만원을 공제한다.

③ 공적연금소득을 지급하는 원천징수의무자는 해당 과세기간의 다음 연도 2월분 공적연금 소득을 지급할 때에 연말정산을 하여야 한다.

④ 공적연금을 연금이 아닌 일시금으로 수령하는 경우에는 퇴직소득으로 과세한다.

10. 다음은 (주)한공에서 근무하는 김회계씨(총급여액 60,000,000원)의 연말정산자료의 일부이다. 20x1년 연말정산 시 적용하여야 할 의료비 세액공제액을 계산하면 얼마인가?

가. 시력보정용 안경구입비	600,000원
나. 국내 의료기관에서의 치료비	3,000,000원
다. 외국대학병원에서의 치료비	2,000,000원
라. 미용을 위한 성형수술비	1,000,000원

① 180,000원   ② 255,000원   ③ 571,000원   ④ 720,000원

■■■■■ **실무수행평가**

(주)시원전자(2630)는 공기청정기 제조업을 영위하는 법인기업으로 회계기간은 제7기(20x1.1.1.~20x1.12.31.)이다. 제시된 자료와 자료설명을 참고하여, [수행과제]를 완료하고 [평가문제]의 물음에 답하시오.

실무수행1 **거래자료입력**

실무프로세스 자료이다. [자료설명]을 참고하여 [수행과제]를 수행하시오.

① 3만원초과 거래자료에 대한 경비등의송금명세서 작성

■ 보통예금(국민은행) 거래내역

번호	거래일	내용	찾으신금액	맡기신금액	잔액	거래점
		계좌번호 719 – 119 – 123123 (주)시원전자				
1	20x1 – 1 – 10	임차료	500,000		***	***

```
                              공급자 정보
 - 상           호 : 현대개발
 - 사업자등록번호 : 120 - 07 - 27772
 - 대      표     자 : 이종민
 - 주           소 : 경기도 수원시 팔달구 매산로 10 - 7 (매산로1가)
 - 은  행  정  보 : 신한은행 011202 - 04 - 012368
 - 예      금     주 : 이종민(현대개발)
```

자료설명	원재료 단순 보관을 위해 현대개발에서 임차한 임야에 대한 1월분 임차료 500,000원을 국민은행 보통예금에서 이체하였다.(현대개발은 세금계산서 발급이 불가능한 간이과세자임.)
수행과제	1. 거래자료를 입력하시오.(단, 비용처리할 것.) 2. 경비등의 송금명세서를 작성하시오.(단, 영수증수취명세서 작성은 생략할 것.)

② 신규매입자산의 고정자산 등록
자료 1. 업무용승용차 구입내역

전자세금계산서		(공급받는자 보관용)			승인번호		

공급자	등록번호	101 - 81 - 09147			공급받는자	등록번호	120 - 81 - 32144		
	상호	현대자동차(주)	성명 (대표자)	정의선		상호	(주)시원전자	성명 (대표자)	오세정
	사업장 주소	서울특별시 서초구 헌릉로 12				사업장 주소	서울특별시 강남구 삼성로 530		
	업태	제조업	종사업장번호			업태	제조업외	종사업장번호	
	종목	자동차				종목	공기청정기		
	E - Mail	hdmotors@bill36524.com				E - Mail	cool@bill36524.com		

작성일자	20x1.2.5.	공급가액	60,000,000	세 액	6,000,000
비고					

월	일	품목명	규격	수량	단가	공급가액	세액	비고
2	5	제네시스G80				60,000,000	6,000,000	

합계금액	현금	수표	어음	외상미수금	이 금액을	○ 영수 ● 청구	함
66,000,000				66,000,000			

자료 2. 업무용전용 자동차보험 가입내역

자동차보험증권

증 권 번 호	3954231	계 약 일	20x1년 2월 5일
보 험 기 간	20x1 년 2 월 5 일 00:00부터	20x2 년 2 월 4 일 24:00까지	
차 량 번 호	315나5678	차 종	제네시스G80(3,500cc)
보 험 계 약 자	(주)시원전자	주민(사업자)번호	120 - 81 - 32144
피 보 험 자	(주)시원전자	주민(사업자)번호	120 - 81 - 32144

| 자료설명 | 1. 자료 1은 관리부에서 사용할 업무용승용차(5인승, 3,500cc)를 구입하고 발급받은 전자세금계산서이다.
2. 자료 2는 업무용승용차 구입에 따른 자동차보험 가입내역이다. |
| 수행과제 | 1. 자료 1을 참고로 하여 매입매출자료를 입력하시오.
(전자세금계산서와 관련된 거래는 '전자입력'으로 처리할 것.)
2. [고정자산등록]에서 신규취득한 자산을 등록하시오.
(코드번호 : 1000, 자산명 : 제네시스G80, 상각방법 : 정액법, 내용연수 : 5년)
3. 자료 2를 참고로 하여 [업무용승용차등록]에서 신규 취득한 승용차를 등록하시오.
- 코드번호 : 1000
- 차종 : 제네시스G80 |

③ 자본거래

자료 1. 신주발행 내역

주식 수	주당 액면가액	주당 발행가액	주식발행비용
3,500주	5,000원	15,000원	850,000원

자료 2. 보통예금(기업은행) 거래내역

번호	거래일	내용	찾으신금액	맡기신금액	잔액	거래점
		계좌번호 1588 - 9824 - 69555 (주)시원전자				
1	20x1 - 3 - 30	주식대금		51,650,000	***	***

| 자료설명 | 1. 자료 1은 임시주주총회에서 결의한 신주발행 내역이다.
2. 자료 2는 주식대금에서 주식발행비용을 차감하고 입금된 내역이다. |
| 수행과제 | 주식발행일의 거래자료를 입력하시오. |

실무수행2 부가가치세관리

부가가치세 신고 관련 자료이다. [자료설명]을 참고하여 [수행과제]를 수행하시오.

① 전자세금계산서 발급

거래명세서 (공급자 보관용)

공급자	등록번호	120-81-32144			공급받는자	등록번호	102-81-17053		
	상호	(주)시원전자	성명	오세정		상호	(주)클린기업	성명	이용수
	사업장주소	서울특별시 강남구 삼성로 530				사업장주소	서울특별시 서대문구 간호대로 10		
	업태	제조업외	종사업장번호			업태	도소매업	종사업장번호	
	종목	공기청정기				종목	전자제품		

거래일자	미수금액	공급가액	세액	총 합계금액
20x1.4.30.		12,000,000	1,200,000	13,200,000

NO	월	일	품목명	규격	수량	단가	공급가액	세액	합계
1	4	15	차량용 공기청정기		20	800,000	16,000,000	1,600,000	17,600,000
2	4	22	차량용 공기청정기		-5	800,000	-4,000,000	-400,000	-4,400,000

비 고	전미수액	당일거래총액	입금액	미수액	인수자
		13,200,000		13,200,000	

자료설명	(주)클린기업에 제품을 공급하고 전자세금계산서를 발급·전송하였다. (전자세금계산서는 매월말일 월합계로 발급하고 대금은 해당 월의 다음달 10일 입금받기로 할 것.)
수행과제	1. 4월 30일의 거래자료를 입력하시오. (복수거래 를 이용하여 입력하시오) 2. 전자세금계산서 발행 및 내역관리 를 통하여 발급·전송하시오. (전자세금계산서 발급 시 결제내역 및 전송일자는 고려하지 않는다.)

② 수정전자세금계산서의 발급

전자세금계산서		(공급자 보관용)			승인번호			

공급자	등록번호	120-81-32144			공급받는자	등록번호	220-87-12697		
	상호	(주)시원전자	성명(대표자)	오세정		상호	예림산업(주)	성명(대표자)	이예림
	사업장주소	서울특별시 강남구 삼성로 530				사업장주소	서울특별시 강남구 테헤란로114길 38		
	업태	제조업외	종사업장번호			업태	도매업	종사업장번호	
	종목	공기청정기				종목	전자제품		
	E-Mail	cool@bill36524.com				E-Mail	yerim@bill36524.com		

작성일자	20x1.6.22	공급가액	10,000,000	세 액	1,000,000
비고					

월	일	품목명	규격	수량	단가	공급가액	세액	비고
6	22	미니 공기청정기		100	100,000	10,000,000	1,000,000	

합계금액	현금	수표	어음	외상미수금	이 금액을	○ 영수	함
11,000,000				11,000,000		● 청구	

자료설명	1. 6월 22일 (주)예림산업에 제품을 공급하고 거래일에 전자세금계산서를 발급 및 전송하였다. 2. 6월 30일 (주)예림산업에 납품된 제품에 일부 불량이 발견되어 당초의 공급가액에 대해서 3%를 매출에누리로 확정하고 외상대금과 상계처리 하였다.
수행과제	수정사유를 선택하여 공급가액 변동에 따른 수정전자세금계산서를 발급·전송하시오.(공급가액 변동부분에 대해서만 회계처리하며, 외상대금 및 제품매출에서 음수(-)로 처리하고 전자세금계산서 발급 시 결제내역 및 전송일자는 무시 할 것.)

③ 부동산임대사업자의 부가가치세신고서 작성

자료 1. 부동산임대차계약서

(사 무 실) 월 세 계 약 서

■ 임 대 인 용
□ 임 차 인 용
□ 사무소보관용

부동산의 표시	소재지	서울특별시 강남구 삼성로 530, 2층 201호					
	구 조	철근콘크리트조	용도	사무실	면적	95㎡	

월 세 보 증 금	금	200,000,000원정	월세 5,000,000원정(VAT 별도)

제 1 조 위 부동산의 임대인과 임차인 합의하에 아래와 같이 계약함.

제 2 조 위 부동산의 임대차에 있어 임차인은 보증금을 아래와 같이 지불키로 함.

계 약 금		200,000,000원정은 계약 시 지불하고			
중 도 금	원정은	년	월	일 지불하며	
잔 금	원정은	년	월	일 중개업자 입회하에 지불함.	

제 3 조 위 부동산의 명도는 20x1년 9월 1일로 함.

제 4 조 임대차 기간은 20x1년 9월 1일로부터 (24)개월로 함.

제 5 조 **월세금액은 매월 말일에 지불키로** 하되 만약 기일내에 지불치 못할 시에는 보증금액에서 공제키로 함.

제 6 조 임차인은 임대인의 승인하에 개축 또는 변조할 수 있으나 계약 대상물을 명도시에는 임차인이 일체 비용을 부담하여 원상복구 하여야 함.

제 7 조 임대인과 중개업자는 별첨 중개물건 확인설명서를 작성하여 서명 날인하고 임차인은 이를 확인 수령함. 다만, 임대인은 중개물건 확인설명에 필요한 자료를 중개업자에게 제공하거나 자료수집에 따른 법령에 규정한 실비를 지급하고 대행케 하여야 함.

제 8 조 본 계약을 임대인이 위약시는 계약금의 배액을 변상하며 임차인이 위약시는 계약금은 무효로 하고 반환을 청구 할 수 없음.

제 9 조 부동산 중개업법 제 20 조 규정에 의하여 중개료는 계약당시 쌍방에서 법정수수료를 중개인에게 지불하여야 함.

본 계약을 증명하기 위하여 계약 당사자가 이의 없음을 확인하고 각각 서명·날인 후 임대인, 임차인 및 중개업자는 매장마다 간인하여야 하며, 각 1통씩 보관한다.

20x1년 9월 1일

임 대 인	주 소	서울특별시 강남구 삼성로 530					
	사업자등록번호	120 - 81 - 32144	전화번호	02 - 569 - 4207	성명	(주)시원전	
임 차 인	주 소	서울특별시 강남구 삼성로 530, 2층 201호					
	사업자등록번호	314 - 81 - 38777	전화번호	02 - 580 - 1952	성명	(주)해신전	
중개업자	주 소	서울특별시 강남구 강남대로 252 대한빌딩 102호		허가번호	92240000 - 004		
	상 호	대한부동산	전화번호	02 - 578 - 2151	성명	백 용 명	

자료 2. 9월분 임대료

전자세금계산서 (공급자 보관용)   승인번호

공급자	등록번호	120-81-32144			공급받는자	등록번호	314-81-38777		
	상호	(주)시원전자	성명(대표자)	오세정		상호	(주)해신전자	성명(대표자)	박상태
	사업장주소	서울특별서 강남구 삼성로 530				사업장주소	서울특별시 강남구 삼성로 530, 2층 201호		
	업태	제조업외	종사업장번호			업태	도소매업	종사업장번호	
	종목	공기청정기				종목	사무용기기		
	E-Mail	cool@bill36524.com				E-Mail	haesin@bill36524.com		

작성일자	20x1.9.30.	공급가액	5,000,000	세 액	500,000
비고					

월	일	품목명	규격	수량	단가	공급가액	세액	비고
9	30	임대료				5,000,000	500,000	

합계금액	현금	수표	어음	외상미수금	이 금액을	○ 영수 / ○ 청구	함
5,500,000							

자료설명	1. 자료 1은 (주)해신전자와 체결한 부동산임대차계약서이다. 2. 자료 2는 9월분 임대료를 국민은행 보통예금계좌로 입금 받고 발급한 전자세금계산서이다. 3. 간주임대료에 대한 부가가치세는 임차인이 부담하기로 하였으며, 9월 30일 간주임대료에 대한 부가가치세가 국민은행 보통예금계좌로 입금되었다.
수행과제	1. 9월 임대료를 매입매출전표에 입력하시오.(전자세금계산서와 관련된 거래는 '전자입력'으로 처리할 것) 2. 제2기 예정신고에 대한 부동산임대공급가액명세서를 작성하시오. (적용이자율 2.9%로 가정한다.) 3. 간주임대료에 대한 회계처리를 9월 30일자로 매입매출전표에 입력하시오. 4. 9월 임대료 및 간주임대료에 대한 내용을 제2기 부가가치세 예정신고서에 반영하시오.

④ 매입세액불공제내역 작성자의 부가가치세 신고서 작성

자료 1. 공통매입내역

취득일자	계정과목	공급가액	부가가치세
2021. 6.25.	건 물	200,000,000원	20,000,000원
20x0. 3. 5.	기계장치	50,000,000원	5,000,000원
20x1. 4.10.	토지	100,000,000원	–

자료 2. 과세기간의 제품매출(공급가액) 내역

일자	과세사업	면세사업	총공급가액	면세비율
20x1년 제1기	400,000,000원	100,000,000원	500,000,000원	20%
20x1년 제2기	360,000,000원	240,000,000원	600,000,000원	40%

자료설명	본 문제에 한하여 (주)시원전자는 과세사업과 면세사업을 겸영하고 있다고 가정한다. 1. 자료 1은 과세사업과 면세사업에 공통으로 사용되는 자산의 구입내역이다. 2. 자료 2는 20x1년 1기 및 20x1년 2기의 제품매출내역이다.(기 입력된 데이터는 무시하고 제시된 자료에 의할 것.)
수행과제	1. 공통매입세액 재계산을 하여 제2기 확정 부가가치세신고기간의 매입세액불공제내역서를 작성하시오. 2. 공통매입세액 재계산 결과 및 전자신고세액공제를 반영하여 제2기 부가가치세 확정신고서를 작성하시오. 　－제2기 부가가치세 확정신고서를 홈택스에서 전자신고하여 전자신고세액공제 10,000원을 공제받기로 한다. 3. 공통매입세액 재계산 관련 회계처리를 일반전표입력에 12월 31일자로 입력하시오.

평가문제 **입력자료 및 회계정보를 조회하여 [평가문제]의 답안을 입력하시오.(70점)**

[실무수행평가] – 부가가치세관리

번호	평가문제	배점
11	**[세금계산서합계표 조회]** 제1기 확정 신고기간의 거래처 '(주)클린기업'에 전자발행된 세금계산서 공급가액은 얼마인가?	2
12	**[세금계산서합계표 조회]** 제1기 확정신고기간의 매출전자세금계산서 발급매수는 총 몇 매인가?	2
13	**[매입매출전표입력 조회]** 6월 30일자 수정세금계산서의 수정사유를 코드로 입력하시오.	2
14	**[부동산임대공급가액명세서 조회]** 제2기 예정 신고기간의 부동산임대공급가액명세서의 보증금 이자(간주임대료) 금액은 얼마인가?	2
15	**[부가가치세신고서 조회]** 제2기 예정 신고기간 부가가치세신고서의 과세_세금계산서발급분(1란) 금액은 얼마인가?	2
16	**[부가가치세신고서 조회]** 제2기 예정 신고기간 부가가치세신고서의 그밖의공제매입세액(14란) 세액은 얼마인가?	2
17	**[부가가치세신고서 조회]** 제2기 예정 신고기간의 부가가치세 신고시에 작성되는 부가가치세 첨부서류에 해당하지 않는 것은? ① 계산서합계표 ② 부동산임대공급가액명세서 ③ 건물등감가상각자산취득명세서 ④ 신용카드매출전표등수령금액합계표	3
18	**[매입세액불공제내역 조회]** 제2기 확정 신고기간의 납부세액 재계산 내역에 반영되는 면세비율 증감액은 몇 %인가?	3
19	**[부가가치세신고서 조회]** 제2기 확정 신고기간 부가가치세신고서의 공제받지못할매입세액(16란) 세액은 얼마인가?	2
20	**[부가가치세신고서 조회]** 제2기 확정 신고기간의 부가가치세 차가감납부할세액(27란)의 금액은 얼마인가?	2
	부가가치세 소계	22

실무수행3   결산

[결산자료]를 참고로 결산을 수행하시오.(단, 제시된 자료 이외의 자료는 없다고 가정함.)

① 수동결산

자료설명	(주)연성전자에서 영업자금을 차입하고 이자는 6개월마다 지급하기로 하였다. – 차입기간 : 20x1. 10. 1. ~ 2025. 9. 30. – 차 입 액 : 30,000,000원 (이자율 연 5%)
수행과제	결산정리분개를 입력하시오.(단, 이자는 월할계산할 것.)

② 결산자료입력에 의한 자동결산

자료설명	**1. 무형자산내역** 	계정과목	자산 코드	자산명	취득일	취득가액	전기말 상각누계액	상각 방법	내용 연수	용도	 |---|---|---|---|---|---|---|---|---|
특허권	1000	미세먼지 방지기능	20x1.2.1	3,000,000원	–	정액법	5년	관리부 | [고정자산등록] 메뉴에서 특허권에 대한 감가상각비를 계상하고, 결산에 반영하시오. **2. 기말재고자산 현황** | 구분	단위당 원가	단위당 시가	수량 | |---|---|---|---|
제 품	62,000원	70,000원	500개	 **3. 이익잉여금처분계산서 처분확정(예정)일** – 당기 : 20x2년 3월 31일 – 전기 : 20x1년 3월 31일
수행과제	결산을 완료하고 이익잉여금처분계산서에서 손익대체분개를 하시오. (단, 이익잉여금처분내역은 없는 것으로 하고 미처분이익잉여금 전액을 이월이익잉여금으로 이월할 것.)

[실무수행평가] – 재무회계

번호	평가문제	배점
21	**[경비등송금명세서 조회]** 경비등송금명세서에 반영되는 신한은행의 은행코드번호(CD) 3자리를 입력하시오.	2
22	**[업무용승용차등록 조회]** [업무용승용차 등록] 내용으로 옳지 않은 것은? ① 차량번호는 '315나5678'이다. ② 기본사항 2.고정자산코드는 '001000'이다. ③ 기본사항 5.경비구분은 '1.500번대'이다. ④ 기본사항 10.보험기간은 '20x1-02-05. ~ 20x2-02-04.'이다.	1
23	**[거래처원장 조회]** 3월 말 기업은행(코드98500) 보통예금 잔액은 얼마인가?	1
24	**[거래처원장 조회]** 5월 말 거래처별 외상매출금 잔액으로 옳지 않은 것은? ① 01116.(주)우주산업 5,500,000원 ② 02040.(주)클린기업 17,600,000원 ③ 03150.(주)비전통상 11,000,000원 ④ 04820.하남전자(주) 13,200,000원	1
25	**[거래처원장 조회]** 3/4분기(7월~9월)에 국민은행(코드98000) 보통예금 계정의 증가액은 얼마인가?	2
26	**[일/월계표 조회]** 1/4분기(1월~3월)에 발생한 임차료(제조) 금액은 얼마인가?	1
27	**[일/월계표 조회]** 2/4분기(4월~6월)에 발생한 제품매출 금액은 얼마인가?	1
28	**[손익계산서 조회]** 당기 발생한 영업외비용은 얼마인가?	2
29	**[재무상태표 조회]** 3월 말 차량운반구 장부금액은 얼마인가?	2
30	**[재무상태표 조회]** 3월 말 자본잉여금 금액은 얼마인가?	1
31	**[재무상태표 조회]]** 12월 말 건물의 장부금액은 얼마인가?	2
32	**[재무상태표 조회]** 12월 말 기계장치의 장부금액은 얼마인가?	2
33	**[재무상태표 조회]** 기말 제품 잔액은 얼마인가?	1
34	**[재무상태표 조회]** 12월 말 특허권 장부금액은 얼마인가?	3
35	**[재무상태표 조회]** 12월 말 이월이익잉여금(미처분이익잉여금) 잔액으로 옳은 것은? ① 195,194,251원 ② 298,251,180원 ③ 383,052,104원 ④ 423,169,587원	1
	재무회계 소계	23

실무수행4 근로소득관리

인사급여 관련 자료이다. [자료설명]을 참고하여 [수행과제]를 수행하시오.

① 중도퇴사자의 원천징수

자료. 마동석 5월 급여자료

(단위 : 원)

수당항목			공제항목					
기본급	퇴직 위로금	특별 수당	국민 연금	건강 보험	고용 보험	장기 요양보험	건강 보험료 정산	장기요양 보험료 정산
3,500,000	2,000,000	1,000,000	157,500	124,070	58,500	15,890	- 55,800	- 3,050

자료설명	5월분 급여대장이다. 1. 관리부 마동석(1002)부장은 20x1년 5월 30일 퇴사하였다. 중도퇴사자 정산은 기등록되어 있는 자료 이외의 공제는 없는 것으로 한다. 2. 급여지급일은 매월 30일이다.
수행과제	1. [사원등록] 메뉴에 퇴사 일자를 입력하시오. 2. [급여자료입력]메뉴에 수당, 공제등록을 하시오. 3. 5월분 급여자료를 입력하고 [중도퇴사자정산]버튼을 이용하여 중도퇴사자 정산내역을 급여자료에 반영하시오.(단, 구분 1.급여로 선택할 것.) 4. 5월 귀속분 [원천징수이행상황신고서]를 작성하시오. (전월미환급세액 150,000원을 반영하고, 조정대상 환급액은 당월 환급 신청할 것.)

[실무수행평가] - 근로소득관리 1

번호	평가문제	배점
36	**[마동석 5월 급여자료입력 조회]** 급여항목 중 과세대상 지급액은 얼마인가?	2
37	**[마동석 5월 급여자료입력 조회]** 5월 급여의 소득세는 얼마인가?	2
38	**[마동석 5월 급여자료입력 조회]** 5월 급여의 공제총액은 얼마인가?	1
39	**[원천징수이행상황신고서 조회]** 중도퇴사자료가 반영된 '6.소득세'의 가감계는 얼마인가?	1
40	**[원천징수이행상황신고서 조회]** '21.환급신청액'은 얼마인가?	2

② 가족관계증명서에 의한 사원등록

자료설명	경영지원팀 윤혜린(1004) 팀장의 가족관계증명서이다. 1. 부양가족은 윤혜린과 생계를 같이하고 있으며 윤혜린이 세대주이다. 2. 시부 박재용은 소득이 없으며 항시 치료를 요하는 중증환자이다. 3. 시모 김인희는 부동산 양도소득금액 1,200,000원이 있다. 4. 배우자 박태수는 총급여 50,000,000원이 있다. 5. 자녀 박은식은 소득이 없다. 6. 세부담을 최소화하는 방법을 선택한다.
수행과제	[사원등록] 메뉴에서 부양가족명세를 작성하시오.

자료. 윤혜린의 가족관계증명서

가족관계증명서

등록기준지	서울특별시 관악구 관악로30길 10 (봉천동)

구분	성 명	출생년월일	주민등록번호	성별	본
본인	윤혜린	1982년 11월 11일	821111 – 2245111	여	坡平

가족사항

구분	성 명	출생년월일	주민등록번호	성별	본
시부	박재용	1951년 05월 05일	510505 – 1678526	남	密陽
시모	김인희	1953년 04월 02일	530402 – 2022340	여	全州
배우자	박태수	1979년 07월 13일	790713 – 1351206	남	密陽
자녀	박은식	2005년 02월 03일	050203 – 3023185	남	密陽

[실무수행평가] – 근로소득관리 2

번호	평가문제	배점
41	**[윤혜린 근로소득원천징수영수증 조회]** '26.부양가족' 공제대상 인원은 몇 명인가?	1
42	**[윤혜린 근로소득원천징수영수증 조회]** '27.경로우대' 공제대상액은 얼마인가?	2
43	**[윤혜린 근로소득원천징수영수증 조회]** '28.장애인' 공제대상액은 얼마인가?	2
44	**[윤혜린 근로소득원천징수영수증 조회]** '29.부녀자' 공제대상액은 얼마인가?	1
45	**[윤혜린 근로소득원천징수영수증 조회]** '57.자녀세액공제' 금액은 얼마인가?	1

③ 국세청연말정산간소화 및 이외의 자료를 기준으로 연말정산

자료설명	사무직 천지훈(1003)의 연말정산을 위한 자료이다. 1. 사원등록의 부양가족현황은 사전에 입력되어 있다. 2. 부양가족은 천지훈과 생계를 같이 한다. 3. 천지훈은 무주택 세대주이며, 총급여는 7천만원 이하이다.
수행과제	[연말정산 근로소득원천징수영수증] 메뉴에서 연말정산을 완료하시오. 1. 신용카드는 [신용카드] 탭에서 입력한다. 2. 보험료와 교육비는 [소득공제] 탭에서 입력한다. 3. 월세는 [정산명세] 탭에서 입력한다.

자료 1. 천지훈 사원의 부양가족등록 현황

연말정산관계	성명	주민번호	기타사항
0.본인	천지훈	860512 – 1875655	
3.배우자	백마리	880103 – 2774918	기본공제
2.배우자 직계존속	백현무	540608 – 1899730	부
2.배우자 직계존속	오민아	520411 – 2222220	기본공제, 경로
4.직계비속	천예진	091218 – 4094112	기본공제
6.형제자매	백은지	901111 – 2845670	기본공제, 장애인

자료 2. 국세청간소화서비스 및 기타증빙자료

20x1년 귀속 소득 · 세액공제증명서류 : 기본(사용처별)내역 [신용카드]

■ 사용자 인적사항

성　명	주 민 등 록 번 호
백마리	880103 – 2774***

■ 신용카드 등 사용금액 집계

일반	전통시장	대중교통	도서공연등	합계금액
22,000,000	2,500,000	0	0	24,500,000

국 세 청
National Tax Service

• 본 증명서류는 「소득세법」 제165조 제1항에 따라 영수증 발급기관으로부터 수집한 서류로
소득·세액공제 충족 여부는 근로자가 직접 확인하여야 합니다.
• 본 증명서류에서 조회되지 않는 내역은 영수증 발급기관에서 직접 발급받으시기 바랍니다.

20x1년 귀속 소득 · 세액공제증명서류 : 기본(사용처별)내역 [신용카드]

■ 사용자 인적사항

성 명	주 민 등 록 번 호
백은지	901111 - 2845***

■ 신용카드 등 사용금액 집계

일반	전통시장	대중교통	도서공연등	합계금액
1,800,000	0	600,000	0	2,400,000

- 본 증명서류는 『소득세법』 제165조 제1항에 따라 영수증 발급기관으로부터 수집한 서류로 소득·세액공제 충족 여부는 근로자가 직접 확인하여야 합니다.
- 본 증명서류에서 조회되지 않는 내역은 영수증 발급기관에서 직접 발급받으시기 바랍니다.

20x1년 귀속 소득 · 세액공제증명서류 : 기본(지출처별)내역 [보장성 보험, 장애인전용보장성보험]

■ 계약자 인적사항

성 명	주 민 등 록 번 호
천지훈	860512 - 1******

■ 보장성보험(장애인전용보장성보험) 납입내역

(단위 : 원)

종류	상 호 사업자번호 종피보험자1	보험종류 증권번호 종피보험자2	주피보험자 종피보험자3		납입금액 계
보장성	한화생명보험(주) 108 - 81 - 15***	실손의료보험	540608 - 1******	백현무	2,400,000
저축성	MG손해보험 104 - 81 - 28***	든든100세저축 000005523***	520411 - 2******	오민아	6,000,000
인별합계금액					8,400,000

- 본 증명서류는 『소득세법』 제165조 제1항에 따라 영수증 발급기관으로부터 수집한 서류로 소득·세액공제 충족 여부는 근로자가 직접 확인하여야 합니다.
- 본 증명서류에서 조회되지 않는 내역은 영수증 발급기관에서 직접 발급받으시기 바랍니다.

20x1년 귀속 세액공제증명서류 : 기본(지출처별)내역 [교육비]

■ 학생 인적사항

성 명	주 민 등 록 번 호
천예진	091218 – 4094***

■ 교육비 지출내역

교육비종류	학교명	사업자번호	납입금액 계
현장학습비	***중학교	**3 – 83 – 21***	300,000
교복	***교복사	**2 – 81 – 01***	800,000
인별합계금액			1,100,000

 국 세 청
National Tax Service

• 본 증명서류는 『소득세법』 제165조 제1항에 따라 영수증 발급기관으로부터 수집한 서류로 소득·세액공제 충족 여부는 근로자가 직접 확인하여야 합니다.
• 본 증명서류에서 조회되지 않는 내역은 영수증 발급기관에서 직접 발급받으시기 바랍니다.

월 세 납 입 영 수 증

■ 임대인

성명(법인명)	김나영	주민등록번호(사업자번호)	800707 – 2026122
주소	서울특별시 마포구 월드컵로12길 99 (서교동, 서교빌라 707호)		

■ 임차인

성명	천지훈	주민등록번호	860512 – 1875655
주소	서울특별시 서초구 방배로15길 22		

■ 세부내용
 – 임대차 기간 : 20x0년 2월 1일 ~ 20x2년 1월 31일
 – 임대차계약서상 주소지 : 서울특별시 서초구 방배로15길 22
 – 월세금액 : 400,000원 (20x1년 총액 4,800,000원)
 – 주택유형 : 단독주택, 주택계약면적 85㎡

[실무수행평가] – 근로소득관리 3

번호	평가문제	배점
46	**[천지훈 근로소득원천징수영수증 조회]** '42.신용카드' 소득공제 최종공제액은 얼마인가?	2
47	**[천지훈 근로소득원천징수영수증 조회]** '61.보장성보험' 세액공제액은 얼마인가?	2
48	**[천지훈 근로소득원천징수영수증 조회]** '63.교육비' 세액공제액은 얼마인가?	2
49	**[천지훈 근로소득원천징수영수증 조회]** '70.월세액' 세액공제액은 얼마인가?	2
50	**[천지훈 근로소득원천징수영수증 조회]** '77.차감징수세액'(지방소득세 포함)은 얼마인가?	2
	근로소득 소계	25

실무이론평가

1	2	3	4	5	6	7	8	9	10
③	③	③	①	③	④	③	④	③	②

01 **재고자산 평가방법의 변경은 (회계정책의 변경)**에 해당하므로 그 **변경효과를 (소급하여) 적용**하여야 한다.

02 장부금액 = 취득가액(200,000,000) - 감가상각누계액(40,000,000) = 160,000,000원
회수가능가액 = MAX[순공정가치(60,000,000), 계속사용가치(70,000,000] = 70,000,000원
유형자산손상차손 = 회수가능가액(70,000,000) - 장부금액(160,000,000) = △90,000,000원

03 기초상품액은 저가법에 따라 순실현가능가치가 된다.

상　　품(20X1)

기초상품	1,500,000	*매출원가*	*6,500,000*
순매입액	7,000,000	기말상품	2,000,000
계	8,500,000	계	8,500,000

04 매출원가 = 당기상품매출액(2,000,000) × 매출원가율(1 - 0.2) = 1,600,000원

상　　품

기초상품	500,000	매출원가	1,600,000
순매입액	1,500,000	**기말상품**	**400,000**
계	2,000,000	계	2,000,000

유실된 재고자산 = 장부상 재고액(400,000) - 기말상품실재액(300,000) = 100,000원

05 〈누락된 회계처리〉

(차) 대손상각비　　　　　　　×××원　　(대) 매출채권　　　　　　　　×××원

자산이 과대계상되고 이익과 이익잉여금이 과대계상되었다.

06 처분손익(매도가능증권) = [처분가액(7,000) - 취득가액(8,000)] × 1,000주 = △1,000,000원(손실)

07 **보세구역에서 국내로 재화를 반입하는 것을 재화의 수입**으로 본다.

08 매입세액 = 화물차유류대(3,400,000) + 비품(4,000,000) = 7,400,000원
공장용 화물차 유류대와 사무용 비품 구입 관련 매입세액은 공제대상이며, 거래처 기업업무추진용 선물세트 구입 관련 매입세액과 토지 자본적 지출 관련 매입세액은 공제받지 못할 매입세액이다.

09 공적연금소득을 지급하는 원천징수의무자는 해당 과세기간의 **다음 연도 1월분 공적연금 소득을 지급할 때에 연말정산**을 하여야 한다.

10 의료비세액공제 대상액 = 안경구입(500,000) + 국내치료비(3,000,000) = 3,500,000원

{세액공제대상액(3,500,000) – 총급여액(60,000,000) × 3%} × 15% = 255,000원

외국대학병원에서의 치료비와 미용을 위한 성형수술비는 의료비 세액공제대상이 아니다.

■■■■■ 실무수행평가

실무수행 1. 거래자료입력

1 3만원초과 거래자료에 대한 경비등의송금명세서 작성 [일반전표입력] 1월 10일

    (차) 임차료(제)   500,000원   (대) 보통예금(국민은행)   500,000원

[경비등송금명세서]

번호	⑥거래일자	⑦법인명(상호)	⑧성명	⑨사업자(주민)등록번호	⑩거래내역	⑪거래금액	⑫송금일자	CD	⑬은행명	⑭계좌번호	계정코드
1	20×1-01-10	현대개발	이중민	120-07-27772	임차료	500,000	20×1-01-10	088	신한은행	011202-04-012368	

2 신규매입자산의 고정자산 등록

1. [매입매출전표입력] 2월 5일

거래유형	품명	공급가액	부가세	거래처	전자세금
54.불공	제네시스G80	60,000,000	6,000,000	현대자동차(주)	전자입력
불공제사유		3.비영업용 소형승용차 구입 및 유지			
분개유형	(차) 차량운반구	66,000,000원	(대) 미지급금		66,000,000원
3.혼합					

2. [고정자산등록] 1000.제네시스G80, 20X1.02.05,정액법)

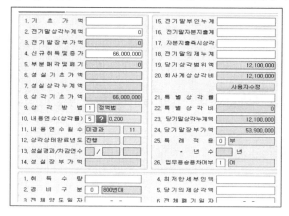

3. [업무용승용차등록] 01000, 차량번호315나5678 제네시스G80, 회사, 사용

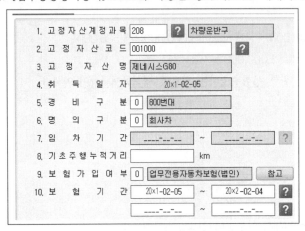

③ 자본거래 [일반전표입력] 3월 30일

(차) 보통예금(기업은행)   51,650,000원   (대) 자본금   17,500,000원

                                                주식발행초과금   34,150,000원

실무수행 2. 부가가치세관리

① 전자세금계산서 발급

1. [매입매출전표입력] 4월 30일(복수거래)

거래유형	품명	공급가액	부가세	거래처	전자세금
11.과세	차량용 공기청정기외	12,000,000	1,200,000	(주)클린기업	전자발행
분개유형	(차) 외상매출금	13,200,000원	(대) 제품매출		12,000,000원
2.외상			부가세예수금		1,200,000원

2. [전자세금계산서 발행 및 내역관리] 기출문제 77회 참고

② 수정전자세금계산서의 발급

1. [수정세금계산서 발급]

   ① [매입매출전표입력] 6월 22일 전표선택 ➡ 수정세금계산서 클릭 ➡ 수정사유(2.공급가액변동)를

      선택 ➡ 확인(Tab)을 클릭

② [수정세금계산서(매출)] 화면에서 수정분 [작성일 6월 30일, 공급가액 −300,000원, 부가세 −30,000원]을 입력 ➜ 확인(Tab) 클릭

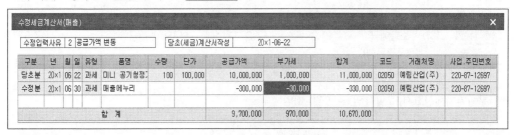

③ [매입매출전표입력] 6월 30일

거래유형	품명	공급가액	부가세	거래처	전자세금
11.과세	매출에누리	−300,000	−30,000	예림산업(주)	전자발행
분개유형	(차) 외상매출금	−330,000원	(대) 제품매출		−300,000원
2.외상			부가세예수금		−30,000원

2. [전자세금계산서 발행 및 내역관리] 기출문제 68회 참고

③ 부동산임대사업자의 부가가치세신고서 작성

1. [매입매출전표입력] 9월 30일

거래유형	품명	공급가액	부가세	거래처	전자세금
11.과세	임대료	5,000,000	500,000	(주)해신전자	전자입력
분개유형	(차) 보통예금	5,500,000원	(대) 임대료수입		5,000,000원
3.혼합	(국민은행)		부가세예수금		500,000원

2. [부동산임대공급가액명세서](7~9월) 적용이자율 : 2.9%,

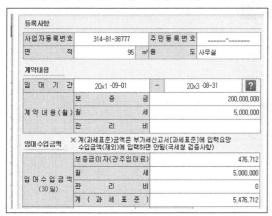

3. [매입매출전표입력] 9월 30일

거래유형	품명	공급가액	부가세	거래처	전자세금
14.건별	간주임대료	476,712	47,671		
분개유형	(차) 보통예금	47,671원	(대)	부가세예수금	47,671원
3.혼합	(국민은행)				

4. [부가가치세신고서] 7월 1일 ~ 9월 30일

		구 분		금액	세율	세액
과세표준및매출세액	과세	세금계산서발급분	1	255,000,000	10/100	25,500,000
		매입자발행세금계산서	2		10/100	
		신용카드.현금영수증	3		10/100	
		기타	4	476,712	10/100	47,671
	영세	세금계산서발급분	5		0/100	

④ 매입세액불공제내역 작성자의 부가가치세 신고서 작성

1. [매입세액불공제내역](10~12월)

	2.공제받지 못할 매입세액 내역	3.공통매입세액 안분계산 내역	4.공통매입세액의 정산내역	5.납부세액 또는 환급세액 재계산 내역				

	계산식	구분	(20)해당재화의 매입세액	(21)경감률(%) (1- 체감률×과세기간수)			(22)증가또는감소된면세 공급가액(사용면적)비율(%)	(23)가산또는공제되는 매입세액(20 × 21 × 22)
				체감률	경과된과세기간수	경감률		
1	1.건축.구축물	건물	20,000,000	5/100	5	75	20	3,000,000
2	2.기타 감가상각	기계장치	5,000,000	25/100	3	25	20	250,000

- 건물 : 20,000,000원×(1 - 5%×5)×20%(면세증가비율) = 3,000,000원

- 기계장치 : 5,000,000×(1 - 25%×3)×20%(면세증가비율) = 250,000원

- 토지는 면세대상이므로 제외

2. [부가가치세신고서] 10월 1일 ~ 12월 31일

공제받지못할매입세액명세   ✕

16 공제받지 못할매입 세액명세	구분		금액	세액
	공제받지못할매입세액	50		
	공통매입세액면세사업	51	32,500,000	3,250,000
	대손처분받은세액	52		
	합계	53	32,500,000	3,250,000

그 밖의 경감·공제 세액 명세   ✕

	구분		금액	세율	세액
	전자신고및전자고지	54			10,000
	전자세금계산서 발급	55			

3. [일반전표입력] 12월 31일

  (차) 건물   3,000,000원 (대) 부가세대급금   3,000,000원

  (차) 기계장치   250,000원 (대) 부가세대급금   250,000원

[실무수행평가] - 부가가치세관리

번호	평가문제	배점	답
11	[세금계산서합계표 조회]	2	(16,000,000)원
12	[세금계산서합계표 조회]	2	(32)매
13	[매입매출전표입력 조회]	2	(2)
14	[부동산임대공급가액명세서 조회]	2	(476,712)원
15	[부가가치세신고서 조회]	2	(255,000,000)원
16	[부가가치세신고서 조회]	2	(12,000)원
17	[부가가치세신고서 조회]	3	③
18	[매입세액불공제내역 조회]	3	(20)%
19	[부가가치세신고서 조회]	2	(3,250,000)원
20	[부가가치세신고서 조회]	2	(21,783,200)원
	부가가치세 소계	22	

실무수행 3. 결산

① 수동결산 [일반전표입력] 12월 31일

 (차) 이자비용 　　　　　　　　 375,000원 　　(대) 미지급비용 　　　　　　 375,000원

 ※ 미지급비용 : 30,000,000원×5%×3/12=375,000원

② 결산자료입력에 의한 자동결산

[결산자료입력 1] ① 고정자산등록(232.특허권, 1000.미세먼지방지기능, 20x1-02-01)

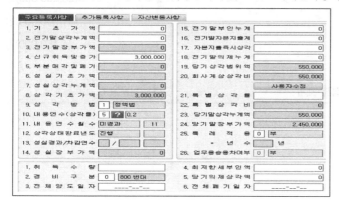

② [결산자료입력]

결산자료입력에서 판매비관리비 특허권 상각비란에 550,000원을 직접 입력하고

전표추가(F3) 를 클릭하여 결산분개를 생성한다.

[결산자료입력 2]

결산자료입력에서 기말 제품 31,000,000원을 입력하고 전표추가(F3) 를 클릭하여 결산분개를 생성한다.

[이익잉여금처분계산서] 메뉴

이익잉여금처분계산서에서 처분일을 입력한 후, 전표추가(F3) 를 클릭하여 손익대체분개를 생성한다.

[실무수행평가] – 재무회계

번호	평가문제	배점	답
21	**[경비등송금명세서 조회]**	2	(088)
22	**[업무용승용차등록 조회]**	1	③
23	**[거래처원장 조회]**	1	(95,650,000)원
24	**[거래처원장 조회]**	1	
25	**[거래처원장 조회]**	2	(33,697,671)원
26	**[일/월계표 조회]**	1	(1,500,000)원
27	**[일/월계표 조회]**	1	(335,174,530)원
28	**[손익계산서 조회]**	2	(14,907,000)원
29	**[재무상태표 조회]**	2	(96,000,000)원
30	**[재무상태표 조회]**	1	(36,150,000)원
31	**[재무상태표 조회]**	2	(214,000,000)원
32	**[재무상태표 조회]**	2	(20,250,000)원
33	**[재무상태표 조회]**	1	(31,000,000)원
34	**[재무상태표 조회]**	3	(4,450,000)원
35	**[재무상태표 조회]**	1	③
	재무회계 소계	23	

실무수행 4. 근로소득관리

① 중도퇴사자의 원천징수(마동석)

1. [사원등록]

    사원등록에서 퇴사년월일(20x1년 5월 30일) 입력

2. [수당/공제등록]

	코드	수당명	과세구분	근로소득유형
1	101	기본급	과세	1.급여
2	102	상여	과세	2.상여
3	200	퇴직위로금	과세	1.급여
4	201	특별수당	과세	1.급여

	코드	공제항목명	공제소득유형
1	501	국민연금	0.무구분
2	502	건강보험	0.무구분
3	503	고용보험	0.무구분
4	504	장기요양보험료	0.무구분
5	505	학자금상환액	0.무구분
6	903	농특세	0.사용
7	600	건강보험료정산	2.건강보험료정산
8	601	장기요양보험료정산	4.장기요양보험정산

3. [급여자료입력]

    급여자료를 입력한 후, [중도퇴사자 정산]을 클릭하여 연말정산 결과를 반영한다.

귀속년월 20x1년 05월 구분 1.급여 지급일 20x1년 05월 30일 정렬 1.코드

	코드	사원명	직급	감면율
	1001	김원일		
■	1002	마동석(중도인		
	1003	천지훈		
	1004	윤혜린		

급여항목	지급액
기본급	3,500,000
퇴직위로금	2,000,000
특별수당	1,000,000

공제항목	공제액
국민연금	157,500
건강보험	124,070
고용보험	58,500
장기요양보험료	15,890
건강보험료정산	-55,800
장기요양보험료정산	-3,050
소득세	-431,910
지방소득세	-43,180
농특세	

☞ 소득세 등은 자동계산되어집니다.

4. [원천징수이행상황신고서]귀속기간 5월, 지급기간 5월

	구분	코드	소득지급(과세미달,비과세포함)		징수세액			9.당월 조정 환급세액	10.소득세 등 (가산세 포함)	11.농어촌 특별세
			4.인원	5.총지급액	6.소득세 등	7.농어촌특별세	8.가산세			
근로소득	간 이 세 액	A01	3	14,500,000	194,890					
	중 도 퇴 사	A02	1	20,500,000	-431,910					
	일 용 근 로	A03								
	연말정산합계	A04								
	연말분납금액	A05								
	연말납부금액	A06								
	가 감 계	A10	4	35,000,000	-237,020					

전월 미환급 세액의 계산			당월 발생 환급세액				18.조정대상환급 (14+15+16+17)	19.당월조정 환급액계	20.차월이월 환급액(18-19)	21.환급신청액
12.전월미환급	13.기환급신청	14.잔액12-13	15.일반환급	16.신탁재산	17.금융등	17.합병등				
150,000		150,000	237,020				387,020		387,020	387,02

[실무수행평가] – 근로소득관리 1

번호	평가문제	배점	답
36	[마동석 5월 급여자료입력 조회] 과세대상 지급액 기본급(3,500,000) + 퇴직위로금(2,000,000) + 특별수당(1,000,000)	2	(6,500,000)원
37	[마동석 5월 급여자료입력 조회] 급여의 소득세	2	(–431,910)원
38	[마동석 5월 급여자료입력 조회] 공제총액	1	(–177,980)원
39	[원천징수이행상황신고서 조회] 소득세 가감계	1	(–237,020)원
40	[원천징수이행상황신고서 조회] 환급신청액	2	(387,020)원

※ 37~40은 프로그램이 자동계산하므로 시점(세법개정, 프로그램 업데이트)마다 달라질 수가 있습니다.

② 가족관계증명서에 의한 사원등록(윤혜린)2025

관계	요 건		기본 공제	추가 (자녀)	판 단
	연령	소득			
본인(세대주)	–	–	○		근로소득금액 32,150,000원
시부(74)	○	○	○	경로, 장애(3)	
시모(72)	○	×	부	–	소득금액 1백만원 초과자
배우자	–	×	부		총급여액 5백만원 초과자
자녀(20)	○	○	○	자녀	

21.총 급 여(16)		44,000,000
22.근 로 소 득 공 제	>	11,850,000
23.근 로 소 득 금 액	>	32,150,000

[실무수행평가] - 근로소득관리 2

번호	평가문제[윤혜린 근로소득원천징수영수증 조회]	배점	답
41	부양가족 공제 대상인원(시부, 자녀)	1	(2)명
42	경로우대공제 대상액(시부)	2	(1,000,000)원
43	장애인 공제대상액(시부)	2	(2,000,000)원
44	부녀자 공제대상액→종합소득금액 3천만원 초과자	1	(0)원
45	자녀세액공제액(자녀 1명)	1	(150,000)원

③ 국세청연말정산간소화 및 이외의 자료를 기준으로 연말정산(천지훈)2025

항 목	요건		내역 및 대상여부	입력
	연령	소득		
신용카드	×	○	• 배우자 신용카드 • **형제자매 신용카드는 대상에서 제외**	○(신용 22,000,000 전통 2,500,000) ×
보 험 료	○	○	• 장인 실손의료보험(소득요건 미충족) • 장모 저축성 보험료는 대상에서 제외	× ×
교 육 비	×	○	• 자 현장학습비(한도 30만원)과 교복 (한도 50만원)	○(초중고 800,000)
월 세	본인외		• 본인 월세	○(4,800,000)

[연말정산 근로소득원천징수영수증]

1. 신용카드 소득공제

| 정산명세 | 소득명세 | 소득공제 | 의료비 | 기부금 | 신용카드 | 연금투자명세 | 월세액명세 |

● 1. 공제대상자및대상금액

공제대상자			신용카드 등 공제대상금액					⑨도서공연박물관미술관사용분 (총급여 7천만원이하자만)			⑩전통시장 사용분	⑪ 대중교통 이용분
내·외 관 계	성 명 생년월일	구분	⑤소계 (⑥+ ⑦+⑧+⑨+ ⑩+⑪)	⑥신용카드	⑦직불선불카드	⑧현금영수증		신용카드	직불선불카드	현금영수증		
내 본인	천지훈 1986-05-12	국세청자료 그밖의자료										
내 3	백마리 1988-01-03	국세청자료 그밖의자료	24,500,000	22,000,000							2,500,000	

2. 소득공제 : 교육비 세액공제

5	4 1	천예진 091218-4094112	20세 이하	초중고	800,000
6	6 1	백은지 901111-2845670	장애인		

3. 월세 세액공제

월세액

2. 월세액 세액공제 명세   무주택자해당여부 ● 여 ○ 부

임대인성명 (상호)	주민(사업자)등 록번호	주택유형	주택계약 면적(㎡)	임대차계약서상 주소지	임대차계약기간		월세액
					시작	종료	
김나영	800707-2026122	단독주택	85.00	서울특별시 서초구 방배로15길 22	2023-02-01	2025-01-31	4,800,000

4. 정산명세 조회

특별소득공제	34.주택 나.장기주택저당차입금이자상환액	11년이전 차입분	15~29년	>		세액공제	특별세액공제	62.의료비	0 >	
			30년이상	>				63.교육비	800,000 >	120,000
		12년이후 차입분 (15년이상)	고정or비거치	>			64.기부금	정치	10만원이하 >	
			기타대출	>					10만원초과 >	
		15년이후 차입분 (15년이상)	고정&비거치	>				나.법정기부금 >	
			고정or비거치	>				다.우리사주기부금 >	
			기타대출	>				라.지정기부금(종교외) >	
		15년이후 차입분 (10~15년)	고정or비거치	>				마.지정기부금(종교) >	
	35.기부금(이월분)		>				65.계		120,000
	36.계			2,228,840			66.표준세액공제	>	
37.차감소득금액				30,461,160		67.납세조합공제		>	
그밖의소득공제	38.개인연금저축		>			68.주택차입금		>	
	39.소기업·소상공인공제부금		>			69.외국납부		>	
	40.주택마련저축	가.청약저축	>			70.월세액		>	720,000
		나.주택청약종합저축	>						
		다.근로자주택마련저축	>						
	41.투자조합출자 등		>						
	42.신용카드등	24,500,000	>	2,125,000					
	43.우리사주조합 출연금		>						
	44.고용유지중소기업근로자		>						
	45.장기집합투자증권저축		>			71.세액공제 계			1,650,000
	46.청년형장기집합투자증권저축		>			72.결정세액(50-55-71)			1,340,424
	47.그 밖의 소득 공제 계			2,125,000		82.실효세율(%) (72/21)×100%			2.3%

	소득세	지방소득세	농어촌특별세	계
73.결정세액	1,340,424	134,042	0	1,474,466
기납부 세액 74.종(전) 근무지	0	0	0	0
75.주(현) 근무지	1,716,480	171,600	0	1,888,080
76. 납부특례세액	0	0	0	0
77. 차감징수세액(73-74-75-76)	-376,050	-37,550	0	-413,600

[실무수행평가] – 근로소득관리 3

번호	평가문제[천지훈 근로소득원천징수영수증 조회]	배점	답
46	42.신용카드 소득공제 최종공제액	2	(2,125,000)원
47	보장성보험료 세액공제(대상 없음)	2	(0)원
48	교육비세액공제	2	(120,000)원
49	월세액 세액공제	2	(720,000)원
50	차감징수세액(지방세 포함)	2	(-413,600)원
	근로소득 소계	25	

※ 46,50은 프로그램이 자동계산하므로 시점(세법개정, 프로그램 업데이트)마다 달라질 수가 있습니다.

〈참고사항 : 총급여액 58,000,000원〉

※ 시험시 프로그램이 자동계산되어진 것으로 답을 입력하시고 시간이 남으시면 체크해 보시기 바랍니다.

		한도	공제율	대상금액	세액공제
1. 교육비	초중고	3백만원	15%	800,000	120,000
2. 월세	본인외	1,000만원	15%	4,800,000	720,000

☞ 월세액 공제 총급여액 55백만원 초과 8천만원 이하 : 공제율 15%

21.총 급 여(16)		58,000,000
22.근 로 소 득 공 제	>	12,650,000
23.근 로 소 득 금 액	>	45,350,000

합격율	시험년월
21%	2023.5

실무이론평가

01. 다음은 (주)한공의 20x1년 12월 31일 현재 보유중인 상품에 대한 자료이다. 20x1년 손익계산서에 인식할 재고자산평가손실은 얼마인가?

수 량	장부상 단가	단위당 예상 판매가격	단위당 예상 판매비용
1,000개	100원	110원	30원

① 0원   ② 10,000원   ③ 20,000원   ④ 30,000원

02. 다음 자료를 토대로 (주)한공의 당기순이익을 계산하면 얼마인가?

〈기초 및 기말 자본〉
• 기초 자본 4,000,000원   • 기말 자본 7,000,000원

〈당기 중 자본거래〉
• 유상증자 3,000,000원   • 현금배당 1,000,000원   • 주식배당 2,000,000원

① 1,000,000원   ② 2,000,000원   ③ 3,000,000원   ④ 4,000,000원

03. 다음은 (주)한공이 20x1년 중 취득하여 보유중인 유가증권 내역이다. 20x1년말 결산시 유가증권의 평가 결과가 당기순이익에 미치는 영향으로 옳은 것은?

구분	종류	액면단가	취득단가	단위당 공정가치
단기매매증권	A주식 1,000주	5,000원	6,000원	7,000원
단기매매증권	B주식 3,000주	5,000원	8,000원	5,000원
매도가능증권	C주식 2,000주	5,000원	7,000원	9,000원

① 4,000,000원 증가   ② 4,000,000원 감소
③ 8,000,000원 증가   ④ 8,000,000원 감소

04. (주)한공은 사용하던 기계장치를 다음과 같이 거래처의 동종자산으로 교환하여 취득하였다. 새로운 기계
장치의 취득원가로 옳은 것은?

> • (주)한공이 제공한 기계장치(A) 관련 금액
> 취득원가 30,000,000원 감가상각누계액 24,000,000원 공정가치 5,000,000원
> • 거래처로부터 제공받은 기계장치(B) 관련 금액
> 취득원가 20,000,000원 감가상각누계액 15,000,000원 공정가치 3,000,000원

① 3,000,000원 ② 4,000,000원 ③ 5,000,000원 ④ 6,000,000원

05. 다음은 (주)한공의 12월 중 상품 매매 자료이다. 재고자산의 평가방법으로 이동평균법과 총평
균법을 적용할 때 12월말 상품재고액으로 옳은 것은?

일자	구분	수량	단가
12월 1일	월초재고	1,000개	100원
12월 8일	외상매입	1,000개	110원
12월 12일	상품매출	1,500개	500원
12월 16일	외상매입	1,000개	120원

	이동평균법	총평균법		이동평균법	총평균법
①	175,000원	155,000원	②	155,000원	175,000원
③	172,500원	165,000원	④	165,000원	172,500원

06. (주)한공의 외화매출 거래는 다음과 같다. 기말 재무상태표에 표시되는 외화외상매출금과 손익계산서에
인식하는 외화환산손익은 얼마인가?

> • 7월 1일 미국에 있는 거래처에 상품을 US$100,000에 외상으로 판매하였다.
>   판매시점 환율은 US$1 = 1,100원이다.
> • 12월 31일 결산시점 환율은 US$1 = 1,200원이다.

	외화외상매출금	외화환산손익
①	110,000,000원	외화환산손실 10,000,000원
②	110,000,000원	외화환산이익 10,000,000원
③	120,000,000원	외화환산손실 10,000,000원
④	120,000,000원	외화환산이익 10,000,000원

07. 다음은 과세사업자인 (주)한공의 거래내역이다. 이 중 부가가치세 과세거래에 해당하는 것은?

> 가. 담보목적으로 부동산을 제공하는 경우
> 나. 매입세액공제를 받지 못한 재화를 거래처에 증정하는 경우
> 다. 특수관계인에게 사업용 부동산을 무상으로 임대하는 경우
> 라. 건물을 교환하는 경우

① 가, 나   ② 나, 다   ③ 다, 라   ④ 가, 라

08. 다음은 일반과세자인 (주)한공의 20x1년 제1기 부가가치세 확정신고와 관련된 자료이다. 이 자료를 토대로 매출세액을 계산하면 얼마인가?

가. 상품공급액(부가가치세 포함)	66,000,000원
나. 매출채권의 회수지연에 따라 받은 연체이자	1,100,000원
다. 거래처의 파산으로 당기에 대손확정된 전기 과세표준에 　　포함된 매출채권(부가가치세 포함)	5,500,000원

① 5,400,000원   ② 5,500,000원   ③ 5,940,000원   ④ 6,050,000원

09. 다음은 김한공 씨의 수입 내역이다. 이를 토대로 원천징수대상 기타소득금액을 계산하면 얼마인가? 단, 실제 사용된 필요경비는 없는 것으로 가정한다.

가. 유실물의 습득으로 인한 보상금	2,000,000원
나. 주택입주 지체상금	1,000,000원
다. 고용관계 없이 다수인에게 강연을 하고 받은 대가	5,000,000원

① 3,200,000원   ② 4,200,000원   ③ 4,400,000원   ④ 5,000,000원

10. 다음 중 신용카드 등 사용금액에 대한 소득공제에 대한 설명으로 옳지 않은 것은?
① 고등학생의 교복을 신용카드로 구입한 경우 신용카드 등 사용금액에 대한 소득공제는 교육비세액공제와 중복적용이 가능하다.
② 소득세법에 따라 세액공제를 적용받는 월세액은 신용카드 등 사용금액에 포함하지 아니한다.
③ 해외에서 사용한 금액은 신용카드 등 사용금액에 포함하지 아니한다.
④ 신용카드로 지급한 의료비에 대하여 의료비세액공제를 받은 경우에는 신용카드 등 사용금액에 대한 소득공제를 받을 수 없다.

▬▬▬▬ 실무수행평가

(주)태평산업(2620)은 가정용 전기밥솥 제조업을 영위하는 법인기업으로 회계기간은 제7기(20x1.1.1.~ 20x1.12.31.)이다. 제시된 자료와 자료설명을 참고하여, [수행과제]를 완료하고 [평가문제]의 물음에 답하시오.

실무수행1 | 거래자료입력

실무프로세스 자료이다. [자료설명]을 참고하여 [수행과제]를 수행하시오.

① 3만원초과 거래자료에 대한 경비등송금명세서 작성

자료 1. 공급자 정보

<table>
<tr><td colspan="5" style="text-align:center">영 수 증 (공급받는자용)</td></tr>
<tr><td colspan="5" style="text-align:center">(주) 태평산업 귀하</td></tr>
<tr><td rowspan="4">공
급
자</td><td>사 업 자
등록번호</td><td colspan="3">315 - 25 - 00910</td></tr>
<tr><td>상 호</td><td>번개화물</td><td>성명</td><td>이재훈</td></tr>
<tr><td>사 업 장
소 재 지</td><td colspan="3">서울특별시 성동구 상원길 59</td></tr>
<tr><td>업 태</td><td>운수업</td><td>종목</td><td>개별화물</td></tr>
<tr><td colspan="2">작성 년월일</td><td colspan="2">공급대가총액</td><td>비고</td></tr>
<tr><td colspan="2">20x1. 1. 5.</td><td colspan="2">₩ 250,000</td><td></td></tr>
<tr><td colspan="5" style="text-align:center">위 금액을 영수(청구)함.</td></tr>
<tr><td>월/일</td><td>품명</td><td>수량</td><td>단가</td><td>공급대가(금액)</td></tr>
<tr><td>1/5</td><td>운송료</td><td></td><td></td><td>250,000</td></tr>
<tr><td></td><td></td><td></td><td></td><td></td></tr>
<tr><td colspan="5">입 금 계 좌 : 우리은행 123 - 124567 - 800</td></tr>
</table>

자료 2. 보통예금(하나은행) 거래내역

		내용	찾으신금액	맡기신금액	잔액	거래점
번호	거래일	계좌번호 112 - 088 - 123123 (주)태평산업				
1	20x1 - 1 - 5	번개화물	250,000		***	***

자료설명	원재료를 매입하면서 당사 부담의 운반비를 번개화물(간이과세자)에 이체하여 지급하였다. 해당사업자는 경비등송금명세서 제출대상자에 해당한다.
수행과제	1. 거래자료를 입력하시오. 2. 경비등송금명세서를 작성하시오.(단, 영수증수취명세서 작성은 생략할 것.)

② 유/무형자산의 매각 (3점)

자료 1. 토지 매각시 매매계약서

토지 매매 계약서

본 부동산에 대하여 매도인과 매수인은 합의에 의하여 다음과 같이 매매계약을 체결한다.

1. 부동산의 표시

소재지		경기도 용인시 처인구 백암면 장평리 79-6		
토지	지목	대지	면적	6,611.57㎡ (2,000평)

2. 계약내용

제1조 위 부동산의 매매에 있어 매매대금 및 매수인의 대금 지불 시기는 다음과 같다.

매매대금	金	이억원정 (₩ 200,000,000)

(중략)

<특약사항>

토지 매매대금은 계약일에 일시불로 지급함.

20x1년 2월 21일

매 도 인	주소	강원도 춘천시 명동길 11 (조양동)				印
	주민등록번호	221-81-55552	전화	033-330-1234	성명	(주)태평산업	
매 수 인	주소	서울특별시 금천구 서부샛길 606				印
	주민등록번호	109-13-67050	전화	02-513-0001	성명	금천산업	

자료 2. 보통예금(국민은행) 거래내역

번호	거래일	내용	찾으신금액	맡기신금액	잔액	거래점
		계좌번호 101-25-859655 (주)태평산업				
1	20x1-02-21	토지매매대금		198,000,000	***	***

자료설명	1. 자료 1은 공장신축 목적으로 구입하였던 토지(20x1. 1. 10. 취득, 취득가액 190,000,000원)의 공장신축이 취소되어 처분한 계약서이다. 2. 자료 2는 부동산중개수수료(매매대금 200,000,000원의 1%)를 제외한 금액(198,000,000원)이 당사 국민은행 보통예금 계좌로 입금된 내역이다.
수행과제	2월 21일의 토지 처분일의 거래 자료를 일반전표에 입력하시오.

③ 퇴직금 지급

퇴직금 정산서

- 사업장명 : (주)태평산업
- 성   명 : 송중기
- 생년월일 : 1985년 10월 20일
- 퇴사일자 : 20x1년 03월 31일
- 퇴직금 지급일자 : 20x1년 03월 31일
- 퇴직금 : 20,000,000원(『근로자퇴직급여 보장법』상 금액)
- 퇴직금 지급방법 : 확정급여형퇴직연금(DB) 계좌에서 지급

자료설명	1. (주)태평산업은 확정급여형퇴직연금(DB)에 가입하여 퇴직금추계액의 100%를 불입하고 있다. 2. 송중기 퇴사시 퇴직금 전액을 개인형 퇴직연금(IRP)계좌로 지급한다.
수행과제	3월 31일 퇴직금 지급과 관련된 거래자료를 입력하시오.(거래처코드 입력은 생략할 것.)

실무수행2 부가가치세관리

부가가치세 신고 관련 자료이다. [자료설명]을 참고하여 [수행과제]를 수행하시오.

① 전자세금계산서 발급

거래명세서 (공급자 보관용)

공급자	등록번호	221-81-55552			공급받는자	등록번호	123-81-52149		
	상호	(주)태평산업	성명	장민국		상호	(주)중앙물산	성명	오민수
	사업장주소	강원도 춘천시 명동길 11(조양동)				사업장주소	서울특별시 송파구 송파대로 170		
	업태	제조업	종사업장번호			업태	도소매업	종사업장번호	
	종목	전기밥솥				종목	전자제품외		

거래일자	미수금액	공급가액	세액	총 합계금액
20x1.4.18.		12,000,000	1,200,000	13,200,000

NO	월	일	품목명	규격	수량	단가	공급가액	세액	합계
1	4	18	전기압력밥솥		30	400,000	12,000,000	1,200,000	13,200,000

자료설명	1. 제품을 공급하고 발행한 거래명세서이다. 2. 공급대가 중 1,200,000원은 (주)중앙물산이 발행한 당좌수표로 받았고, 잔액은 10일 후에 받기로 하였다.
수행과제	1. 거래자료를 입력하시오. 2. 전자세금계산서 발행 및 내역관리 를 통하여 발급·전송하시오. (전자세금계산서 발급 시 결제내역 및 전송일자는 무시할 것.)

2 수정전자세금계산서의 발급

전자세금계산서
(공급자 보관용) 승인번호

공급자	등록번호	221-81-55552			공급받는자	등록번호	506-81-45111		
	상호	(주)태평산업	성명(대표자)	장민국		상호	(주)기남전자	성명(대표자)	장기남
	사업장주소	강원도 춘천시 명동길 11(조양동)				사업장주소	경상북도 포항시 남구 시청로 9		
	업태	제조업	종사업장번호			업태	제조.도소매업	종사업장번호	
	종목	전기밥솥				종목	가전제품		
	E-Mail	sot@bill36524.com				E-Mail	kinam@bill36524.com		

작성일자	20x1.6.1.	공급가액	20,000,000	세 액	2,000,000
비고					

월	일	품목명	규격	수량	단가	공급가액	세액	비고
6	1	전기밥솥		100	200,000	20,000,000	2,000,000	

합계금액	현금	수표	어음	외상미수금	이 금액을	○ 영수 함
22,000,000				22,000,000		● 청구

자료설명	1. 6월 1일 제품을 공급하고 발급한 전자세금계산서이며 매입매출전표에 입력되어 있다. 2. 6월 10일 당초의 결제조건에 의하여 2% 할인된 금액만큼 차감하고 결제되었다.
수행과제	수정사유를 선택하여 공급가액 변동에 따른 수정전자세금계산서를 발급·전송하시오.(매출할인에 대해서만 회계처리하며, 외상대금 및 제품매출에서 음수(-)로 처리하고 전자세금계산서 발급 시 결제내역 및 전송일자는 무시할 것.)

③ 건물등감가상각자산취득명세서 작성자의 부가가치세신고서 작성

자료 1. 기계장치 구입관련 자료

전자세금계산서 (공급받는자 보관용)					승인번호			
공급자	등록번호	869-88-01648			공급받는자	등록번호	221-81-55552	
	상호	(주)용인기계	성명(대표자)	김원선		상호	(주)태평산업	성명(대표자)	장민국
	사업장주소	경기도 용인시 기흥구 강남로 3				사업장주소	강원도 춘천시 명동길 11(조양동)	
	업태	제조업	종사업장번호			업태	제조업	종사업장번호
	종목	전자기기				종목	전기밥솥	
	E-Mail	yongin@bill36524.com				E-Mail	sot@bill36524.com	
작성일자	20x1.7.10.	공급가액	20,000,000	세액	2,000,000			
비고								

월	일	품목명	규격	수량	단가	공급가액	세액	비고
7	10	프레스기계				20,000,000	2,000,000	

합계금액	현금	수표	어음	외상미수금	이 금액을	○ 영수 ◉ 청구	함
22,000,000				22,000,000			

자료 2. 화물차 구입

전자세금계산서 (공급받는자 보관용)					승인번호			
공급자	등록번호	750-35-00091			공급받는자	등록번호	221-81-55552	
	상호	드림모터스	성명(대표자)	한석민		상호	(주)태평산업	성명(대표자)	장민국
	사업장주소	경기도 수원시 권선구 곡반정로 13번길 18				사업장주소	강원도 춘천시 명동길 11(조양동)	
	업태	도소매업	종사업장번호			업태	제조업	종사업장번호
	종목	자동차				종목	전기밥솥	
	E-Mail	dream@bill36524.com				E-Mail	sot@bill36524.com	
작성일자	20x1.8.15.	공급가액	16,000,000	세액	1,600,000			
비고								

월	일	품목명	규격	수량	단가	공급가액	세액	비고
8	15	1.5트럭				16,000,000	1,600,000	

합계금액	현금	수표	어음	외상미수금	이 금액을	○ 영수 ◉ 청구	함
17,600,000				17,600,000			

자료 3. 차량 수리비

```
               신용카드매출전표
------------------------------------
카드종류 : 롯데카드
회원번호 : 6880 - 1256 - **** - 40**
거래일시 : 20x1.9.10.  10:01:23
거래유형 : 신용승인
매    출 : 1,000,000원
부 가 세 : 100,000원
합    계 : 1,100,000원
결제방법 : 일시불
승인번호 : 98776544
------------------------------------
가맹점명 : (주)블루핸즈 춘천점
            - 이 하 생 략 -
```

자료설명	자료 1. 제품 생산용 프레스 기계를 구입하고 발급받은 전자세금계산서이다. 자료 2. 물류팀에서 사용할 제품배송용 화물차를 구입하고 수취한 전자세금계산서이다. 자료 3. 영업부 승용자동차(개별소비세 과세대상, 5인승, 2,000cc)에 대한 자동차 수리비를 지출하고 수취한 신용카드매출전표이다. (자본적 지출로 처리할 것.)
수행과제	1. 자료 1 ~ 자료 3에 대한 거래자료를 입력하시오. (전자세금계산서와 관련된 거래는 '전자입력'으로 처리할 것.) 2. 제2기 예정신고기간의 건물등감가상각자산취득명세서를 작성하시오. 3. 제2기 예정 부가가치세 신고서에 반영하시오.

④ 매입세액불공제내역 작성자의 부가가치세신고서 작성
자료 1. 수수료비용(판매관리비) 내역

전자세금계산서			(공급받는자 보관용)				승인번호		
공급자	등록번호	214-06-97431			공급받는자	등록번호	221-81-55552		
	상호	나이스회계법인	성명(대표자)	김영남		상호	(주)태평산업	성명(대표자)	장민국
	사업장주소	서울특별시 강남구 강남대로 272				사업장주소	강원도 춘천시 명동길 11(조양동)		
	업태	서비스업	종사업장번호			업태	제조업	종사업장번호	
	종목	공인회계사				종목	전기밥솥		
	E-Mail	nice@bill36524.com				E-Mail	sot@bill36524.com		

작성일자	20x1.9.30.	공급가액	5,000,000	세 액	500,000
비고					

월	일	품목명	규격	수량	단가	공급가액	세액	비고
9	30	컨설팅 수수료비용				5,000,000	500,000	

합계금액	현금	수표	어음	외상미수금	이 금액을	○ 영수	함
5,500,000				5,500,000		● 청구	

자료 2. 공급가액 내역

구 분	제2기 예정	제2기 확정	계
과세분(전자세금계산서)	300,000,000원	370,000,000원	670,000,000원
면세분(전자계산서)	100,000,000원	230,000,000원	330,000,000원
합 계	400,000,000원	600,000,000원	1,000,000,000원

* 제2기 예정신고 시에 공통매입세액 중 안분계산을 통해 125,000원을 기 불공제 처리하였다.

자료설명	본 문제에 한하여 (주)태평산업은 과세사업과 면세사업을 겸영하고 있다고 가정한다. 1. 자료 1은 공통매입내역으로 과세·면세사업 사용 구분이 불가하다. 2. 자료 2는 제2기 예정 및 확정신고기간의 과세 및 면세 공급가액이다. 3. 제2기 과세기간 중 공통매입세액과 관련하여 주어진 자료 외에 다른 자료는 없다고 가정한다.
수행과제	1. 제2기 확정 [매입세액불공제내역]의 공통매입세액 정산내역을 작성하시오. 2. 매입세액불공제내역 및 전자신고세액공제를 반영하여 제2기 부가가치세 확정신고서를 작성하시오. 　- 제2기 부가가치세 확정신고서를 홈택스로 전자신고한다. 3. 공통매입세액의 정산내역에 의한 회계처리를 12월 31일자로 일반전표에 입력하시오.

평가문제 입력자료 및 회계정보를 조회하여 [평가문제]의 답안을 입력하시오.(70점)

[실무수행평가] – 부가가치세관리

번호	평가문제	배점
11	**[회사등록 조회]** (주)태평산업의 회사등록 정보이다. 다음 중 올바르지 않은 것은? ① (주)태평산업은 내국법인이며, 사업장 종류별 구분은 "비중소기업"에 해당한다. ② (주)태평산업의 업종(기준경비율)코드는 '293001'로 제조업에 해당한다. ③ (주)태평산업의 국세환급사유 발생시 하나은행으로 입금된다. ④ 전자세금계산서 관리를 위한 담당자 E-mail은 sot@bill36524.com이다.	2
12	**[매입매출전표입력 조회]** 6월 10일자 수정세금계산서의 수정입력사유를 코드로 입력하시오.	2
13	**[세금계산서합계표 조회]** 제1기 확정 신고기간의 거래처 '(주)중앙물산'에 전자발행된 세금계산서 공급가액은 얼마인가?	2
14	**[세금계산서합계표 조회]** 제1기 확정 신고기간의 매출전자세금계산서 발급매수는 총 몇 매인가?	2
15	**[건물등감가상각자산취득명세서 조회]** 제2기 예정 신고기간의 건물등감가상각취득명세서에서 조회되는 차량운반구(자산구분코드 3)공급가액은 얼마인가?	2
16	**[부가가치세신고서 조회]** 제2기 예정 신고기간 부가가치세신고서의 세금계산서수취부분_고정자산매입(11란) 금액은 얼마인가?	2
17	**[부가가치세신고서 조회]** 제2기 예정 신고기간의 부가가치세 신고시에 작성되는 부가가치세 첨부서류에 해당하지 않는 것은? ① 세금계산서합계표　　② 수출실적명세서 ③ 건물등감가상각자산취득명세서　　④ 신용카드매출전표등수령금액합계표	3
18	**[부가가치세신고서 조회]** 제2기 예정신고기간 부가가치세 신고서에 관련된 내용으로 옳지 않은 것은? ① 과세표준 금액은 300,000,000원이다. ② 과세표준 명세의 '수입금액제외' 금액은 3,000,000원이다. ③ 예정신고이므로 환급세액에 대하여 조기환급을 적용하지 않는다. ④ 국세환급금 계좌은행은 '하나은행'이다.	3
19	**[매입세액불공제내역 조회]** 제2기 확정 신고기간의 공통매입세액 정산내역에 반영되는 면세비율은 몇 %인가? (소수점 이하 기재 생략할 것.)	2
20	**[부가가치세신고서 조회]** 제2기 확정 신고기간의 부가가치세 차가감납부할세액(27번란)은 얼마인가?	2
	부가가치세 소계	22

실무수행3 결산

[결산자료]를 참고로 결산을 수행하시오.(단, 제시된 자료 이외의 자료는 없다고 가정함.)

① 수동결산

자료설명	당기에 취득후 소모품 계정으로 처리한 소모성 물품의 사용액은 800,000원이며, 제조부(30%)와 관리부(70%)가 사용한 것으로 확인되었다.
수행과제	결산정리분개를 입력하시오.

② 결산자료입력에 의한 자동결산

자료설명	1. 기말재고자산 현황
	<table><tr><th>구 분</th><th>단위당 원가</th><th>단위당 순실현가능가치</th><th>장부수량</th><th>실사수량</th><th>비고</th></tr><tr><td>원재료</td><td>10,000</td><td>12,000</td><td>500개</td><td>450개</td><td>50개 수량부족</td></tr><tr><td>제품</td><td>30,000</td><td>45,000</td><td>1,000개</td><td>1,000개</td><td>-</td></tr></table>
	(1) 원재료 50개 수량부족분은 원가성이 없는 것으로 확인되었다. (2) 당사는 저가법으로 재고자산을 평가하고 있다. 2. 이익잉여금처분계산서 처분확정(예정)일 　－당기 : 20x2년 3월 31일 　－전기 : 20x1년 3월 31일
수행과제	결산을 완료하고 이익잉여금처분계산서에서 손익대체분개를 하시오. (단, 이익잉여금처분내역은 없는 것으로 하고 미처분이익잉여금 전액을 이월이익잉여금으로 이월하기로 할 것.)

[실무수행평가] – 재무회계

번호	평가문제	배점
21	**[경비등송금명세서 조회]** 경비등송금명세서에 반영되는 우리은행의 은행코드번호(CD)를 입력하시오.	1
22	**[현금출납장 조회]** 4월 한 달 동안 '현금' 입금액은 얼마인가?	1
23	**[거래처원장 조회]** 3월 말 국민은행(코드 98001)의 보통예금 잔액은 얼마인가?	2
24	**[거래처원장 조회]** 4월 말 거래처별 외상매출금 잔액으로 옳지 않은 것은? ① 01116.(주)중앙물산 28,500,000원　② 03150.(주)기성물산 110,000,000원 ③ 04001.(주)유니전자 5,500,000원　④ 04003.(주)오투전자 2,310,000원	2
25	**[거래처원장 조회]** 6월 말 (주)기남전자(코드 04004)의 외상매출금 잔액은 얼마인가?	1
26	**[거래처원장 조회]** 9월 말 롯데카드(코드 99601)의 미지급금 잔액은 얼마인가?	2
27	**[일/월계표 조회]** 1/4분기(1월~3월) 원재료 증가액은 얼마인가?	1
28	**[손익계산서 조회]** 당기 손익계산서의 수수료비용(판매관리비)은 얼마인가?	2
29	**[손익계산서 조회]** 당기 손익계산서의 영업외비용은 얼마인가?	1
30	**[합계잔액시산표 조회]** 3월 말 퇴직급여충당부채 잔액은 얼마인가?	2
31	**[합계잔액시산표 조회]** 9월 말 미지급금 잔액은 얼마인가?	2
32	**[재무상태표 조회]** 12월 말 소모품 잔액은 얼마인가?	1
33	**[재무상태표 조회]** 12월 말 토지 금액은 얼마인가?	2
34	**[재무상태표 조회]** 기말 원재료 금액은 얼마인가?	2
35	**[재무상태표 조회]** 12월 말 이월이익잉여금(미처분이익잉여금) 잔액으로 옳은 것은? ① 169,251,810원　② 251,120,133원 ③ 399,338,937원　④ 423,520,189원	1
	재무회계 소계	23

실무수행4 | 근로소득관리

인사급여 관련 자료이다. [자료설명]을 참고하여 [수행과제]를 수행하시오.

① 주민등록등본에 의한 사원등록

자료 1. 윤세리의 주민등록등본

| 문서확인번호 | | | | | 1/1 |

| 이 등본은 세대별 주민등록표의 원본내용과 틀림없음을 증명합니다.
담당자 : 이등본   전화 : 02 - 3149 - 0236
신청인 : 윤세리
용도 및 목적 : 회사제출용
                    20x1년 12월 31일 |

주 민 등 록 표
(등 본)

| 세대주 성명(한자) | 이정혁   (李 政 革) | 세 대 구 성
사유 및 일자 | 전입
2021 - 12 - 05 |
|---|---|---|---|

현주소 : 서울특별시 구로구 도림로 108(구로동)

| 번호 | 세대주
관 계 | 성   명
주민등록번호 | 전입일 / 변동일 | 변동사유 |
|---|---|---|---|---|
| 1 | 본인 | 이정혁
821010 - 1774916 | | |
| 2 | 배우자 | 윤세리
850426 - 2785416 | 2021 - 12 - 05 | 전입 |
| 3 | 모 | 김윤희
550515 - 2899738 | 2021 - 12 - 05 | 전입 |
| 4 | 자 | 이치수
090701 - 3013459 | 2021 - 12 - 05 | 전입 |
| 5 | 형제 | 이무혁
800827 - 1222225 | 2021 - 12 - 05 | 전입 |

| 자료설명 | 사무직 사원 윤세리(1300)의 사원등록을 위한 자료이다.
1. 부양가족은 윤세리와 생계를 같이 한다.
2. 남편 이정혁은 사업소득 관련 결손금 8,000,000원과 근로소득금액 6,000,000원이 있다.
3. 모 김윤희는 과세대상인 공무원 총연금액(연금소득공제 전) 3,000,000원이 있다.
4. 자녀 이치수는 별도 소득이 없다.
5. 형제 이무혁은 시각장애인이며, 근로소득금액 5,000,000원이 있다.
6. 세부담을 최소화하는 방법으로 선택한다. |
|---|---|
| 수행과제 | [사원등록] 메뉴에서 부양가족명세를 작성하시오. |

[실무수행평가] – 근로소득관리 1

번호	평가문제 [윤세리 근로소득원천징수영수증 조회]	배점
36	'25.배우자' 공제대상액은 얼마인가?	2
37	'26.부양가족' 공제대상액은 얼마인가?	2
38	'28.장애인' 공제대상액은 얼마인가?	1
39	'29.부녀자' 공제대상액은 얼마인가?	2
40	'56.자녀세액공제' 공제대상 자녀는 몇 명인가?	1

② 일용직사원의 원천징수

자료 1. 일용직사원 관련정보

성 명	천경수 (코드 4001)
거주구분(내국인 / 외국인)	거주자 / 내국인
주민등록번호	860925 – 1182817
입사일자	20x1년 12월 1일

자료 2. 일용직급여내역

성 명	계산내역	12월의 근무일
천경수	1일180,000원×총 5일 = 900,000원	5, 7, 9, 12, 14

자료설명	1. 자료 1, 2는 일용직 사원(생산라인 보조)의 관련정보 및 급여지급내역이다. 2. 일용직 급여는 일정기간 지급하는 방식으로 한다. 3. 사회보험료 중 고용보험(0.9%)만 징수하기로 한다. 4. 제시된 사항 이외의 자료는 없는 것으로 한다.
수행과제	1. [일용직사원등록] 메뉴에 사원등록을 하시오. 2. [일용직급여입력] 메뉴에 급여내역을 입력하시오. 3. 12월 귀속분 원천징수이행상황신고서를 작성하시오.

[실무수행평가] – 근로소득관리 2

번호	평가문제	배점
41	**[일용직(천경수) 12월 일용직급여입력 조회]** 공제항목 중 고용보험의 합계액은 얼마인가?	2
42	**[일용직(천경수) 12월 일용직급여입력 조회]** 12월 급여의 차인지급액 합계는 얼마인가?	2
43	**[12월 원천징수이행상황신고서 조회]** 근로소득에 대한 원천징수대상 인원은 총 몇 명인가?	2
44	**[12월 원천징수이행상황신고서 조회]** 근로소득 일용근로(A03) '6.소득세 등' 금액은 얼마인가?	1

③ 국세청연말정산간소화 및 이외의 자료를 기준으로 연말정산

자료설명	사무직 김나영(1400)의 연말정산을 위한 자료이다. 1. 사원등록의 부양가족현황은 사전에 입력되어 있다. 2. 부양가족은 김나영과 생계를 같이 한다. 3. 김나영은 20x1년 8월 31일까지 (주)평화산업에서 근무하고 퇴직하였다.
수행과제	[연말정산 근로소득원천징수영수증] 메뉴에서 연말정산을 완료하시오. 1. 종전근무지 관련서류는 [소득명세] 탭에서 입력한다. 2. 장기주택저당차입금 이자상환액(소득공제요건 충족)은 [정산명세] 탭에서 입력한다. 3. 의료비는 [의료비] 탭에서 입력하며, 국세청자료는 공제대상 합계금액을 1건으로 집계하여 입력한다. 4. 기부금은 [기부금] 탭에서 입력한다.

자료 1. 김나영 사원의 부양가족등록 현황

연말정산관계	성명	주민번호	기타사항	
0.본인	김나영	880103 – 2774918		
1.배우자	이민재	900512 – 1887561	근로소득금액	12,000,000원
1.소득자 직계존속	이정희	520411 – 2222220	이자소득 사적연금소득	10,000,000원 12,000,000원
4.직계비속	이지은	201218 – 4094113		

자료 2. 김나영 사원의 전근무지 정산내역

(8쪽 중 제1쪽)

	거주구분	거주자1 / 비거주자2
	거주지국 대한민국	거주지국코드 kr
	내·외국인	내국인1/외국인9
	외국인단일세율적용	여 1 / 부 2
	외국법인소속파견근로자여부	여 1 / 부 2
	국적 대한민국	국적코드 kr
	세대주 여부	세대주1/세대원2
	연말정산 구분	계속근로1/중도퇴사2

관리번호

[√]근로소득 원천징수영수증
[ ]근로소득 지 급 명 세 서

([√]소득자 보관용 [ ]발행자 보관용 [ ]발행자 보고용)

징수의무자	① 법인명(상 호) (주)평화산업	② 대 표 자(성 명) 이동은
	③ 사업자등록번호 305-86-11110	④ 주 민 등 록 번 호
	③-1 사업자단위과세자여부 여 1 / 부 2	
	⑤ 소 재 지(주소) 대전광역시 동구 가양남로 10	
소득자	⑥ 성 명 김나영	⑦ 주 민 등 록 번 호 880103-2774918
	⑧ 주 소 서울특별시 서대문구 충정로 7길 30(충정로2가)	

	구 분	주(현)	종(전)	종(전)	⑯-1 납세조합	합 계
I 근무처별소득명세	⑨ 근 무 처 명	(주)평화산업				
	⑩ 사업자등록번호	305-86-11110				
	⑪ 근무기간	20x1.1.1.~ 20x1.8.31.	~	~	~	~
	⑫ 감면기간	~	~	~	~	~
	⑬ 급 여	28,000,000				28,000,000
	⑭ 상 여	7,000,000				7,000,000
	⑮ 인 정 상 여					
	⑮-1 주식매수선택권 행사이익					
	⑮-2 우리사주조합인출금					
	⑮-3 임원 퇴직소득금액 한도초과액					
	⑮-4					
	⑯ 계	35,000,000				35,000,000
II 비과세및감면소득명세	⑱ 국외근로	M0X				
	⑱-1 야간근로수당	O0X				
	⑱-2 출산·보육수당	Q0X				
	⑱-4 연구보조비	H0X				
	~					
	⑲ 수련보조수당	Y22				
	⑳ 비과세소득 계					
	⑳-1 감면소득 계					

	구 분	㉚ 소 득 세	㉛ 지방소득세	㉜ 농어촌특별세
III 세액명세	㉓ 결 정 세 액	1,300,500	130,050	
	㉔ 종(전)근무지 (결정세액란의 세액 기재) / 사업자등록번호			
	㉕ 주(현)근무지	1,401,880	140,180	
	㉖납부특례세액			
	㉗ 차 감 징 수 세 액 (㉓-㉔-㉕-㉖)	-101,380	-10,130	

기납부세액

국민연금보험료 : 1,093,500원
건강보험료 : 833,750원
장기요양보험료 : 96,040원
고용보험료 : 280,000원

위의 원천징수액(근로소득)을 정히 영수(지급)합니다.

20x1년 8월 31일

징수(보고)의무자 (주)평화산업 (서명)

대 전 세 무 서 장 귀하

210mm×297mm[백상지 80g/㎡(재활용)]

자료 3. 국세청간소화서비스 및 기타증빙자료

20x1년 귀속 소득 · 세액공제증명서류 : 기본(취급기관별)내역
[장기주택저당차입금 이자상환액]

■ 계약자 인적사항

성 명	주 민 등 록 번 호
김나영	880103 - 2774***

■ 장기주택저당차입금 이자상환액 부담내역 (단위 : 원)

취급기관	대출종류	최초차입일 최종상환예정일	상환기간	주택 취득일	저당권 설정일	연간 합계액	소득공제 대상액
		차입금	고정금리 차입금	비거치식 상환차입금	당해년 원금상환액		
(주)신한은행 (201 - 81 - 72***)	주택구입 자금대출	2012 - 08 - 02 2032 - 08 - 02	20년	2012 - 08 - 01	2012 - 08 - 02	1,200,000	1,200,000
		30,000,000	0	30,000,000	3,000,000		
인별합계금액							1,200,000

국 세 청
National Tax Service
· 본 증명서류는 『소득세법』 제165조 제1항에 따라 영수증 발급기관으로부터 수집한 서류로 소득·세액공제 충족 여부는 근로자가 직접 확인하여야 합니다.
· 본 증명서류에서 조회되지 않는 내역은 영수증 발급기관에서 직접 발급받으시기 바랍니다.

20x1년 귀속 소득 · 세액공제증명서류 : 기본(지출처별)내역 [의료비]

■ 환자 인적사항

성 명	주 민 등 록 번 호
이정희	520411 - 2******

■ 의료비 지출내역 (단위 : 원)

사업자번호	상 호	종류	납입금액 계
109 - 04 - 16***	서울**병원	일반	1,800,000
106 - 05 - 81***	***의원	일반	400,000
의료비 인별합계금액			2,200,000
안경구입비 인별합계금액			0
산후조리원 인별합계금액			0
인별합계금액			2,200,000

국 세 청
National Tax Service
· 본 증명서류는 『소득세법』 제165조 제1항에 따라 영수증 발급기관으로부터 수집한 서류로 소득·세액공제 충족 여부는 근로자가 직접 확인하여야 합니다.
· 본 증명서류에서 조회되지 않는 내역은 영수증 발급기관에서 직접 발급받으시기 바랍니다.

일련번호	0233	기 부 금 영 수 증

※ 아래의 작성방법을 읽고 작성하여 주시기 바랍니다.

① 기부자

성명(법인명)	김 나 영	주민등록번호 (사업자등록번호)	880103 - *******
주소(소재지)	서울특별시 성북구 대사관로11가길 36		

② 기부금 단체

단 체 명	제일성결교회	사업자등록번호 (고유번호)	106 - 82 - 99369
소 재 지	서울 영등포구 영등포로 21	기부금공제대상 기부금단체 근거법령	소득세법 제34조제1항

③ 기부금 모집처(언론기관 등)

단 체 명		사업자등록번호	
소 재 지			

④ 기부내용

유형	코드	구분	연월일	내용	기 부 금 액		공제제외 기부금	
					합계	공제대상 기부금액	기부장려금 신청금액	기타
종교단체	41	금전	20x1.12.20.	기부금	600,000	600,000		

- 이 하 생 략 -

[실무수행평가] – 근로소득관리 3

번호	[김나영 근로소득원천징수영수증 조회]	배점
45	'36.특별소득공제 합계'의 공제대상액은 얼마인가?	2
46	'56.근로소득' 세액공제액은 얼마인가?	1
47	'62.의료비' 세액공제액은 얼마인가?	2
48	'64.기부금' 세액공제액은 얼마인가?	2
49	기납부세액(소득세)은 얼마인가?('74.종(전)근무지'와 '75.주(현)근무지'의 합계액)	2
50	'77.차감징수세액(소득세)'은 얼마인가?	1
	근로소득 소계	25

해답해설

Tax Accounting Technician
세무정보처리 자격시험 2급

62회

실무이론평가

1	2	3	4	5	6	7	8	9	10
③	①	④	④	③	④	③	②	②	④

01

수 량	장부상 단가 (가)	단위당 예상 판매가격 ①	단위당 예상 판매비용 ②	단위당 예상 순실현가능가치 (나)=①-②	단위당 평가손실 (가)-(나)
1,000개	100원	110원	30원	80원	20원

재고자산평가손실 = 1,000개 × 단위당 평가손실(20) = 20,000원

02 당기순이익 = 기말자본(7,000,000) - 기초자본(4,000,000) - 유상증자(3,000,000)
　　　　　+ 현금배당(1,000,000) = 1,000,000원
주식배당으로 인한 자본의 변동은 없으므로 고려하지 않는다.

03 A주식의 평가 : 1,000주 × (7,000원 - 6,000원) = 단기매매증권평가이익　1,000,000원
B주식의 평가 : 3,000주 × (5,000원 - 8,000원) = 단기매매증권평가손실　<u>9,000,000원</u>
　　　　　　　　　　　　　　　　　당기순이익　　　　<u>8,000,000원</u> 감소
매도가능증권평가손익(기타포괄손익누계액)은 당기순이익에 영향을 미치지 않는다.

04 동종자산의 교환으로 취득한 유형자산의 **취득원가는 교환을 위하여 제공한 자산의 장부금액**으로 한다.
(차) 감가상각누계액(A)　　　24,000,000원　　(대) 기계장치(A)　　　30,000,000원
　　　기계장치(B)　　　　　6,000,000원

05 기말재고 = 기초(1,000) + 매입(2,000) - 매출(1,500) = 1,500개

상　품(총평균법)

기초	1,000개	@100	100,000	매출원가			
매입	1,000개	@110	110,000				
	1,000개	@120	120,000	기말	1,500개	@110	165,000
계	*3,000개*	*@110*	330,000	계			

294

〈이동평균법〉

구입순서	수량	단가	금액	재고수량	재고금액	평균단가
기초	1,000	100	100,000	1,000	100,000	@100
구입(12.8)	1,000	110	110,000	2,000	210,000	@105
판매(12.12)	△1,500			500	52,500	@105
구입(12.16)	1,000	120	120,000	1,500	<u>172,500</u>	@115

06 기말 외화외상매출금 = US$100,000 × 1,200원 = 120,000,000원

　　외화환산손익 = US$100,000 × [공정가액(1,200) - 장부가액(1,100)] = 10,000,000원(이익)

07 담보목적으로 부동산을 제공하는 경우와 **매입세액공제를 받지 못한 재화를 거래처에 증정하는 경우는 과세거래에 해당하지 않는다.**

　　특수관계인에게 부동산을 무상으로 임대하는 경우와 건물을 교환한 경우는 과세거래에 해당한다.

08 매출세액 = 상품(66,000,000 × 10/110) - 대손세액(5,500,000 × 10/110) = 5,500,000원

09 기타소득금액 = 유실물보상금(2,000,000) + 주택입주지체상금[1,000,000원 × (1 - 80%)]

　　　　　　　　 + 강연료[5,000,000 × (1 - 60%)] = 4,200,000원

　　실제 사용된 필요경비가 없는 경우 **주택입주 지체상금은 80%, 고용관계 없이 다수인에게 강연을 하고 받은 대가는 60%의 필요경비가 인정**된다. 유실물의 습득으로 인한 보상금은 실제필요경비만 인정된다.

10 **신용카드로 지급한 의료비에 대하여 의료비세액공제는 중복적용이 가능하다.**

▄▄▄▄ 실무수행평가

실무수행 1. 거래자료입력

① 3만원초과 거래자료에 대한 경비등송금명세서 작성

1. [일반전표입력] 1월 5일

　　(차) 원재료　　　　　　　　　　250,000원　　(대) 보통예금(하나은행)　　　　250,000원

2. [경비등의송금명세서]

번호	⑥거래일자	⑦법인명(상호)	⑧성명	⑨사업자(주민)등록번호	⑩거래내역	⑪거래금액	⑫송금일자	CD	⑬은행명	⑭계좌번호	계정코드
1	20×1.01-05	번개화물	이재훈	315-25-00910	운송료	250,000	2023-01-05	020	우리은행	123-1234567-800	

② 유/무형자산의 매각 [일반전표입력] 2월 21일

　　(차) 보통예금(국민은행)　　198,000,000원　　(대) 토지　　　　　　　　190,000,000원

　　　　　　　　　　　　　　　　　　　　　　　　　　　유형자산처분이익　　　　8,000,000원

③ 퇴직금 지급 [일반전표입력] 3월 31일

    (차) 퇴직급여충당부채   20,000,000원   (대) 퇴직연금운용자산   20,000,000원

실무수행 2. 부가가치세관리

① 전자세금계산서 발급

1. [매입매출전표입력] 4월 18일

거래유형	품명	공급가액	부가세	거래처	전자세금
11.과세	전기압력밥솥	12,000,000	1,200,000	(주)중앙물산	전자발행
분개유형	(차) 외상매출금	12,000,000원	(대)	제품매출	12,000,000원
3.혼합	현금	1,200,000원		부가세예수금	1,200,000원

2. [전자세금계산서 발행 및 내역관리] 기출문제 77회 참고

② 수정전자세금계산서의 발급

1. [수정전자세금계산서 발급]

  ① [매입매출전표입력] 6월 1일 전표선택 ➡ 　수정세금계산서　 클릭 ➡ 수정사유(2.공급가액변동)를 선택 ➡ 　확인(Tab)　을 클릭

  ② [수정세금계산서(매출)] 화면에서 수정분 [작성일 6월 10일], [공급가액 - 400,000원], [세액 - 40,000원]을 입력한 후 　확인(Tab)　을 클릭

수정입력사유	2	공급가액 변동		당초(세금)계산서작성		20×1-06-01						
구분	년	월	일	유형	품명	수량	단가	공급가액	부가세	합계	코드	거래처명	사업.주민번호
당초분	20×1	06	01	과세	전기밥솥	100	200,000	20,000,000	2,000,000	22,000,000	04004	(주)기남전자	506-81-45111
수정분	20×1	06	10	과세	매출할인			-400,000	-40,000	-440,000	04004	(주)기남전자	506-81-45111
		합 계						19,600,000	1,960,000	21,560,000		

  ③ [매입매출전표입력] 6월 10일

거래유형	품명	공급가액	부가세	거래처	전자세금
11. 과세	매출할인	- 400,000	- 40,000	(주)기남전자	전자발행
분개유형	(차) 외상매출금	- 440,000원	(대)	제품매출	- 400,000원
2. 외상				부가세예수금	- 40,000원

2. [전자세금계산서 발행 및 내역관리] 기출문제 77회 참고

③ 건물등감가상각자산취득명세서 작성자의 부가가치세신고서 작성

1. [거래자료입력]

- [매입매출전표입력] 7월 10일

거래유형	품명	공급가액	부가세	거래처	전자세금
51.과세	프레스 기계	20,000,000	2,000,000	(주)용인기계	전자입력
분개유형	(차) 기계장치	20,000,000원	(대)	미지급금	22,000,000원
3.혼합	부가세대급금	2,000,000원			

- [매입매출전표입력] 8월 15일

거래유형	품명	공급가액	부가세	거래처	전자세금
51.과세	1.5트럭	16,000,000	1,600,000	드림모터스	전자입력
분개유형	(차) 차량운반구	16,000,000원	(대)	미지급금	17,600,000
3.혼합	부가세대급금	1,600,000원			

- [일반전표입력] 9월 10일(**카드사용분 중 불공제는 일반전표에 입력**한다.)

    (차) 차량운반구   1,100,000원   (대) 미지급금(롯데카드)   1,100,000원

2. [건물등감가상각자산취득명세서] 7월 ~ 9월

	감가상각자산 종류	건 수	공 급 가 액	세 액	비 고
취	합 계	2	36,000,000	3,600,000	
득	(1) 건 물 · 구 축 물				
내	(2) 기 계 장 치	1	20,000,000	2,000,000	
역	(3) 차 량 운 반 구	1	16,000,000	1,600,000	
	(4) 기타감가상각자산				

일련번호	취득일자		상 호	사업자등록번호	자산구분		공 급 가 액	세 액	건 수	유 형
	월	일								
1	07	10	(주)용인기계	869-88-01648	2	기 계 장 치	20,000,000	2,000,000	1	세금계산서
2	08	15	드림모터스	750-35-00091	3	차 량 운 반 구	16,000,000	1,600,000	1	세금계산서

3. [부가가치세신고서] 7월 1일 ~ 9월 30일

매	세금계산 수취부분	일반매입	10	256,500,004	25,650,000
		수출기업수입분납부유예	10-1		
	세금계산 수취부분	매입	11	36,000,000	3,600,000
	예정신고		12		

④ 매입세액불공제내역 작성자의 부가가치세신고서 작성

1. [4. 공통매입세액의 정산내역] 10월~12월

2.공제받지 못할 매입세액 내역	3.공통매입세액 안분계산 내역	4.공통매입세액의 정산내역	5.납부세액 또는 환급세액 재계산 내역

	계산식	구분	(15)총공통 매입세액	(16)면세 사업 확정비율(%)			(17)불공제매입세액총액 ((15)×(16))	(18)기 불공제 매입세액	(19)가산또는공제되는 매입세액((17)-(18))
				면세공급가액 (면세사용면적)	총공급가액 (총사용면적)	면세비율(%)			
1	1.면세공급가액기준		500,000	330,000,000	1,000,000,000	33.000000	165,000	125,000	40,000

2. [부가가치세신고서] 10월 1일 ~ 12월 31일 전자신고세액공제 10,000원

	구분		금액	세액
16 공제받지 못할매입 세액	공제받지못할매입세액	50		
	공통매입세액면세사업	51	400,000	40,000
	대손처분받은세액	52		

3. [일반전표입력] 12월 31일

    (차) 수수료비용(판)   40,000원   (대) 부가세대급금   40,000원

[실무수행평가] - 부가가치세관리

번호	평가문제	배점	답
11	[회사등록 조회]	2	①
12	[매입매출전표입력 조회]	2	(2)
13	[세금계산서합계표 조회]	2	(22,000,000)원
14	[세금계산서합계표 조회]	2	(32)매
15	[건물등감가상각자산취득명세서 조회]	2	(16,000,000)원
16	[부가가치세신고서 조회]	2	(36,000,000)원
17	[부가가치세신고서 조회]	3	④
18	[부가가치세신고서 조회]	3	③
19	[매입세액불공제내역 조회]	2	(33)%
20	[부가가치세신고서 조회]	2	(32,373,200)원
	부가가치세 소계	22	

실무수행 3. 결산

① 수동결산 [일반전표입력] 12월 31일

    (차) 소모품비(제)   240,000원   (대) 소모품   800,000원
       소모품비(판)   560,000원

② 결산자료입력에 의한 자동결산

[결산자료입력 1] [일반전표입력] 12월 31일

(차) 재고자산감모손실   500,000원   (대) 원재료(타계정으로 대체)   500,000원

[결산자료입력 2]

결산자료입력에서 기말 원재료 4,500,000원, 기말 제품 30,000,000원 입력하고 전표추가(F3) 를 클릭하여 결산분개를 생성한다.

[이익잉여금처분계산서] 메뉴

이익잉여금처분계산서에서 처분일을 입력한 후, 전표추가(F3) 를 클릭하여 손익대체 분개를 생성한다.

[실무수행평가] – 재무회계

번호	평가문제	배점	답
21	[경비등송금명세서 조회]	1	(020)
22	[현금출납장 조회]	1	(10,940,000)원
23	[거래처원장 조회]	2	(366,180,000)원
24	[거래처원장 조회]	2	②
25	[거래처원장 조회]	1	(21,560,000)원
26	[거래처원장 조회]	2	(3,100,000)원
27	[일/월계표 조회]	1	(109,640,000)원
28	[손익계산서 조회]	2	(5,965,000)원
29	[손익계산서 조회]	1	(14,532,000)원
30	[합계잔액시산표 조회]	2	(32,000,000)원
31	[합계잔액시산표 조회]	2	(67,807,900)원
32	[재무상태표 조회]	1	(200,000)원
33	[재무상태표 조회]	2	(253,000,000)원
34	[재무상태표 조회]	2	(4,500,000)원
35	[재무상태표 조회]	1	③
	재무회계 소계	23	

실무수행 4. 근로소득관리

① 주민등록등본에 의한 사원등록(윤세리,2025)

관계	요 건		기본 공제	추가 (자녀)	판 단
	연령	소득			
본인(여성)	–	–	○	부녀자	종합소득금액 3천만원 이하자
배우자(세대주)	–	○	○		종합소득금액 = 근로소득금액(6,000,000) – 사업소득 결손금(8,000,000) = △2,000,000원
모(70)	○	○	○	경로	**총연금액이 350만원 이하인 경우 전액 공제된다. 따라서 연금소득금액은 0이다.**
자(16)	○	○	○	자녀	
형제(45)	×	×	부		총급여액 5백만원 초과자

〈윤세리 연말정산근로소득원천징수영수증 조회〉

구 분		공제대상액
21.총 급 여(16)		40,000,000
22.근 로 소 득 공 제	>	11,250,000
23.근 로 소 득 금 액	>	28,750,000

[실무수행평가] – 근로소득관리 1

번호	평가문제[윤세리 근로소득원천징수영수증 조회]	배점	답
36	25.배우자 공제 대상액	2	(1,500,000)원
37	26.부양가족 공제대상액(모친, 아들 2명)	2	(3,000,000)원
38	28.장애인 공제 대상액	1	(0)원
39	29.부녀자공제대상액	2	(500,000)원
40	56.자녀세액공제 공제대상 자녀	1	(1)명

② 일용직사원의 원천징수

1. [일용직사원등록](4001.천경수) 급여지급방법 : **1.일정기간 지급**, 고용보험율 : 0.9%

관리 사항등록

1. 입 사 년 월 일	20×1 년 12 월 01 일 ?		
2. 퇴 사 년 월 일	년 월 일 ?		
3. 주 민 등 록 번 호	내외국인 0 내국인 860925-1182817		
4. 주 소	?		
5. 전 화 번 호	) - 6. 핸 드 폰 번 호) -		
7. E m a i l 등 록	@ 직접입력 ▼		
8. 은행/계좌번호/예금주	? 천경수		
9. 직종/부서/직급	현 장 ? 직 종 ?		
	부 서 ? 직 급 ?		
	프 로 젝 트 ?		
10. 국적/체류자격	국 적 100 ? 한국 체 류 자 격 ?		
11. 거주구분/거주지국	거 주 구 분 0 거주자 거 주 지 국 KR ? 대한민국		
12. 퇴직금적용	0 부		
13. 단기예술인여부	0 부 단기예술인 사업장 ?		

급여 사항등록

13. 급 여 지 급 방 법	1 일정기간지급
14. 정 상 급 여	180,000 원 급 여 유 형 0 일급직
15. 연 장 급 여	0 원 연장급여방식 0 일급직
16. 국 민 연 금	0 일당 0 원 지급방식 0 일지급
17. 건 강 보 험	0 일당 0 원 지급방식 0 일지급
18. 요 양 보 험	0 부 0
19. 고 용 보 험 율	1 여 0.9 % 지급방식 0 일지급

2. [일용직급여입력]귀속년월 12월, 지급년월 12월

	현장		일자	요일	근무	근무시간		지급액		기타비과세	고용보험	국민연금	건강보험	요양보험	소득세	지방소득세	임금총액	공제총액	차인지급액
	코드	현장명				정상	연장	정상	연장										
☐			01	금	X														
☐			02	토	X														
☐			03	일	X														
☐			04	월	X														
☐			05	화	○	180,000					1,620				810	80	180,000	2,510	177,490
☐			06	수	X														
☐			07	목	○	180,000					1,620				810	80	180,000	2,510	177,490
☐			08	금	X														
☐			09	토	○	180,000					1,620				810	80	180,000	2,510	177,490
☐			10	일	X														
☐			11	월	X														
☐			12	화	○	180,000					1,620				810	80	180,000	2,510	177,490
☐			13	수	X														
☐			14	목	○	180,000					1,620				810	80	180,000	2,510	177,490
☐			2	금	X														
	합계		5			900,000					8,100				4,050	400	900,000	12,550	887,450

3. [원천징수이행상황신고서]귀속기간 12월, 지급기간 12월, 0.정기신고

구분		코드	소득지급(과세미달,비과세포함)		징수세액				9.당월 조정 환급세액	10.소득세 등 (가산세 포함)
			4.인원	5.총지급액	6.소득세 등	7.농어촌특별세	8.가산세			
근로소득	간 이 세 액	A01	3	27,500,000	744,390					
	중 도 퇴 사	A02								
	일 용 근 로	A03	1	900,000	4,050					
	연말정산합계	A04								
	연말분납금액	A05								
	연말납부금액	A06								
	가 감 계	A10	4	28,400,000	748,440					748,440

[실무수행평가] – 근로소득관리 2

번호	평가문제	배점	답
41	[일용직(천경수) 12월 일용직급여입력 조회] 고용보험 합계액	2	(8,100)원
42	[일용직(천경수) 12월 일용직급여입력 조회] 급여의 차인지급액	2	(887,450)원
43	[12월 원천징수이행상황신고서 조회] 원천징수대상 인원	2	(4)명
44	[12월 원천징수이행상황신고서 조회] 일용근로 6.소득세등 금액	1	(4,050)원

※ 41,42,44는 프로그램이 자동계산하므로 시점(세법개정, 프로그램 업데이트)마다 달라질 수가 있습니다.

③ 국세청연말정산간소화 및 이외의 자료를 기준으로 연말정산(김나영,2025)

1. 종전근무지 입력

| 근무 처명 | 사업자 등록번호 | 급여 | 상여 | 보험료 명세 | | | | 세액명세 | | 근무 기간 |
				건강 보험	장기 요양	고용 보험	국민 연금	소득세	지방 소득세	
㈜평화 산업	305-86-11110	28,000,000	7,000,000	833,750	96,040	280,000	1,093,500	1,300,500	130.050	1.1~8.31

2. 기본공제대상 요건

| 관계 | 요 건 | | 기본 공제 | 판 단 |
	연령	소득		
본인(여성)	–	–	○	
배우자	–	×	부	종합소득금액 1백만원 초과자
모(73)	○	○	○	사적연금 15백만원 이하 선택적 분리과세
딸(13)	○	○	○	

3. 연말정산 대상여부 판단

항 목	요건		내역 및 대상여부	입력
	연령	소득		
의 료 비	×	×	• 모친 의료비	○(65세 2,200,000)
기부금	×	○	• 본인 종교단체	○(종교단체 600,000)
장기주택 이자상환액	본인		• 본인 장기주택차입금 이자상환액	○(1,200,000)

4. 주택자금 소득공제(장기주택저당 차입금 이자상환액)

		상환 30년이상(한노1,500)		
장기주택	2012년 이후(15년	고정금리 or 비거치 (1,500)	1,200,000	1,200,000
		기타상환(한도500)		

5. 의료비 세액공제

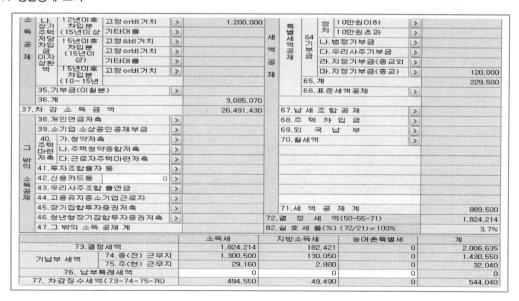

| 정산명세 | 소득명세 | 소득공제 | 의료비 | 기부금 | 신용카드 | 연금투자명세 | 월세액명세 |

● 지급내역

	공제대상자					지급처			지급명세			난임시술비 해당 여부	중증질환 결핵환자등	산후조리원 해당여부 (7천만원이하)
	부양가족 관계코드	성명	내외	주민등록번호	본인등 해당여부	상호	사업자번호	의료증빙 코드	건수	지급액	실손의료보험금			
1	소득자의 직계존	이정희	내	520411-2222220	○			국세청	1	2,200,000		X	X	X

6. 기부금 세액공제

● I. 해당연도 기부명세

NO	기부자				기부처			유형	코드	기부명세				구분	내용
	관계	성명	내·외	주민번호	사업자번호	상호				건수	합계금액	기부대상액	장려금신청		
1	1.본인	김나영		내	880103-2774918	106-82-99369	제일성결교회	종교	41	1		600,000	600,000		기타	금전

7. 정산명세 조회

소득공제	나.장기주택저당차입금이자상환액	12년이후 차입분 (15년이상)	고정or비거치	>	1,200,000	세액공제	특별세액공제	64 기부금	정치	10만원이하	>	
			기타대출	>						10만원 초과	>	
		15년이후 차입분 (15년이상)	고정&비거치	>					나.법정기부금		>	
			고정or비거치	>					다.우리사주기부금		>	
			기타대출	>					라.지정기부금(종교외)		>	
		15년미후 차입분 (10~15년	고정or비거치	>					마.지정기부금(종교)		>	120,000
	35.기부금(이월분)			>				65.계				229,500
	36.계				3,085,070			66.표준세액공제			>	
37.차 감 소 득 금 액					26,491,430	67.납 세 조 합 공 제					>	
그 밖의 소득공제	38.개인연금저축			>		68.주 택 차 입 금					>	
	39.소기업·소상공인공제부금			>		69.외 국 납 부					>	
	40. 주택마련저축	가.청약저축		>		70.월세액					>	
		나.주택청약종합저축		>								
		다.근로자주택마련저축		>								
	41.투자조합출자 등			>								
	42.신용카드등			0	>							
	43.우리사주조합 출연금			>								
	44.고용유지중소기업근로자			>		71.세 액 공 제 계						889,500
	45.장기집합투자증권저축			>		72.결 정 세 액(50-55-71)						1,824,214
	46.청년형장기집합투자증권저축			>		82.실 효 세 율(%)(72/21)×100%						3.7%
	47.그 밖의 소득 공제 계											

		소득세	지방소득세	농어촌특별세	계
73. 결정세액		1,824,214	182,421	0	2,006,635
기납부 세액	74.종(전) 근무지	1,300,500	130,050	0	1,430,550
	75.주(현) 근무지	29,160	2,880	0	32,040
76. 납부특례세액		0	0	0	0
77. 차감징수세액 (73-74-75-76)		494,550	49,490	0	544,040

[실무수행평가] – 근로소득관리 3

번호	평가문제 [김나영 근로소득원천징수영수증 조회]	배점	답
45	36.특별소득공제 합계의 공제대상액	2	(3,085,070)원
46	56.근로소득 세액공제액	1	(660,000)원
47	62.의료비 세액공제액	2	(109,500)원
48	64.기부금 세액공제액	2	(90,000)원
49	기납부세액(소득세)(74+75)	2	(1,329,660)원
50	77.차감징수세액(소득세)	1	(494,550)원
	근로소득 소계	25	

※ 45~50은 프로그램이 자동계산하므로 시점(세법개정, 프로그램 업데이트)마다 달라질 수가 있습니다.

〈참고사항 : 총급여액 49,000,000원〉

※ 시험시 프로그램이 자동계산되어진 것으로 답을 입력하시고 시간이 남으시면 체크해 보시기 바랍니다.

		한도	공제율	대상금액	세액공제
1. 의료비	특정	–	15%	2,200,000	109,500
	☞의료비세액공제 = [2,200,000 – 총급여액(49,000,000)×3%]×15% = 109,500				
2. 기부금	종교	–	15%	600,000	90,000

합격율	시험년월
39%	2023.4

![실무이론평가]

01. 다음 중 재고자산에 관한 설명으로 옳지 않은 것은?

① 재고자산감모손실 중 정상적으로 발생한 감모손실은 매출원가에 가산한다.

② 물가가 지속적으로 상승하는 상황에서 선입선출법을 적용한 경우의 기말재고액은 이동평균법, 총평균법, 후입선출법을 적용한 경우의 기말재고액보다 크다.

③ 재고자산감모손실 중 비정상적으로 발생한 감모손실은 영업외비용으로 처리한다.

④ 저가법을 적용함으로써 발생한 재고자산평가손실은 영업외비용으로 처리한다.

02. (주)한공은 20x1년 1월 1일 다음의 조건으로 사채를 발행하였다. 20x1년말 손익계산서상 사채관련 이자비용은 얼마인가?

> – 액면금액 100,000,000원(3년 만기), 발행금액 97,400,000원
> – 액면이자율 5%(매년 말 지급), 유효이자율 6%

① 4,870,000원 ② 5,000,000원 ③ 5,844,000원 ④ 6,000,000원

03. (주)한공은 당기 중 다음과 같이 유상증자를 2차례 실시하였다. 재무상태표에 계상될 주식발행초과금은 얼마인가?(단, 전기 말 주식발행초과금과 주식할인발행차금 잔액은 없는 것으로 한다.)

> • 3월 5일 발행주식수 1,000주, 1주당 발행금액 15,000원(액면금액 @10,000원)
>   주식발행 수수료는 없었다.
> • 9월 20일 발행주식수 1,000주, 1주당 발행금액 9,000원(액면금액 @10,000원)
>   주식발행 수수료 100,000원이 발생하였다.

① 3,900,000원 ② 4,000,000원 ③ 4,100,000원 ④ 5,000,000원

04. 다음은 (주)한공의 저작권 관련 자료이다. 2024년의 저작권상각액은 얼마인가?

- 2020년 1월 1일 저작권을 10,000,000원에 취득하였다.(내용연수 10년, 잔존가치 없음, 정액법 상각)
- 2024년 1월 1일 자본적지출 600,000원이 발생하였다.(단, 내용연수는 연장되지 않는다.)

① 0원   ② 1,000,000원   ③ 1,100,000원   ④ 1,200,000원

05. 다음 자료를 토대로 기말현재 퇴직금추계액을 계산하면 얼마인가?

〈총계정원장의 일부〉

		퇴직급여충당부채			
4/5	보통예금	2,000,000	1/1	전기이월	6,000,000

〈결산정리사항〉
12월 31일 (차) 퇴직급여   3,000,000원   (대) 퇴직급여충당부채   3,000,000원

① 1,000,000원   ② 4,000,000원   ③ 7,000,000원   ④ 9,000,000원

06. 다음은 (주)한공이 정부보조금을 수령하여 취득한 차량운반구 관련 자료이다. 20x1년 결산정리 후 재무상태표의 차량운반구 장부금액은 얼마인가?

- 취득일 : 20x1년 1월 1일
- 취득원가 : 12,000,000원 (보통예금 지급)
- 정부보조금 : 4,000,000원 (보통예금 수령)
- 내용연수: 5년, 잔존가치 : 없음, 정액법 적용

① 5,600,000원   ② 6,400,000원   ③ 8,000,000원   ④ 9,600,000원

07. 세금계산서(또는 전자세금계산서)에 대한 설명으로 옳지 않은 것은?
① 법인사업자는 모두 전자세금계산서 의무발급대상이나, 개인사업자는 일정한 요건에 해당하는 경우에만 전자세금계산서 의무발급대상이다.
② 전자세금계산서 발급명세는 전자세금계산서 발급 후 10일 이내에 국세청장에게 전송하여야 한다.
③ 공급받는 자의 등록번호는 세금계산서의 필요적 기재사항이다.
④ 필요적 기재사항 등이 착오 외의 사유로 잘못 적힌 경우는 재화나 용역의 공급일이 속하는 과세기간에 대한 확정신고기간까지 수정세금계산서를 발급할 수 있다.

08. 다음 자료를 토대로 도매업을 영위하는 (주)한공의 20x1년 제1기 확정신고기간 부가가치세 과세표준을 계산하면 얼마인가?

거래내용	공급가액
상품국내매출액	4,000,000원(매출할인 1,000,000원 차감 전)
상품수출액	2,000,000원
거래처에 무상 제공한 견본품	1,500,000원(시가 2,000,000원)
공급받는 자에게 도달하기 전에 파손된 재화 가액	5,000,000원

① 3,000,000원　　② 5,000,000원　　③ 6,500,000원　　④ 8,000,000원

09. 다음은 거주자 김회계 씨(과장)가 (주)한공으로부터 수령한 소득자료이다. 이를 이용하여 20x1 년 김회계 씨의 총급여액을 계산하면 얼마인가?

> 가. 기본급 : 36,000,000원(월 3,000,000원)
> 나. 상여금 : 3,000,000원
> 다. 식　대 : 2,400,000원(월 200,000원, 식사는 제공받지 않음.)
> 라. 자녀보육(양육)수당 : 2,400,000원(월 200,000원, 김회계씨의 6세 이하 자녀는 2명임.)

① 39,000,000원　　② 40,200,000원　　③ 41,400,000원　　④ 42,600,000원

10. 다음 중 소득세법상 소득공제 및 세액공제에 대한 설명으로 옳지 않은 것은?
① 특별세액 공제대상 교육비에는 초·중등교육법에 따른 학교에서 실시하는 방과후 학교 수업료 및 교재구입비가 포함된다.
② 근로소득자 본인의 종교단체 기부금은 기부금세액공제 대상이다.
③ 종합소득이 있는 거주자가 공적연금보험료를 납입한 경우 전액 소득공제한다.
④ 의료비 지출액에 대해서는 신용카드소득공제와 의료비 세액공제를 중복하여 적용할 수 없다.

■■■■■■ 실무수행평가

(주)청정산업(2610)은 정수기 제조업을 영위하는 법인기업으로 회계기간은 제6기(20x1.1.1.~20x1.12.31.)이다. 제시된 자료와 자료설명을 참고하여, [수행과제]를 완료하고 [평가문제]의 물음에 답하시오.

실무수행1 | 거래자료입력

실무프로세스 자료이다. [자료설명]을 참고하여 [수행과제]를 수행하시오.

① 3만원 초과 거래 자료에 대한 영수증 수취명세서 작성

NO.	영 수 증 (공급받는자용)

(주)청정산업 귀하

공급자	사업자등록번호	122 - 56 - 12346		
	상 호	선우인쇄	성명	이선우
	사업장소재지	서울특별시 중구 퇴계로51길		
	업 태	제조업외	종목	인쇄외

작성일자	공급대가총액	비고
20x1.1.4.	₩ 50,000	

공 급 내 역				
월/일	품명	수량	단가	금액
1/4	직원명함	2	25,000	50,000

합 계	₩ 50,000

위 금액을 (영수)(청구)함

자료설명	영업부 직원 명함 인쇄를 의뢰하고, 제작 대금은 현금으로 지급하고 수취한 영수증이다. 회사는 이 거래가 지출증명서류 미수취 가산세 대상인지를 검토하려고 한다.
수행과제	1. 거래자료를 입력하시오. 2. 영수증수취명세서(1)과 (2) 서식을 작성하시오.

② 단기매매증권구입 및 매각
자료 1. 차량구입시 채권 구입

NO. 7

춘천시 지역개발채권 매입필증
(증빙서류 첨부용)

채 권 매 입 금 액	금삼십만원정 (₩300,000)		
성 명 / 업 체 명	(주)청정산업	주민등록번호 (사업자 번호)	1208132144
주 소	강원도 춘천시 명동길 11 (조양동)		
대 리 인 (성 명)	****	주민등록번호	720125 - ******
청 구 기 관	******		
※ 용도 1. 자동차 신규등록 2. 자동차 이전등록 3. 각종 허가 및 신고 4. 각종 계약체결			

자료 2. 보통예금(기업은행) 거래내역

		내용	찾으신금액	맡기신금액	잔액	거래점
번호	거래일	계좌번호 986 - 1568 - 5754 (주)청정산업				
1	20x1 - 2 - 14	공채구입	300,000		***	***

자료설명	본사 업무용 차량을 구입하면서 법령에 의한 공채를 액면금액으로 구입하고 기업은행 보통예금 계좌에서 이체하여 지급하였다.(공채 매입시 공정가치는 260,000원이며 '단기매매증권'으로 회계처리할 것.)
수행과제	거래자료를 입력하시오.

③ 통장사본에 의한 거래자료입력
자료. 보통예금(기업은행) 거래내역

		내용	찾으신금액	맡기신금액	잔액	거래점
번호	거래일	계좌번호 986 - 1568 - 5754 (주)청정산업				
1	20x1 - 4 - 12	퇴직연금	6,000,000		***	***

자료설명	자료는 기업은행 보통예금 계좌에서 삼성생명으로 자동이체된 퇴직연금 이체내역이다.		
	구분	금액	
	확정급여형(DB)형	3,000,000원	
	확정기여형(DC형)	사무직 1,500,000원	생산직 1,500,000원
	합계	6,000,000원	
수행과제	거래자료를 입력하시오.		

실무수행2 부가가치세관리

부가가치세 신고 관련 자료이다. [자료설명]을 참고하여 [수행과제]를 수행하시오.

① 전자세금계산서 발급

거 래 명 세 서 (공급자 보관용)

공급자	등록번호	120-81-32144			공급받는자	등록번호	102-81-17053		
	상호	(주)청정산업	성명	오세훈		상호	(주)코웨이산업	성명	윤춘호
	사업장 주소	강원도 춘천시 명동길 11(조양동)				사업장 주소	서울특별시 서대문구 간호대로 10 (홍제동)		
	업태	제조업외	종사업장번호			업태	도소매업	종사업장번호	
	종목	정수기외				종목	정수기외		

거래일자	미수금액	공급가액	세액	총 합계금액
20x1.5.15.		6,000,000	600,000	6,600,000

NO	월	일	품목명	규격	수량	단가	공급가액	세액	합계
1	5	15	온수정수기		10	600,000	6,000,000	600,000	6,600,000

자료설명	1. (주)코웨이산업에 제품을 공급하고 발급한 거래명세서이다. 2. 회사는 (주)코웨이산업에서 4월 10일 계약금 2,000,000원을 수령하였으며 잔액은 국민은행 보통예금계좌로 이체받았다.
수행과제	1. 거래명세서에 의해 매입매출자료를 입력하시오. 2. 전자세금계산서 발행 및 내역관리 를 통하여 발급 · 전송하시오. (전자세금계산서 발급 시 결제내역 및 전송일자는 무시할 것.)

② 수정전자세금계산서의 발급

전자세금계산서			(공급자 보관용)			승인번호			

공급자	등록번호	120-81-32144			공급받는자	등록번호	105-81-47288		
	상호	(주)청정산업	성명(대표자)	오세훈		상호	(주)웰스산업	성명(대표자)	박종길
	사업장주소	강원도 춘천시 명동길 11(조양동)				사업장주소	서울특별시 금천구 시흥대로 405 (독산동)		
	업태	제조업외	종사업장번호			업태	도소매업	종사업장번호	
	종목	정수기외				종목	정수기외		
	E-Mail	chungjung@bill36524.com				E-Mail	wells@bill36524.com		

작성일자	20x1.6.15.	공급가액	12,000,000	세액	1,200,000
비고					

월	일	품목명	규격	수량	단가	공급가액	세액	비고
6	15	미니정수기		100	120,000	12,000,000	1,200,000	

합계금액	현금	수표	어음	외상미수금	이 금액을	○ 영수	함
13,200,000				13,200,000		◉ 청구	

자료설명	1. (주)웰스산업에 제품을 공급하고 발급한 전자세금계산서이다. 2. 전자세금계산서의 공급단가를 130,000원으로 기재했어야 하나, 담당자의 실수로 공급단가를 120,000원으로 기재하여 발급하였음을 확인하였다.
수행과제	수정사유에 따른 수정전자세금계산서를 발급 전송하시오. (외상대금 및 제품매출에서 음수(-)로 처리하고 전자세금계산서 발급 시 결제내역 입력 및 전송일자는 고려하지 말 것.)

③ 의제매입세액공제신고사업자의 부가가치세신고서 작성

자료 1. 면세매입 계산서

계산서					(공급받는자 보관용)		승인번호	

공급자	등록번호	101-90-39264			공급받는자	등록번호	120-81-32144	
	상호	온누리농산	성명(대표자)	지미화		상호	(주)청정산업	성명(대표자)	오세훈
	사업장주소	경기도 안양시 동안구 흥안대로 313				사업장주소	강원도 춘천시 명동길 11(조양동)	
	업태	축산물	종사업장번호			업태	제조업외	종사업장번호
	종목	농축수산물				종목	정수기외	
	E-Mail	onnuri@naver.com				E-Mail	chungjung@bill36524.com	

작성일자	20x1.7.10.	공급가액	10,000,000	비고	

월	일	품목명	규격	수량	단가	공급가액	비고
7	10	돼지고기	kg	200	50,000	10,000,000	

합계금액	현금	수표	어음	외상미수금	이 금액을	● 영수 / ○ 청구 함
10,000,000	10,000,000					

자료 2. 농산물 거래 내역서

농산물 거래 내역서

■ 공급자 인적사항

성 명	주 민 등 록 번 호
이지웅	740502-1245119

■ 거래 내역

농산물 품목	수량	납품일자	금 액
배추	30kg	20x1.7.15.	600,000원
합계금액			600,000원

■ 대금지급조건 : 납품 시 현금 결제

자료 3. 미가공 농산물(보리) 구입관련 자료

현금영수증
CASH RECEIPT

거래일시　　　20x1 - 07 - 30　14:15:27
품명　　　　　　　　　　　　　　　보리
식별번호　　　　　　　　208341****
승인번호　　　　　　　　165656304
판매금액　　　　　　　2,200,000원
부가가치세　　　　　　　　　　0원
봉사료　　　　　　　　　　　　0원

합계　　　　　　　　　2,200,000원

현금영수증가맹점명　　　　　　하나로마트
사업자번호　　　　　　229 - 81 - 16010
대표자명 : 신영호　　　TEL : 02 755 1112
주소 : 서울특별시 서초구 청계산로 10
CATID : 1123973　　　　　전표No :

현금영수증 문의 : Tel 126
http://현금영수증.kr
감사합니다.

자료설명	본 문제에 한하여 음식점업을 겸업 운영한다고 가정하며, 아래 자료는 음식점업과 관련된 내역이다. 1. 자료 1은 돼지고기를 현금으로 구입하고 수취한 계산서이다. 2. 자료 2는 배추를 농민으로부터 현금으로 직접 구입하고 수취한 농산물 거래 내역서이다. 3. 자료 3은 미가공 농산물(보리 10가마니)을 현금으로 구입한 현금영수증이다. 4. 자료 1 ~ 3의 계정과목은 원재료로 처리하고, 법인 음식점업 공제율은 6/106으로 한다. 5. 단, 회사는 중소기업에 해당한다.
수행과제	1. 자료 1 ~ 3의 거래를 검토하여 의제매입세액공제 요건을 갖춘 거래는 매입매출전표에 입력하고, 그 외의 거래는 일반전표에 입력하시오. (의제매입세액공제신고서에 자동반영 되도록 적요를 선택할 것.) 2. 제2기 부가가치세 예정신고기간의 의제매입세액공제신고서를 작성하시오. 3. 의제매입세액공제내역을 제2기 부가가치세 예정신고서에 반영하시오. 4. 의제매입세액과 관련된 회계처리를 일반전표입력에 9월 30일자로 입력하시오. (공제세액은 '부가세대급금'으로 회계처리할 것.)

④ 신용카드매출전표등 수령금액합계표 작성자의 부가가치세신고서 작성

자료 1.

매출전표

카드종류		거래일자				
삼성카드		20x1.10.2.10:25:11				
카드번호(CARD NO)						
9410 - 3256 - **** - 2351						
승인번호		금액 AMOUNT	백	천 5	0 0 0	원 0
30010947						
일반	할부	부가세 V.AT		5	0 0	0
일시불						
	경유	봉사료 CASHBACK				
거래유형						
신용승인		합계 TOTAL		55	0 0	0
가맹점명						
춘천주유소						
대표자명		사업자번호				
추상훈		229-98-01188				
전화번호		가맹점번호				
033-457-8004		312110073				
주소						
강원 춘천시 동내면 세실로 38						

상기의 거래 내역을 확인합니다.   서명 *(주)청정산업*

자료 2.

신 용 카 드 매 출 전 표

가 맹 점 명 향정원
사 업 자 번 호 215 - 03 - 80780
대 표 자 명 백종원
주   소 서울 강남 테헤란로8길 29

현대카드   신용승인
거래일시   20x1 - 11 - 4 오후 14:08:04
카드번호   6880 - 1256 - **** - 4056
유효기간   **/**
가맹점번호   123460001
매입사 : 현대카드(전자서명전표)

공 급 금 액   200,000원
부가세금액   20,000원
합   계   220,000원

자료 3.

```
** 현금영수증 **
(지출증빙용)

사업자등록번호   : 477-07-00913
사업자명         오피스알파
단말기ID         : 73453259(tel : 02-257-1004)
가맹점주소       : 서울 강남구 테헤란로 51길

현금영수증 회원번호
 120 - 81 - 32144        (주)청정산업
승인번호         : 57231010
거래일시         : 20x1년 12월 6일 10시10분10초

공 급 금 액              300,000원
부가세금액                30,000원
총 합 계                 330,000원

휴대전화, 카드번호 등록
http://현금영수증.kr
국세청문의(126)
38036925 - GCA10106 - 3870 - U490
   <<<<<이용해 주셔서 감사합니다.>>>>>
```

자료설명	1. 자료 1은 공장 화물트럭에 주유하고 결제한 법인 신용카드매출전표이다.
	2. 자료 2는 매출처 직원 기업업무추진(접대)를 하고 결제한 법인 신용카드매출전표이다.
	3. 자료 3은 관리부에서 사용할 소모품을 구입하고 수취한 현금영수증이다. (자산으로 처리할 것.) 단, 제시된 자료의 거래처는 모두 일반과세자이다.
수행과제	1. 자료 1 ~ 3을 일반전표 및 매입매출전표에 입력하시오.
	2. 제2기 확정 신용카드매출전표등 수령금액 합계표를 작성하시오.
	3. 신용카드매입 및 전자신고세액공제를 반영하여 제2기 부가가치세 확정신고서를 작성하시오.
	- 제2기 부가가치세 확정신고서를 홈택스에서 전자신고한다(전자신고세액공제 10,000원).

평가문제 | 입력자료 및 회계정보를 조회하여 [평가문제]의 답안을 입력하시오.(70점)

[실무수행평가] - 부가가치세관리

번호	평가문제	배점
11	**[세금계산서합계표 조회]** 제1기 확정신고기간의 거래처 '(주)코웨이산업'에 전자발행된 세금계산서 공급가액은 얼마인가?	2
12	**[세금계산서합계표 조회]** 제1기 확정신고기간의 매출전자세금계산서 발급매수는 총 몇 매인가?	2
13	**[매입매출전표입력 조회]** 6월 15일자 수정세금계산서의 수정입력사유를 코드로 입력하시오.	2
14	**[의제매입세액공제신고서 조회]** 제2기 예정신고기간의 의제매입세액공제신고서의 '의제매입세액 계'는 얼마인가?	2
15	**[부가가치세신고서 조회]** 제2기 예정신고기간 부가가치세신고서의 과세_세금계산서발급분(1란) 금액은 얼마인가?	2
16	**[부가가치세신고서 조회]** 제2기 예정신고기간의 부가가치세 신고시에 작성되는 부가가치세 첨부서류에 해당하지 않는 것은? ① 세금계산서합계표 ② 신용카드매출전표등수령금액합계표 ③ 의제매입세액공제신고서 ④ (면세)계산서합계표	2
17	**[부가가치세신고서 조회]** 제2기 예정신고기간의 부가가치세 신고시와 관련된 설명으로 옳지 않은 것은? ① 과세표준 금액은 226,800,000원이다. ② 부가가치세 조기환급은 적용받을 수 없다. ③ 전자신고세액공제는 확정신고시에만 적용받을 수 있다. ④ 국세환급금 계좌은행은 '국민은행'이다.	2
18	**[신용카드매출전표등 수령금액 합계표(갑) 조회]** 제2기 확정신고기간의 신용카드매출전표 수령금액 합계표(갑)에 반영되는 신용카드·매입명세 합계(공급가액)는 얼마인가?	3
19	**[부가가치세신고서 조회]** 제2기 확정신고기간 부가가치세신고서에 반영되는 과세표준명세의 '수입금액제외' 금액은 얼마인가?	2
20	**[부가가치세신고서 조회]** 제2기 확정신고기간의 부가가치세 차가감납부할(환급받을)세액(27란)의 금액은 얼마인가? (환급세액인 경우 음수(-)로 입력할 것.)	3
	부가가치세 소계	22

실무수행3 결산

[결산자료]를 참고로 결산을 수행하시오.(단, 제시된 자료 이외의 자료는 없다고 가정함.)

① 수동결산

자료설명	결산일 현재 보유한 외화부채는 다음과 같다.				
	계정과목	금액	거래처	전기말 적용환율	결산일 적용환율
	외화장기차입금	US$100,000	tesla.co.kr	US$1 / 1,300원	US$1 / 1,290원
수행과제	결산정리분개를 입력하시오.				

② 결산자료입력에 의한 자동결산

자료설명	1. 당기 법인세는 14,232,000원이고 법인지방소득세는 1,423,200원이다. 법인세와 법인지방소득세는 법인세등으로 계상한다.(법인세 중간예납세액 및 원천징수세액은 선납세금계정에 계상되어 있다.) 2. 기말재고자산 현황

	<table><tr><th>구분</th><th>평가금액</th></tr><tr><td>제 품</td><td>30,000,000원</td></tr></table>
	※ 기말제품 평가액에는 시용판매 조건으로 고객에게 인도한 제품 2,000,000원(구입의사 미표시분)이 포함되어 있지 않다.
	
	3. 이익잉여금처분계산서 처분확정(예정)일
	  – 당기 : 20x2년 3월 31일
	  – 전기 : 20x1년 3월 31일

수행과제	결산을 완료하고 이익잉여금처분계산서에서 손익대체분개를 하시오. (단, 이익잉여금처분내역은 없는 것으로 하고 미처분이월이익잉여금 전액을 이월이익잉여금으로 이월하기로 한다.)

[실무수행평가] – 재무회계

번호	평가문제	배점
21	**[영수증수취명세서 조회]** 영수증수취명세서(1)에 반영되는 '12.명세서제출 대상' 금액은 얼마인가?	2
22	**[거래처원장 조회]** 6월 말 국민은행(코드 98000) 보통예금 잔액은 얼마인가?	1
23	**[일/월계표 조회]** 1/4분기(1월~3월)에 발생한 도서인쇄비(판매관리비) 총금액은 얼마인가?	1
24	**[일/월계표 조회]** 2/4분기(4월~6월)에 발생한 퇴직급여(판매관리비)는 얼마인가?	1
25	**[일/월계표 조회]** 2/4분기(4월~6월)에 발생한 제품매출 금액은 총 얼마인가?	2
26	**[일/월계표 조회]** 4/4분기(10월~12월)에 발생한 차량유지비(제조)는 얼마인가?	1
27	**[합계잔액시산표 조회]** 6월 말 단기매매증권 잔액은 얼마인가?	1
28	**[합계잔액시산표 조회]** 6월 말 퇴직연금운용자산 잔액은 얼마인가?	2
29	**[재무상태표 조회]** 9월 말 원재료 잔액으로 옳은 것은? ① 352,685,398원　② 352,809,926원 ③ 352,912,724원　④ 353,375,963원	2
30	**[재무상태표 조회]** 12월 말 차량운반구 장부금액은 얼마인가?	1
31	**[재무상태표 조회]** 12월 말 외화장기차입금 잔액은 얼마인가?	2
32	**[재무상태표 조회]** 기말 제품 잔액은 얼마인가?	2
33	**[재무상태표 조회]** 12월 말 미지급세금 잔액은 얼마인가?	1
34	**[재무상태표 조회]** 12월 말 소모품 잔액은 얼마인가?	3
35	**[재무상태표 조회]** 12월 말 이월이익잉여금(미처분이익잉여금) 잔액으로 옳은 것은? ① 152,168,150원　② 225,120,269원 ③ 279,702,471원　④ 320,158,743원	1
	재무회계 소계	23

실무수행4 | 근로소득관리

인사급여 관련 자료이다. [자료설명]을 참고하여 [수행과제]를 수행하시오.

1️⃣ 가족관계증명서에 의한 사원등록

자료 1. 윤현우의 가족관계증명서

```
[별지 제1호서식] <개정 2010.6.3>
```

<h1 align="center">가 족 관 계 증 명 서</h1>

등록기준지	경기도 평택시 경기대로 701 (지제동)

구분	성 명	출생연월일	주민등록번호	성별	본
본인	윤 현 우	1974년 10월 11일	741011 – 1111113	남	坡平

가족사항

구분	성 명	출생연월일	주민등록번호	성별	본
부	윤 두 식	1938년 09월 22일	380922 – 1785417	남	坡平
모	이 채 민	1940년 11월 12일	401112 – 2075529	여	慶州
배우자	이 다 정	1980년 01월 17일	800117 – 2247093	여	全州
자녀	윤 만 세	2015년 08월 12일	150812 – 4985710	여	坡平
형제	윤 도 준	1977년 09월 15일	770915 – 1927311	남	坡平

자료설명	20x1년 4월 1일에 입사한 사원 윤현우(1004)가 제출한 가족관계증명서이다. 1. 윤현우는 세대주이다. 2. 부 윤두식은 부동산임대소득금액 20,000,000원이 있다. 3. 모 이채민은 일용 근로소득 6,000,000원이 있다. 4. 배우자 이다정은 복권당첨소득 15,000,000원이 있다. 5. 자녀 윤만세는 20x1년 10월 입양한 자녀이다. 6. 형제 윤도준은 장애인복지법에 따른 장애인이며, 총급여액 6,000,000원이 있다. 7. 세부담을 최소화하는 방법을 선택한다.
수행과제	사원등록메뉴에서 부양가족명세를 작성하시오.

[실무수행평가] – 근로소득관리 1

번호	평가문제 [윤현우 근로소득원천징수영수증 조회]	배점
36	본인과 배우자를 포함한 부양가족의 기본공제 대상액은 얼마인가?	2
37	'27.경로우대' 추가공제액은 얼마인가?	2
38	'28.장애인' 추가공제액은 얼마인가?	2
39	공제대상자녀 세액공제액은 얼마인가?	1
40	출산입양 세액공제액은 얼마인가?	1

2 급여명세에 의한 급여자료

자료 1. 12월 급여자료

(단위 : 원)

사원	기본급	육아수당	자격증수당	식대	월차수당	야간근로수당	국민연금	건강보험	고용보험	장기요양보험
박성욱	5,000,000	120,000	200,000	220,000	100,000	0	프로그램에서 자동 계산된 금액으로 공제한다.			
김도훈	2,100,000	0	100,000	220,000	100,000	800,000				

자료 2. 수당 및 공제요건

구분	코드	수당 및 공제명	내 용
수당등록	101	기본급	설정된 그대로 사용한다.
	200	육아수당	출산 및 6세 이하 자녀를 양육하는 경우 매월 고정적으로 지급하고 있다.
	201	자격증수당	직무관련 자격 취득시 자격증수당을 지급하고 있다.
	202	식대	야근시에는 야식을 제공하고 있으며, 야식을 제외한 별도의 음식물은 제공하고 있지 않다.
	203	월차수당	전월에 만근한 사원에게 수당을 지급하고 있다.
	204	야간근로수당	생산직 사원에게 연장근로시간에 대하여 수당을 지급하고 있다.

자료설명	1. 자료 1에서 박성욱은 영업부 과장이다. 2. 자료 1에서 김도훈은 생산직 사원이며, 전년도 총급여액은 3,800만원이다. 3. 12월 귀속분 급여지급일은 당월 25일이며, 사회보험료는 자동 계산된 금액으로 공제한다. 4. 당사는 반기별 원천징수 납부대상자가 아니며, 전월미환급세액 33,000원(지방소득세 3,000원 포함)이 있다.
수행과제	1. 사원등록에서 생산직 비과세여부를 적용하시오. 2. 급여자료입력 메뉴에 수당등록을 하시오. 3. 12월분 급여자료를 입력하시오.(단, 구분 '1.급여'로 선택할 것.) 4. 12월 귀속분 [원천징수이행상황신고서]를 작성하시오.

[실무수행평가] – 근로소득관리 2

번호	평가문제	배점
41	**[박성욱 12월 급여자료입력 조회]** 급여항목 중 비과세대상 지급액은 얼마인가?	2
42	**[박성욱 12월 급여자료입력 조회]** 12월 급여의 차인지급액은 얼마인가?	1
43	**[김도훈 12월 급여자료입력 조회]** 급여항목 중 과세대상 지급액은 얼마인가?	2
44	**[김도훈 12월 급여자료입력 조회]** 수당항목 중 과세대상 야간근로수당 금액은 얼마인가?	1
45	**[12월 원천징수이행상황신고서 조회]** '10.소득세 등' 총 합계 금액은 얼마인가?	2

③ 국세청연말정산간소화 및 이외의 자료를 기준으로 연말정산

자료설명	사무직 이익준(1003)의 연말정산을 위한 자료이다. 1. 사원등록의 부양가족현황은 사전에 입력되어 있다. 2. 부양가족은 이익준과 생계를 같이 한다.
수행과제	[연말정산 근로소득원천징수영수증] 메뉴에서 연말정산을 완료하시오. 1. 의료비는 [의료비] 탭에서 입력하며, 국세청자료는 공제대상 합계금액을 1건으로 집계하여 입력한다. (단, 실손의료보험금 500,000원을 수령하였다.) 2. 보험료와 교육비는 [소득공제] 탭에서 입력한다. 3. 연금계좌는 [정산명세] 탭에서 입력한다.

자료 1. 이익준 사원의 부양가족등록 현황

연말정산관계	성명	주민번호	기타사항
0.본인	이익준	781010-1774911	세대주
3.배우자	채송화	781202-2045671	이자소득 4,000,000원과 배당소득 8,000,000원 있음
1.소득자 직계존속	박희진	430411-2222229	소득 없음
4.직계비속	이우주	181218-3094111	소득 없음

자료 2. 국세청간소화서비스 및 기타증빙자료

20x1년 귀속 소득ㆍ세액공제증명서류 : 기본(지출처별)내역 [의료비]

■ 환자 인적사항

성 명	주 민 등 록 번 호
이우주	181218-3******

■ 의료비 지출내역

(단위 : 원)

사업자번호	상 호	종류	지출금액 계
109-04-16***	서울**병원	일반	2,500,000
106-05-81***	***안경원	일반	700,000
의료비 인별합계금액			2,500,000
안경구입비 인별합계금액			700,000
산후조리원 인별합계금액			0
인별합계금액			3,200,000

국 세 청
National Tax Service

• 본 증명서류는 「소득세법」 제165조 제1항에 따라 영수증 발급기관으로부터 수집한 서류로
소득·세액공제 충족 여부는 근로자가 직접 확인하여야 합니다.
• 본 증명서류에서 조회되지 않는 내역은 영수증 발급기관에서 직접 발급받으시기 바랍니다.

20x1년 귀속 소득 · 세액공제증명서류 : 기본(지출처별)내역
[보장성 보험, 장애인전용보장성보험]

■ 계약자 인적사항

성 명	주 민 등 록 번 호
이익준	781010 – 1******

■ 보장성보험(장애인전용보장성보험) 납입내역

(단위 : 원)

종류	상 호	보험종류	주피보험자		납입금액 계
	사업자번호	증권번호			
	종피보험자1	종피보험자2	종피보험자3		
보장성	한화생명보험(주)	실손의료보험	181218 – 3094***	이우주	1,200,000
	108 – 81 – 15***	202112345**			
보장성	삼성생명보험(주)	실버든든보험	430411 – 2222***	박희진	1,800,000
	106 – 81 – 41***	100540651**			
인별합계금액					3,000,000

* 본 증명서류는 『소득세법』 제165조 제1항에 따라 영수증 발급기관으로부터 수집한 서류로 소득·세액공제 충족 여부는 근로자가 직접 확인하여야 합니다.
* 본 증명서류에서 조회되지 않는 내역은 영수증 발급기관에서 직접 발급받으시기 바랍니다.

20x1년 귀속 세액공제증명서류 : 기본내역[퇴직연금]

■ 가입자 인적사항

성 명	주 민 등 록 번 호
이익준	781010 – 1******

■ 퇴직연금 납입내역

(단위 : 원)

상호	사업자번호	당해연도 납입금액	당해연도 납입액 중 인출금액	순납입금액
계좌번호				
신한생명보험(주)	108 – 81 – 26***	2,400,000		2,400,000
12345204578				
순납입금액 합계				2,400,000

* 본 증명서류는 『소득세법』 제165조 제1항에 따라 영수증 발급기관으로부터 수집한 서류로 소득·세액공제 충족 여부는 근로자가 직접 확인하여야 합니다.
* 본 증명서류에서 조회되지 않는 내역은 영수증 발급기관에서 직접 발급받으시기 바랍니다.

20x1년 귀속 세액공제증명서류 : 기본내역[연금저축]

■ 가입자 인적사항

성 명	주 민 등 록 번 호
채송화	781202 – 2******

■ 연금저축 납입내역

(단위 : 원)

상호	사업자번호	당해연도 납입금액	당해연도 납입액 중 인출금액	순납입금액
계좌번호				
신한생명보험(주)	108 – 81 – 26***	4,500,000	3,000,000	1,500,000
013479999				
순납입금액 합계				1,500,000

• 본 증명서류는 『소득세법』 제165조 제1항에 따라 영수증 발급기관으로부터 수집한 서류로 소득·세액공제 충족 여부는 근로자가 직접 확인하여야 합니다.
• 본 증명서류에서 조회되지 않는 내역은 영수증 발급기관에서 직접 발급받으시기 바랍니다.

[실무수행평가] – 근로소득관리 3

번호	평가문제 [이익준 근로소득원천징수영수증 조회]	배점
46	'연금계좌' 세액공제액은 얼마인가?	2
47	'61.보장성보험' 세액공제액은 얼마인가?	2
48	'62.의료비' 세액공제액은 얼마인가?	2
49	'77.차감징수세액(소득세)'은 얼마인가?	2
50	'82.실효세율은 몇 %인가?	1
근로소득 소계		25

실무이론평가

1	2	3	4	5	6	7	8	9	10
④	③	①	③	③	②	②	②	①	④

01 저가법을 적용함으로써 발생한 **재고자산평가손실은 매출원가에 가산**한다.

02 사채관련 이자비용 = 발행금액(97,400,000) × 유효이자율(6%) = 5,844,000원

액면이자 = 액면금액(100,000,000) × 액면이자율(5%) = 5,000,000원

(차) 이자비용   5,844,000원   (대) 현금   5,000,000원

사채할인발행차금   844,000원

03 3월 5일 거래에서 **주식발행초과금 5,000,000원 발생**하고, 9월 20일 거래에서 **주식할인발행차금 1,100,000원 발생**한다. 따라서 상계 처리 후 주식발행초과금의 잔액은 3,900,000원이다.

04 저작권상각비 = 취득가액(10,000,000) ÷ 내용연수(10년) = 1,000,000원/년

2024.1.1. 장부금액 = 취득가액(10,000,000) - 1,000,000 × 4년(20~23) = 6,000,000원

2024년 상각비 = [장부금액(6,000,000) + 자본적지출(600,000)] ÷ 잔여내용연수(6년) = 1,100,000원

05

퇴직급여충당부채

퇴사	2,000,000	기초	6,000,000
기말	7,000,000	설정	3,000,000
계	9,000,000	계	9,000,000

06 감가상각비 = 취득가액(12,000,000) ÷ 5년 = 2,400,000원/년

제거되는 국가보조금 = 4,000,000원 ÷ 5년 = 800,000원/년

x1년말 장부금액 = 취득가액(12,000,000) - 감가상각누계액(2,400,000) -
- 정부보조금(4,000,000 - 800,000) = 6,400,000원

07 전자세금계산서 발급명세는 전자세금계산서 **발급일의 다음날까지 국세청장에게 전송**하여야 한다.

08 과세표준 = 상품 국내매출액(4,000,000) - 매출할인(1,000,000) + 수출액(2,000,000)
= 5,000,000원

견본품과 파손된 재화는 과세표준에 포함하지 아니한다.

09 총급여액 = 기본급(36,000,000) + 상여금(3,000,000) = 39,000,000원

자녀보육(양육)수당은 자녀수와 관계 없이 **월 20만원까지만 비과세**를 적용한다.

10 **의료비 지출액에 대해서는 신용카드소득공제와 의료비 세액공제를 중복하여 적용**할 수 있다.

■■■■■■■ 실무수행평가

실무수행 1. 거래자료입력

① 3만원 초과 거래 자료에 대한 영수증 수취명세서 작성

1. [일반전표입력] 1월 4일

(차) 도서인쇄비(판)	50,000원	(대) 현금	50,000원

2. [영수증수취명세서(2)]

	영수증수취명세서								기

	영수증수취명세서(2)	영수증수취명세서(1)	해당없음						
□	거래일자	상 호	성 명	사업장	사업자등록번호	거래금액	구분	계정코드	계정과목
□	20×1-01-02	오메가문구	박성규	서울특별시 강남구 강남대로 93	229-81-27370	600,000		830	소모품비
□	20×1-01-31	신한은행	이종호	서울특별시 서초구 헌릉로 12	514-81-35782	120,000	16	931	이자비용
□	20×1-01-04	선우인쇄	이선우	서울특별시 중구 퇴계로51길	122-56-12346	50,000		826	도서인쇄비

3. [영수증수취명세서(1)]

2. 3만원 초과 거래분 명세서제출 제외대상 내역						
구분	건수	금액	구분	건수	금액	
15. 읍, 면 지역 소재			26. 부동산 구입			
16. 금융, 보험 용역	1	120,000	27. 주택임대용역			
17. 비거주자와의 거래			28. 택시운송용역			

② 단기매매증권구입 및 매각 [일반전표입력] 2월 14일

(차) 단기매매증권	260,000원	(대) 보통예금(기업은행(보통))	300,000원
차량운반구	40,000원		

③ 통장사본에 의한 거래자료입력 [일반전표입력] 4월 12일

(차) 퇴직연금운용자산(삼성생명)	3,000,000원	(대) 보통예금(기업은행(보통))	6,000,000원
퇴직급여(판)	1,500,000원		
퇴직급여(제)	1,500,000원		

실무수행 2. 부가가치세관리

1 전자세금계산서 발급

1. [매입매출전표입력] 5월 15일

거래유형	품명	공급가액	부가세	거래처	전자세금
11.과세	온수정수기	6,000,000	600,000	(주)코웨이산업	전자발행
분개유형	(차) 보통예금	4,600,000원	(대)	제품매출	6,000,000원
3.혼합	(국민은행(보통)) 선수금	2,000,000원		부가세예수금	600,000원

2. [전자세금계산서 발행 및 내역관리] 기출문제 77회 참고

2 수정전자세금계산서의 발급

1. [수정세금계산서 발급]

① [매입매출전표 입력] 6월15일 전표 선택 ➡ [수정세금계산서] 클릭 ➡ [수정사유] 화면에서 [1.기재사항 착오·정정, 착오항목 : 1.공급가액 및 세액] 선택 후 [확인(Tab)]을 클릭

② [수정세금계산서(매출)] 화면에서 수정분 [단가 130,000원] 입력을 통해 공급가액과 세액을 반영한 후 [확인(Tab)]을 클릭

수정세금계산서(매출)												✕
수정입력사유	1	기재사항 착오 정정			기재사항착오항목	1. 공급가액 및 세액						
구분	년	월	일	유형	품명	수량	단가	공급가액	부가세	합계	코드	거래처명	사업.주민번호
당초분	20×1	06	15	과세	미니정수기	100	120,000	12,000,000	1,200,000	13,200,000	05200	(주)웰스산업	105-81-47288
수정분	20×1	06	15	과세	미니정수기	-100	120,000	-12,000,000	-1,200,000	-13,200,000	05200	(주)웰스산업	105-81-47288
수정분	20×1	06	15	과세	미니정수기	100	130,000	13,000,000	1,300,000	14,300,000	05200	(주)웰스산업	105-81-47288
합 계							13,000,000	1,300,000	14,300,000			

③ [매입매출전표입력] 6월 15일에 수정분이 2건 입력된다.

거래유형	품명	공급가액	부가세	거래처	전자세금
11.과세	미니정수기	- 12,000,000	- 1,200,000	(주)웰스산업	전자발행
분개유형	(차) 외상매출금	- 13,200,000원	(대)	제품매출	- 12,000,000원
2.외상(혼합)				부가세예수금	- 1,200,000원

거래유형	품명	공급가액	부가세	거래처	전자세금
11.과세	미니정수기	13,000,000	1,300,000	(주)웰스산업	전자발행
분개유형	(차) 외상매출금	14,300,000원	(대)	제품매출	13,000,000원
2.외상(혼합)				부가세예수금	1,300,000원

2. [전자세금계산서 발행 및 내역관리] 기출문제 77회 참고

③ 의제매입세액공제신고사업자의 부가가치세신고서 작성

1. [거래자료입력]
   - [매입매출전표입력] 7월 10일

거래유형		품명	공급가액	부가세	거래처	전자세금
53.면세		돼지고기	10,000,000		온누리농산	
분개유형	(차)	원재료	10,000,000원	(대) 현금		10,000,000원
1.현금		(적요6.의제매입세액원재료차감)				

   - [일반전표입력] 7월 15일

   (차) 원재료   600,000원   (대) 현금   600,000원

   ※ 음식점업은 농어민으로부터 면세 농산물 등을 직접 공급받은 경우 계산서 등을 수취하여야 의제매입세액 공제대상이다..

   - [매입매출전표입력] 7월 30일

거래유형		품명	공급가액	부가세	거래처	전자세금
62.현면		보리	2,200,000		하나로마트	
분개유형	(차)	원재료	2,200,000원	(대) 현금		2,200,000원
1.현금		(적요6.의제매입세액원재료차감)				

2. [의제매입세액공제신고서] 7월 ~ 9월(공제율 음식점업 6/106)
① 온누리농산

취득일자	구분	물품명	수량	매입가액	공제율	의제매입세액	건수	전표
20×1-07-10	사업자(계산서	돼지고기	200	10,000,000	6/106	566,037	1	입력

② 하나로마트

주민등록번호	_____-_____			사업자등록번호	229-81-16010			
취득일자	구분	물품명	수량	매입가액	공제율	의제매입세액	건수	전표
20×1-07-30	사업자(신용카	보리	10	2,200,000	6/106	124,528	1	입력

3. [부가가치세신고서] 7월 1일 ~ 9월 30일

그밖의공제매입세액	14	12,200,000	690,565

4. [일반전표입력] 9월 30일
   (차) 부가세대급금   690,565원   (대) 원재료   690,565원

④ 신용카드매출전표등 수령금액합계표 작성자의 부가가치세신고서 작성

1. 거래자료 입력

① [매입매출전표 입력] 10월 2일

거래유형	품명	공급가액	부가세	거래처	전자세금
57.카과	화물트럭주유	50,000	5,000	춘천주유소	
분개유형	(차) 차량유지비(제)	50,000원	(대) 미지급금		55,000원
3.혼합(카드)	부가세대급금	5,000원	(삼성카드)		

② [일반전표입력] 11월 4일

기업업무추진비(접대비) 관련 매입세액은 공제가 불가능하므로 일반전표에 입력한다.

(차) 접대비(판)   220,000원   (대) 미지급금(현대카드)   220,000원

③ [매입매출전표 입력] 12월 6일

거래유형	품명	공급가액	부가세	거래처	전자세금
61.현과	소모품	300,000	30,000	오피스알파	
분개유형	(차) 소모품	300,000원	(대) 현금		330,000원
1.현금(혼합)	부가세대급금	30,000원			

2. [신용카드매출전표등 수령금액 합계표] 10월 ~ 12월

신용카드 등 매입명세 합계

구 분	거 래 건 수	공 급 가 액	세 액
합 계	2	350,000	35,000
현 금 영 수 증	1	300,000	30,000
화물 운전자 복지카드			
사 업 용 신 용 카 드	1	50,000	5,000
기 타 신 용 카 드 등			

그 밖의 신용·직불카드, 기명식선불카드, 직불전자지급수단 및 기명식선불전자지급수단 매출전표 수령금액 합계   [크게]

	유형	거래내역				가맹점(공급자)		회원 인적사항		
		거래일자	공급가액	세액	건수	상 호	사업자등록번호	성명(법인명)	카드회원번호	승인번호
1	사업용	20×1-10-02	50,000	5,000	1	춘천주유소	229-98-01188	삼성카드	9410-3256-1235-2351	
2	현금	20×1-12-06	300,000	30,000	1	오피스알파	477-07-00913			

3. [부가가치세신고서] 10월 1일 ~ 12월 31일 전자신고세액공제 10,000원

그밖의공제매입세액명세   ✕

구분		금액	세율	세액
신용매출전표수취/일반	41	350,000		35,000
신용매출전표수취/고정	42			

[실무수행평가] – 부가가치세관리

번호	평가문제	배점	답
11	[세금계산서합계표 조회]	2	(56,000,000)원
12	[세금계산서합계표 조회]	2	(32)매
13	[매입매출전표입력 조회]	2	(1)
14	[의제매입세액공제신고서 조회]	2	(690,565)원
15	[부가가치세신고서 조회]	2	(196,800,000)원
16	[부가가치세신고서 조회]	2	(정답없음)
17	[부가가치세신고서 조회]	2	②
18	[신용카드매출전표등 수령금액 합계표(갑) 조회]	3	(350,000)원
19	[부가가치세신고서 조회]	2	(10,000,000)원
20	[부가가치세신고서 조회]	3	(-13,477,800)원
	부가가치세 소계	22	

실무수행 3. 결산

① 수동결산 [일반전표입력] 12월 31일

    (차) 외화장기차입금(tesla.co.kr) 1,000,000원   (대) 외화환산이익   1,000,000원

    ※ 환산손익(부채) = US$100,000×(1,290원 − 1,300원) = △1,000,000원(이익)

② 결산자료입력에 의한 자동결산

[결산자료입력 1]

 ① 선납세금 정리 [일반전표입력] 12월 31일

    (차) 법인세등   7,521,000원   (대) 선납세금   7,521,000원

 ② 법인세등 계상 [결산자료입력] '법인세 계상'란에 8,134,200원 입력후 전표추가

    ※ 추가계상액 = 법인세(14,232,000) + 지방소득세(1,423,200) − 선납세금(7,521,000)원 = 8,134,200원

[결산자료입력 2]

결산자료입력에서 기말 제품 32,000,000원을 입력하고 [전표추가(F3)]를 클릭하여 결산분개를 생성한다.

[이익잉여금처분계산서] 메뉴

이익잉여금처분계산서에서 처분일을 입력한 후, [전표추가(F3)]를 클릭하여 손익대체 분개를 생성한다.

[실무수행평가] – 재무회계

번호	평가문제	배점	답
21	[영수증수취명세서 조회]	2	(650,000)원
22	[거래처원장 조회]	1	(129,618,200)원
23	[일/월계표 조회]	1	(90,000)원
24	[일/월계표 조회]	1	(1,500,000)원
25	[일/월계표 조회]	2	(335,140,000)원
26	[일/월계표 조회]	1	(2,150,000)원
27	[합계잔액시산표 조회]	1	(1,460,000)원
28	[합계잔액시산표 조회]	2	(33,000,000)원
29	[재무상태표 조회]	2	①
30	[재무상태표 조회]	1	(50,040,000)원
31	[재무상태표 조회]	2	(129,000,000)원
32	[재무상태표 조회]	2	(32,000,000)원
33	[재무상태표 조회]	1	(8,134,200)원
34	[재무상태표 조회]	3	(510,000)원
35	[재무상태표 조회]	1	③
재무회계 소계		23	

실무수행 4. 근로소득관리

① 가족관계증명서에 의한 사원등록(윤현우, 2025)

관계	요 건		기본공제	추가(자녀)	판 단
	연령	소득			
본인(세대주)	–	–	○		
부(87)	○	×	부		종합소득금액 1백만원 초과자
모(85)	○	○	○	경로	일용근로소득은 분리과세소득
배우자	–	○	○		복권당첨소득은 분리과세소득
자(10)	○	○	○	자녀 입양(1)	
동생(48)	×	×	부		총급여액 5백만원 초과자

[실무수행평가] – 근로소득관리 1

번호	평가문제 [윤현우 근로소득원천징수영수증 조회]	배점	답
36	기본공제대상액(4명×1,500,000/인)	2	(6,000,000)원
37	27. 경로우대 추가공제액(모친)	2	(1,000,000)원
38	28. 장애인 추가공제액(없음)	2	(0)원
39	**공제대상자녀 세액공제액(자녀 1인)**	1	(250,000)원(개정세법 25)
40	출산입양 세액공제(첫째)	1	(300,000)원

② 급여명세에 의한 급여자료

1. [사원등록]

- 생산직 김도훈은 **직전 과세연도 총급여액이 3,000만원을 초과하므로 연장근로비과세 적용대상이 아님.**

18. 생 산 직 등 여 부	1	여	연장근로비과세	0	부

2. [수당등록] **식대는 야식을 제공하더라도 비과세요건을 충족함.**

	수당등록	공제등록	비과세/감면설정	사회보험

	코드	수당명	과세구분	근로소득유형	
1	101	기본급	과세	1.급여	
2	102	상여	과세	2.상여	
3	200	육아수당	비과세	7.육아수당	Q01
4	201	자격증수당	과세	1.급여	
5	202	식대	비과세	2.식대	P01
6	203	월차수당	과세	1.급여	
7	204	야간근로수당	비과세	1.연장근로	001

3. [급여자료입력 – 12월] 지급일 25일

[박성욱]

급여항목	지급액	공제항목	공제액
기본급	5,000,000	국민연금	225,000
육아수당	120,000	건강보험	177,250
자격증수당	200,000	고용보험	48,060
식대	220,000	장기요양보험료	22,700
월차수당	100,000	소득세	354,140
야간근로수당		지방소득세	35,410
		농특세	

[김도훈]

급여항목	지급액	공제항목	공제액
기본급	2,100,000	국민연금	135,000
육아수당		건강보험	106,350
자격증수당	100,000	고용보험	28,080
식대	220,000	장기요양보험료	13,620
월차수당	100,000	소득세	84,620
야간근로수당	800,000	지방소득세	8,460
		농특세	

☞ 비과세(박성욱) = 육아(양육)수당(120,000) + 식대(200,000) = 320,000원 → 육아수당 월 20만원

비과세(김도훈) = 식대(200,000)

☞ 소득세 등은 자동 계산되어집니다.

4. [원천징수이행상황신고서] 귀속기간 12월, 지급기간 12월, 0.정기신고

원천징수내역	부표-거주자	부표-비거주자	부표-법인원천

			소득지급(과세미달,비과세포함)		징수세액			9.당월 조정 환급세액	10.소득세 등 (가산세 포함)	11.농어촌 특별세
구분		코드	4.인원	5.총지급액	6.소득세 등	7.농어촌특별세	8.가산세			
근로소득	간 이 세 액	A01	2	8,960,000	438,760					
	중 도 퇴 사	A02								
	일 용 근 로	A03								
	연말정산합계	A04								
	연말분납금액	A05								
	연말납부금액	A06								
	가 감 계	A10	2	8,960,000	438,760				30,000	408,760

전월 미환급 세액의 계산			당월 발생 환급세액					18.조정대상환급 (14+15+16+17)	19.당월조정 환급액계	20.차월이월 환급액(18-19)	21.환급신청액
12.전월미환급	13.기환급신청	14.잔액12-13	15.일반환급	16.신탁재산	17.금융등		17.합병등				
30,000		30,000						30,000	30,000		

[실무수행평가] - 근로소득관리 2

번호	평가문제	배점	답
41	**[박성욱 12월 급여자료입력 조회]** 비과세대상 지급액 = 육아수당(120,000) + 식대(200,000)	2	(320,000)원
42	**[박성욱 12월 급여자료입력 조회]** 급여의 차인 지급액	1	(4,777,440)원
43	**[김도훈 12월 급여자료입력 조회]** 총 과세대상지급액 = 기본급(2,100,000) + 자격증수당(100,000) + 식대(20,000) + 월차수당(100,000) + 야간수당(800,000) = 3,120,000원	2	(3,120,000)원
44	**[김도훈 12월 급여자료입력 조회]** 과세대상 야간근로수당 : 직전년도 총급여액이 3천만원 초과이므로 전액 과세	1	(800,000)원
45	**[12월 원천징수이행상황신고서 조회]** 10.소득세 등 총합계금액	2	(408,760)원

※ 42,45는 프로그램이 자동계산하므로 시점(세법개정, 프로그램 업데이트)마다 달라질 수가 있습니다.

③ 국세청연말정산간소화 및 이외의 자료를 기준으로 연말정산(이익준,2025)

〈연말정산 대상여부 판단〉

항목	요건		내역 및 대상여부	입력
	연령	소득		
의 료 비	×	×	• 아들 진료비(안경은 500,000 한도) 실손의료보험금은 차감	○(일반 2,500,000)
보 험 료	○ (×)	○	• 아들 실손의료보험 • 모친 실버든든 보험	○(일반 1,200,000) ○(일반 1,800,000)
퇴직연금 및 저축	본인		• 본인 퇴직연금 • 배우자 연금저축은 대상에서 제외	○(2,400,000) ×

1. 의료비 세액공제

	공제대상자				지급처			지급명세			난임시술비 해당 여부	중증질환 결핵환자등	산후조리원 해당여부 (7천만원이 하)
	부양가족 관계코드	성명	내외	주민등록번호	본인등 해당여부	상호	사업자번호	의료증빙 코드	건수	지급액	실손의료보험금			
1	직계비속(자녀,입	이우주	내	181218-3094111	X			국세청	1	3,000,000	500,000	X	X	X

2. 보험료 세액공제

	내외국인	주민등록번호	본	건강	고용	보장성	장애인
3	1	박희진	60세 이상			1,800,000	
	1	430411-2222229					
4	4	이우주	20세 이하			1,200,000	
	1	181218-3094111					

3. 연금계좌 세액공제

구분		금융회사등	계좌번호	불입금액
1.퇴직연금	406	신한생명보험(주)	12345204578	2,400,000

4. 정산명세 조회

특별소득공제	33.보험	가.건강		1,726,450	>	1,726,450	연금계좌	58.과학기술인공제		>	
		나.고용		368,000	>	368,000		59.근로자퇴직급여보장법		>	360,000
	34.주택 - 가.주택임차 차입금 원리금상환액		대출기관		>			60.연금저축		>	
			거주자		>			60-1. ISA만기시연금계좌		>	
	34.주택 나.장기주택 저당 차입금 이자 상환액	11년이전 차입분	15년미만		>		특별세액공제	61.보장성보험	3,000,000	>	120,000
			15~29년		>			62.의 료 비	3,000,000	>	177,000
			30년이상		>			63.교 육 비	0	>	
		12년이후 차입분 (15년이상)	고정or비거치		>			64.기부금	정치	10만원이하	>	
			기타대출		>					10만원초과	>	
		15년이후 차입분 (15년이상)	고정&비거치		>				나.법정기부금		>	
			고정or비거치		>				다.우리사주기부금		>	
			기타대출		>				라.지정기부금(종교외)		>	
		15년이후 차입분 (10~15년)	고정or비거치		>				마.지정기부금(종교)		>	
	35.기부금(이월분)				>			65.계			297,000
	36.계					2,094,450		66.표준세액공제		>	
37.차 감 소 득 금 액						19,075,550		67.납 세 조 합 공 제		>	
그 밖의 소득공제	38.개인연금저축				>			68.주 택 차 입 금		>	
	39.소기업·소상공인공제부금				>			69.외 국 납 부		>	
	40.주택마련저축	가.청약저축			>			70.월세액		>	
		나.주택청약종합저축			>						
		다.근로자주택마련저축			>						
	41.투자조합출자 등				>						
	42.신용카드등			0	>						
	43.우리사주조합 출연금				>						
	44.고용유지중소기업근로자				>						
	45.장기집합투자증권저축				>		71.세 액 공 제 계				1,317,000
	46.청년형장기집합투자증권저축				>		72.결 정 세 액(50-55-71)				284,332
	47.그 밖의 소득 공제 계						82.실 효 세 율(%) (72/21)×100%				0.6%

		소득세	지방소득세	농어촌특별세	계
73.결정세액		284,332	28,433	0	312,765
기납부 세액	74.종(전) 근무지	0	0	0	0
	75.주(현) 근무지	979,550	97,900	0	1,077,450
76. 납부특례세액		0	0	0	0
77. 차감징수세액 (73-74-75-76)		-695,210	-69,460	0	-764,670

[실무수행평가] – 근로소득관리 3

번호	평가문제 [이익준 근로소득원천징수영수증 조회]	배점	답
46	연금계좌 세액공제액	2	(360,000)원
47	61. 보장성 보험 세액공제액	2	(120,000)원
48	62. 의료비 세액공제	2	(177,000)원
49	77. 차감징수세액(소득세)	2	(−695,210)원
50	82. 실효세율	1	0.6%
	근로소득 소계	25	

※ <u>49,50은 프로그램이 자동계산하므로 시점(세법개정, 프로그램 업데이트)마다 달라질 수가 있습니다.</u>

〈참고사항 : 총급여액 44,000,000원〉

※ 시험시 프로그램이 자동계산되어진 것으로 답을 입력하시고 시간이 남으시면 체크해 보시기 바랍니다.

		한도	공제율	대상금액	세액공제
1. 보험료	일반	1백만원	12%	3,000,000	120,000
2. 의료비	일반	–	15%	2,500,000	177,000
	☞의료비세액공제 = [2,500,000 − 총급여액(44,000,000)×3%]×15% = 177,000				
3. 연금계좌	퇴직연금	9백만원	15%	2,400,000	360,000

기출문제

Tax Accounting Technician
세무정보처리 자격시험 2급

59회

합격율	시험년월
46%	2023.2

■ 실무이론평가

01. 다음 중 내부회계관리제도에 대한 설명으로 옳지 않은 것은?
① 기업은 내부고발자를 보호하는 프로그램을 갖추어야 한다.
② 외부에 공시되는 재무제표의 신뢰성 확보를 주된 목적으로 한다.
③ 회계감사를 수행하는 외부감사인이 따라야 할 감사절차를 규정하고 있다.
④ 재고자산이 보관된 창고에 대한 물리적 접근을 통제하는 것도 내부회계관리제도 범위에 포함된다.

02. 다음 중 매출원가 계산에 영향을 미치지 않는 것은?
① 재고자산평가손실
② 정상적으로 발생한 재고자산감모손실
③ 재고자산의 매출시 운반비
④ 재고자산의 매입에누리와 환출

03. 다음은 (주)한공의 20x1년 대손 관련 자료이다. 20x1년 손익계산서에 계상될 대손상각비는 얼마인가?

1월 1일	매출채권에 대한 대손충당금 기초잔액은 400,000원이다.
4월 20일	매출채권 300,000원이 회수불능으로 판명되어 대손처리하였다.
10월 15일	전년도에 대손처리했던 매출채권 중 100,000원을 현금으로 회수하였다.
12월 31일	기말 매출채권 잔액 100,000,000원 중 1%를 회수불확실한 금액으로 추정한다.

① 800,000원　　② 900,000원　　③ 1,000,000원　　④ 1,300,000원

04. (주)한공은 당기 중 유상증자를 2차례 실시하였다. 다음 자료를 토대로 재무상태표에 표시되는 주식발행초과금을 계산하면 얼마인가?(단, 전기 말 주식발행초과금과 주식할인발행차금 잔액은 없는 것으로 가정한다.)

> • 3월 5일 발행주식수 1,000주, 1주당 발행금액 20,000원(액면 : @10,000원)
>   주식발행 수수료는 없다.
> • 9월 20일 발행주식수 1,000주, 1주당 발행금액 8,000원(액면 : @10,000원)
>   주식발행 수수료 200,000원이 발생하였다.

① 7,800,000원   ② 8,000,000원   ③ 8,200,000원   ④ 10,000,000원

05. 다음은 (주)한공의 외화매출 관련 자료이다. 이를 토대로 계산한 외화외상매출금과 외화환산손익은 얼마인가?

> • 7월 1일 : 미국에 있는 거래처에 상품을 US$1,000에 외상으로 판매하였다. 판매시점 환율은 US$1 = 1,000원이다.
> • 12월 31일 : 결산시점의 환율은 US$1 = 1,100원이다.

	외화외상매출금	외화환산손익
①	1,000,000원	외화환산손실 100,000원
②	1,000,000원	외화환산이익 100,000원
③	1,100,000원	외화환산손실 100,000원
④	1,100,000원	외화환산이익 100,000원

06. 다음은 (주)한공이 20x1년 중 취득하여 보유중인 유가증권 내역이다. 20x1년말 결산시 유가증권의 평가 결과로 옳은 것은?

구분	종류	액면단가	취득단가	단위당 공정가치
단기매매증권	A주식 1,000주	5,000원	6,000원	7,000원
단기매매증권	B주식 3,000주	5,000원	8,000원	5,000원
매도가능증권	C주식 2,000주	5,000원	7,000원	9,000원

① 당기순이익이 1,000,000원 증가한다.
② 당기순이익이 4,000,000원 감소한다.
③ 당기순이익이 8,000,000원 감소한다.
④ 당기순이익이 9,000,000원 감소한다.

07. 다음 중 부가가치세 공급가액에 포함되는 것은?

> 가. 인도 전에 파손된 원재료 가액
> 나. 재화 또는 용역의 공급과 직접 관련이 되지 아니하는 국고보조금
> 다. 장기외상매출금의 할부이자 상당액
> 라. 제품의 외상판매가액에 포함된 운송비

① 가, 나   ② 가, 다   ③ 가, 라   ④ 다, 라

08. 다음은 컴퓨터 제조업을 영위하는 (주)한공의 20x1년 제2기 부가가치세 확정신고기간(20x1.10.1.~ 20x1.12.31.)의 자료이다. 이를 토대로 부가가치세 납부세액을 계산하면 얼마인가?(단, 모든 거래금액은 부가가치세가 포함되어 있지 않고 필요한 세금계산서는 적법하게 수취하였다.)

> • 국내 매출액 : 300,000,000원
> • 직수출액 : 120,000,000원
> • 컴퓨터 부품 매입액 : 110,000,000원
> • 배달용 1톤 트럭 구입액 : 70,000,000원
> • 거래처 증정용 선물구입액 : 8,000,000원

① 11,200,000원   ② 12,000,000원   ③ 23,200,000원   ④ 24,000,000원

09. 다음은 거주자 김회계 씨의 20x1년 귀속 이자소득과 배당소득 내역이다. 김회계 씨의 종합과세대상 이자소득과 배당소득은 얼마인가? (단, 외국법인으로부터 받은 현금배당금을 제외하고는 모두 소득세법에 따라 적법하게 원천징수되었다.)

> 가. 내국법인으로부터 받은 현금배당금   4,000,000원
> 나. 직장공제회 초과반환금   9,000,000원
> 다. 외국법인으로부터 받은 현금배당금   3,000,000원
> 라. 비영업대금의 이익   12,000,000원

① 3,000,000원   ② 13,000,000원   ③ 16,000,000원   ④ 19,000,000원

10. 다음 중 20x1년 귀속 소득세법상 기타소득에 대한 설명으로 옳은 것은?
① 복권 당첨소득 중 3억원 초과분은 20%의 세율로 원천징수한다.
② 연금계좌에서 연금 외 수령한 기타소득은 무조건 종합과세 대상 기타소득에 해당한다.
③ 법인세법에 의하여 처분된 기타소득의 수입시기는 그 법인의 해당 사업연도 결산확정일이다.
④ 뇌물, 알선수재 및 배임수재에 따라 받은 금품의 기타소득금액의 합계액이 300만원 이하인 경우 분리과세를 선택할 수 있다.

■■■■■■ **실무수행평가**

(주)반도산업(2590)은 골프용품 제조업을 영위하는 법인기업으로 회계기간은 제6기(20x1.1.1.~20x1.12.31.)이다. 제시된 자료와 자료설명을 참고하여, [수행과제]를 완료하고 [평가문제]의 물음에 답하시오.

실무수행1 | 거래자료입력

실무프로세스 자료이다. [자료설명]을 참고하여 [수행과제]를 수행하시오.

1. 3만원 초과 거래 자료에 대한 영수증수취명세서 작성

<table>
<tr><td colspan="6">

영 수 증 (공급받는자용)

NO.

(주)반도산업 귀하
</td><td>자료설명</td><td>생산부 공장직원들을 위한 간식을 현금으로 구입하고 수취한 영수증이다. 회사는 이 거래가 지출증명서류 미수취 가산세 대상인지를 검토하려고 한다.</td></tr>
</table>

공급자	사업자등록번호	119-15-50400		
	상 호	비둘기마트	성명	이문희
	사업장소재지	강원도 춘천시 명동길 22		
	업 태	도,소매업	종목	생활용품

작성일자	공급대가총액	비고
20x1.2.15.	₩ 100,000	

공 급 내 역				
월/일	품명	수량	단가	금액
2/15	간식			100,000

합 계	₩ 100,000
위 금액을 (영수)(청구)함	

수행과제
1. 거래자료를 입력하시오.
2. 영수증수취명세서(2)와 (1)서식을 작성하시오.

2. 기타일반거래

저축보험 가입증명서

▶ 보험종목 : 행복자산만들기 보험   ▶ 증권번호 : 3355897

피보험자	(주)반도산업	계약자	(주)반도산업
		계약일자	20x1년 3월 1일
보험기간	20x1년 3월 1일 부터 20x2년 2월 28일 까지		

▶ 가입내역

증권번호	3355897	1회보험료	(저축성보험)540,000원
			(보장성보험) 60,000원
보험종목	행복자산만들기 보험	계약기간	5년

▶ 담보사항

납입방법 : 보통은행 계좌 이체
204456 - 02 - 344714
납입일 : 매월1일

보험회사 : 교보생명

■ 보통예금(국민은행) 거래내역

번호	거래일	내 용	찾으신금액	맡기신금액	잔 액	거래점
		계좌번호 204456 - 02 - 344714 (주)반도산업				
1	20x1 - 3 - 1	1회차 납입금 (교보생명보험)	600,000		***	***

자료설명	1. 영업부 직원들에 대한 보험료 1회분을 국민은행 보통예금 계좌에서 지급하였다. 2. 보험료 600,000원 중 저축성보험 540,000원은 자산(장기성예금)으로 처리하고 보장성 보험 60,000원은 비용으로 처리하기로 하였다.
수행과제	거래자료를 입력하시오.

3. 기타일반거래

<table>
<tr><td colspan="5" align="center">전자계산서</td><td colspan="3" align="center">(공급받는자 보관용)</td><td colspan="2">승인번호</td><td></td></tr>
<tr><td rowspan="7">공급자</td><td colspan="2">등록번호</td><td colspan="3">101-90-21110</td><td rowspan="7">공급받는자</td><td colspan="2">등록번호</td><td colspan="3">120-81-32144</td></tr>
<tr><td colspan="2">상호</td><td>대신환경</td><td>성명
(대표자)</td><td>유은종</td><td colspan="2">상호</td><td>(주)반도산업</td><td>성명
(대표자)</td><td>김강남</td></tr>
<tr><td colspan="2">사업장
주소</td><td colspan="3">서울시 강남구 강남대로 65</td><td colspan="2">사업장
주소</td><td colspan="3">강원도 춘천시 명동길 11(조양동)</td></tr>
<tr><td colspan="2">업태</td><td>서비스업</td><td colspan="2">종사업장번호</td><td colspan="2">업태</td><td>제조업외</td><td colspan="2">종사업장번호</td></tr>
<tr><td colspan="2">종목</td><td colspan="3">하수처리시설관리외</td><td colspan="2">종목</td><td colspan="3">골프용품외</td></tr>
<tr><td colspan="2">E-Mail</td><td colspan="3">daesin@naver.com</td><td colspan="2">E-Mail</td><td colspan="3">bando@bill36524.com</td></tr>
<tr><td colspan="2">작성일자</td><td colspan="2">20x1.4.5</td><td>공급가액</td><td colspan="3">2,150,000</td><td>비고</td><td></td></tr>
<tr><td>월</td><td>일</td><td colspan="2">품목명</td><td>규격</td><td>수량</td><td>단가</td><td colspan="2">공급가액</td><td colspan="2">비고</td></tr>
<tr><td>4</td><td>5</td><td colspan="2">정화조청소</td><td></td><td></td><td></td><td colspan="2">2,150,000</td><td colspan="2"></td></tr>
<tr><td></td><td></td><td colspan="2"></td><td></td><td></td><td></td><td colspan="2"></td><td colspan="2"></td></tr>
<tr><td></td><td></td><td colspan="2"></td><td></td><td></td><td></td><td colspan="2"></td><td colspan="2"></td></tr>
<tr><td colspan="2">합계금액</td><td>현금</td><td>수표</td><td colspan="2">어음</td><td colspan="2">외상미수금</td><td rowspan="2" colspan="2">이 금액을</td><td>○ 영수
● 청구 함</td></tr>
<tr><td colspan="2">2,150,000</td><td></td><td></td><td colspan="2"></td><td colspan="2">2,150,000</td><td></td></tr>
</table>

자료설명	대신환경으로부터 공장 정화조 청소용역을 제공받고 발급받은 전자계산서이다.
수행과제	거래자료를 입력하시오. (전자계산서는 '전자입력'으로 처리하고, '수수료비용' 계정과목을 사용할 것.)

실무수행2 부가가치세관리

부가가치세 신고 관련 자료이다. [자료설명]을 참고하여 [수행과제]를 수행하시오.

1. 전자세금계산서 발급
자료 1. 거래명세서

	거 래 명 세 서				(공급자 보관용)				

공급자	등록번호	120-81-32144			공급받는자	등록번호	514-81-32112		
	상호	(주)반도산업	성명	김강남		상호	(주)중고나라	성명	이상훈
	사업장주소	강원도 춘천시 명동길 11(조양동)				사업장주소	서울 강남구 강남대로112길 28		
	업태	제조업외	종사업장번호			업태	도소매업	종사업장번호	
	종목	골프용품외				종목	중고가전		

거래일자	미수금액	공급가액	세액	총 합계금액
20x1.4.10.		1,000,000	100,000	1,100,000

NO	월	일	품목명	규격	수량	단가	공급가액	세액	합계
1	4	10	복사기		1	1,000,000	1,000,000	100,000	1,100,000

자료 2. 보통예금(국민은행) 거래내역

		내 용	찾으신금액	맡기신금액	잔 액	거래점
번호	거래일	계좌번호 204456-02-344714 (주)반도산업				
1	20x1-4-10	복사기매각		1,100,000	***	***

자료설명	1. 자료 1은 사용하던 복사기 1대(취득원가 3,000,000원, 감가상각누계액 2,500,000원)를 매각하고 발급한 거래명세서이다. 2. 자료 2는 비품 매각대금(부가세 포함)이 입금된 국민은행 보통예금 거래내역이다. 3. 당기 양도일까지의 감가상각비는 계상하지 않기로 한다.
수행과제	1. 거래자료를 입력하시오. 2. 전자세금계산서 발행 및 내역관리 를 통하여 발급·전송하시오. (전자세금계산서 발급 시 결제내역 및 전송일자는 무시할 것.)

2. 수정전자세금계산서의 발급

전자세금계산서 (공급자 보관용)					승인번호			
공급자	등록번호	120-81-32144		공급받는자	등록번호	120-81-32159		
	상호	(주)반도산업	성명(대표자) 김강남		상호	(주)유정산업	성명(대표자)	최유정
	사업장주소	강원도 춘천시 명동길 11(조양동)			사업장주소	인천 남동구 정각로 16 (구월동, 구월빌딩)		
	업태	제조업외	종사업장번호		업태	도소매업	종사업장번호	
	종목	골프용품외			종목	골프용품		
	E-Mail	bando@bill36524.com			E-Mail	yoojung@bill36524.com		

작성일자	20x1.5.10	공급가액	30,000,000	세액	3,000,000
비고					

월	일	품목명	규격	수량	단가	공급가액	세액	비고
5	10	골프화		500	60,000	30,000,000	3,000,000	

합계금액	현금	수표	어음	외상미수금	이 금액을	
33,000,000				33,000,000	○ 영수 ◉ 청구	함

자료설명	5월 10일 (주)유정산업에 제품을 공급하고 전자세금계산서를 발급하였다. 본 건에 대하여 다음과 같이 내국신용장을 발급받아 영세율을 적용하려고 한다. - 내국신용장 발급일자 : 20x1년 7월 15일 - 개설은행 : 국민은행 춘천지점
수행과제	수정사유를 선택하여 수정전자세금계산서를 발급·전송하시오. ※ 전자세금계산서는 전자세금계산서 발행 및 내역관리 메뉴에서 발급·전송한다. (전자세금계산서 발급 시 결제내역 입력과 전송일자는 무시할 것.)

3. 매입세액불공제내역 작성자의 부가가치세 신고서 작성

자료 1. 공급가액(제품)내역 (7월 1일 ~ 9월 30일)

구 분	금 액	비 고
과세분(전자세금계산서)	196,800,000원	
면세분(전자계산서)	49,200,000원	
합 계	246,000,000원	

자료 2. 기계장치 매입내역

전자세금계산서			(공급받는자 보관용)			승인번호		

공급자	등록번호	101 – 81 – 83017			공급받는자	등록번호	120 – 81 – 32144	
	상호	(주)대영기계	성명 (대표자)	김대수		상호	(주)반도산업	성명 (대표자) 김강남
	사업장 주소	서울 동대문구 망우로 70				사업장 주소	강원도 춘천시 명동길 11(조양동)	
	업태	제조업	종사업장번호			업태	제조업외	종사업장번호
	종목	기계외				종목	골프용품외	
	E–Mail	daeyoung@bill36524.com				E–Mail	bando@bill36524.com	

작성일자	20x1.7.4.	공급가액	25,000,000	세 액	2,500,000
비고					

월	일	품목명	규격	수량	단가	공급가액	세액	비고
7	4	기계장치				25,000,000	2,500,000	

합계금액	현금	수표	어음	외상미수금	이 금액을	○ 영수 ● 청구	함
27,500,000				27,500,000			

자료설명	본 문제에 한하여 (주)반도산업은 과세사업과 면세사업을 겸영하고 있다고 가정한다. 1. 자료 1은 제2기 부가가치세 예정신고기간의 공급가액 내역이다. 2. 자료 2는 제2기 부가가치세 예정신고기간의 과세사업과 면세사업에 공통으로 사용할 기계장치 매입자료이다.
수행과제	1. 자료 2의 거래자료를 입력하시오.(유형에서 '51.과세매입'으로 선택하고, '전자입력'으로 처리할 것.) 2. 제2기 부가가치세 예정신고기간의 매입세액불공제내역(공통매입세액 안분계산 내역)을 작성하시오. (단, 자료 1과 자료 2에서 주어진 공급가액으로 계산하기로 함.) 3. 제2기 부가가치세 예정신고서에 반영하시오. 4. 공통매입세액 안분계산에 대한 회계처리를 9월 30일자로 입력하시오.

4. 건물등감가상각자산취득명세서 작성자의 부가가치세신고서 작성

자료 1. 소프트웨어 구입관련 자료

전자세금계산서			(공급받는자 보관용)				승인번호		

공급자	등록번호	106-81-57571			공급받는자	등록번호	120-81-32144		
	상호	(주)스마트산업	성명(대표자)	이성희		상호	(주)반도산업	성명(대표자)	김강남
	사업장주소	서울 마포구 마포대로 8				사업장주소	강원도 춘천시 명동길 11(조양동)		
	업태	제조업	종사업장번호			업태	제조업외	종사업장번호	
	종목	기계				종목	골프용품외		
	E-Mail	smart@bill36524.com				E-Mail	bando@bill36524.com		

작성일자	20x1.10.15.	공급가액	30,000,000	세 액	3,000,000
비고					

월	일	품목명	규격	수량	단가	공급가액	세액	비고
10	15	스마트팩토리솔루션				30,000,000	3,000,000	

합계금액	현금	수표	어음	외상미수금	이 금액을	○ 영수 ● 청구	함
33,000,000				33,000,000			

자료 2. 건물증축공사 기성청구 자료

전자세금계산서			(공급받는자 보관용)				승인번호		

공급자	등록번호	108-81-21220			공급받는자	등록번호	120-81-32144		
	상호	(주)인우건설	성명(대표자)	이인우		상호	(주)반도산업	성명(대표자)	김강남
	사업장주소	서울 강남구 양재대로 340				사업장주소	강원도 춘천시 명동길 11(조양동)		
	업태	건설업	종사업장번호			업태	제조업외	종사업장번호	
	종목	건축공사				종목	골프용품외		
	E-Mail	inwoo@bill36524.com				E-Mail	bando@bill36524.com		

작성일자	20x1.11.14.	공급가액	50,000,000	세 액	5,000,000
비고					

월	일	품목명	규격	수량	단가	공급가액	세액	비고
11	14	건물증축공사				50,000,000	5,000,000	

합계금액	현금	수표	어음	외상미수금	이 금액을	○ 영수 ● 청구	함
55,000,000				55,000,000			

자료 3. 비품 구입관련 자료

```
           ** 현금영수증 **
            (지출증빙용)

사업자등록번호  : 342-81-00349
사업자명       : (주)애플전자
단말기ID       : 53453259(tel:02-349-5545)
가맹점주소     : 서울 서대문구 충정로7길 19-7(충정로 3가)

현금영수증 회원번호
120-81-32144 (주)반도산업
승인번호              : 73738585    (PK)
거래일시              : 20x1년 12월 7일
- - - - - - - - - - - - - - - - - - - - - - - - - - - - -
공급금액                      1,500,000원
부가세금액                      150,000원
총합계                        1,650,000원
- - - - - - - - - - - - - - - - - - - - - - - - - - - - -
휴대전화, 카드번호 등록
http://현금영수증.kr
국세청문의(126)
38036925-GCA10106-3870-U490
      <<<<<<이용해 주셔서 감사합니다.>>>>>>
```

자료설명	1. 자료 1은 스마트공장 구축의 일환으로 생산부에서 사용할 소프트웨어를 외상으로 구입하고 발급받은 전자세금계산서이다.
	2. 자료 2는 공장건물 증축공사에 따른 전자세금계산서이며 대금은 11월 30일에 지급하기로 하였다.(자본적 지출로 처리할 것.)
	3. 자료 3은 경영지원팀 사무실에서 사용할 복사기를 구입하고 받은 현금영수증이다.(자산으로 처리할 것.)
수행과제	1. 자료 1 ~ 자료 3의 거래를 매입매출전표에 입력하시오. (전자세금계산서와 관련된 거래는 '전자입력'으로 처리할 것.)
	2. 제2기 확정신고기간의 건물등감가상각자산취득명세서를 작성하시오.
	3. 아래 전자신고세액공제를 반영하여 제2기 부가가치세 확정신고서를 작성하시오. - 제2기 부가가치세 확정신고서를 홈택스에서 전자신고한다(전자신고세액공제 10,000원).

평가문제 | 입력자료 및 회계정보를 조회하여 [평가문제]의 답안을 입력하시오.(70점)

[실무수행평가] – 부가가치세관리

번호	평가문제	배점
11	**평가문제 [계산서합계표 조회]** 제1기 확정 신고기간의 면세계산서 수취금액은 얼마인가?	2
12	**평가문제 [매입매출전표입력 조회]** 5월 10일자 수정세금계산서의 수정입력사유 코드번호를 입력하시오.	2
13	**평가문제 [세금계산서합계표 조회]** 제1기 확정 신고기간의 매출전자세금계산서 발급매수는 총 몇 매인가?	2
14	**평가문제 [부가가치세신고서 조회]** 제1기 확정 신고기간의 부가가치세신고서에 반영되는 영세율 과세표준 금액은 얼마인가?	2
15	**평가문제 [부가가치세신고서 조회]** 제1기 확정 신고기간 부가가치세신고서의 과세표준에 반영되는 수입금액제외 총액은 얼마인가?	2
16	**평가문제 [매입세액불공제내역 조회]** 제2기 예정 신고기간 매입세액불공제내역 '3.공통매입세액 안분계산 내역'의 불공제 매입세액은 얼마인가?	2
17	**평가문제 [부가가치세신고서 조회]** 제2기 예정 신고기간 부가가치세신고서의 차가감납부할세액(27란) 세액은 얼마인가?	2
18	**평가문제 [부가가치세신고서 조회]** 제2기 예정 신고기간의 부가가치세 신고시에 작성되는 부가가치세 첨부서류에 해당하지 않는 것은? ① 계산서합계표 ② 건물등감가상각자산취득명세서 ③ 신용카드매출전표등수령금액합계표 ④ 공제받지못할매입세액명세서	3
19	**평가문제 [부가가치세신고서 조회]** 제2기 확정 신고기간의 부가가치세신고서의 세금계산서수취부분_고정자산매입(11란) 금액은 얼마인가?	3
20	**평가문제 [부가가치세신고서 조회]** 제2기 확정 신고기간의 부가가치세 차가감납부할세액(27번란)은 얼마인가?	2
	부가가치세 소계	22

실무수행3 결산

[결산자료]를 참고로 결산을 수행하시오.(단, 제시된 자료 이외의 자료는 없다고 가정함.)

1. 수동결산

자료설명	1. 전기이월 된 선수수익(이자수익)에는 당기 도래분 250,000원이 있다. 2. 9월 1일에 보험료를 지급하고 전액 보험료(판) 계정으로 회계처리하였다. | 가입대상	보험회사	보험금납입액	보험적용기간
자동차	(주)삼성화재	816,000원	20x1년 09월 01일 ~ 20x2년 08월 31일	
---	---
수행과제	1. 전기 선수수익 중 당기 도래분에 대하여 1월 1일자로 회계처리하시오. 2. 당기 발생분 보험료(판)에 대하여 12월 31일자로 결산정리분개를 하시오. (월할 계산할 것.)

2. 결산자료입력에 의한 자동결산

자료설명	1. 기말재고 실사내역 (단위 : 원) | 구 분	실사내역		
	단위당원가	수량	평가액
원재료	40,000	250	10,000,000
제 품	80,000	500	40,000,000 | ※ 기말제품에는 시용판매에 따른 시송품 중 구입의사 미표시분 5,000,000원이 포함되어 있지 않다. 2. 이익잉여금처분계산서 처분확정(예정)일 - 당기 : 20x1년 3월 31일 - 전기 : 20x0년 3월 31일
---	---
수행과제	결산을 완료하고 이익잉여금처분계산서에서 손익대체분개를 하시오. (단, 이익잉여금처분내역은 없는 것으로 하고 미처분이익잉여금 전액을 이월이익잉여금으로 이월하기로 한다.)

[실무수행평가] – 재무회계

번호	평가문제	배점
21	**평가문제 [영수증수취명세서 조회]** 영수증수취명세서(1)에 반영되는 '12.명세서제출 대상' 금액은 얼마인가?	1
22	**평가문제 [일/월계표 조회]** 1/4분기(1월~3월) 발생한 복리후생비(제조)는 얼마인가?	2
23	**평가문제 [일/월계표 조회]** 1/4분기(1월~3월) 발생한 보험료(판매관리비)는 얼마인가?	2
24	**평가문제 [일/월계표 조회]** 2/4분기(4월~6월) 발생한 제조경비 총액은 얼마인가?	2
25	**평가문제 [일/월계표 조회]** 2/4분기(4월~6월) 발생한 영업외수익은 얼마인가?	2
26	**평가문제 [거래처원장 조회]** 12월 말 현재 국민은행의 보통예금 잔액은 얼마인가?	1
27	**평가문제 [합계잔액시산표 조회]** 4월 말 투자자산 금액은 얼마인가?	1
28	**평가문제 [합계잔액시산표 조회]** 4월 말 미지급금 잔액은 얼마인가?	1
29	**평가문제 [손익계산서 조회]** 당기에 발생한 이자수익은 얼마인가?	2
30	**평가문제 [재무상태표 조회]** 9월 말 기계장치 장부금액은 얼마인가?	2
31	**평가문제 [재무상태표 조회]** 12월 말 선급비용 잔액은 얼마인가?	2
32	**평가문제 [재무상태표 조회]** 기말 제품 잔액은 얼마인가?	1
33	**평가문제 [재무상태표]** 12월 말 유형자산 계정 장부금액으로 옳지 않은 것은? ① 토지　　512,000,000원　　② 건물 850,000,000원 ③ 차량운반구　35,000,000원　　④ 비품　24,300,000원	1
34	**평가문제 [재무상태표 조회]** 12월 말 무형자산 금액은 얼마인가?	2
35	**평가문제 [재무상태표 조회]** ~~12월 말 이월이익잉여금(미처분이익잉여금) 잔액으로 옳은 것은?~~ ~~① 125,410,123원　　② 218,846,431원~~ ~~③ 385,120,691원　　④ 435,720,156원~~	1
	재무회계 소계	23

실무수행4 | 근로소득관리

인사급여 관련 자료이다. [자료설명]을 참고하여 [수행과제]를 수행하시오.

1. 가족관계증명서에 의한 사원등록

[별지 제1호서식] <개정 2010.6.3>

가족관계증명서

등록기준지	서울시 서대문구 충정로9길 15 (충정로2가)

구분	성 명	출생연월일	주민등록번호	성별	본
본인	서윤종	1977년 12월 19일	771219 - 1021517	남	利川

가 족 사 항

구분	성명	출생연월일	주민등록번호	성별	본
부	서경석 (사망)	1943년 05월 02일	430502 - 1205211	남	利川
배우자	이지숙	1978년 06월 14일	780614 - 2021054	여	密陽
자녀	서영수	2001년 07월 22일	010722 - 3023451	남	利川
자녀	서영희	2008년 09월 01일	080901 - 4689553	여	利川

자료설명	재경팀에서 근무 중인 관리직 서윤종(2001)의 가족관계증명서이다. 1. 부 서경석은 장애인복지법에 따른 장애인으로 당해 1월 15일 사망하였고, 별도의 소득은 없다. 2. 배우자 이지숙은 사적연금소득 13,000,000원이 있다. 3. 자녀 서영수는 현재 퇴사 후 구직활동 중이다. 재직 중 총급여 4,800,000원을 받았고, 구직활동 중 실업급여 3,000,000원을 수령하였다. 4. 자녀 서영희는 타지역 학교의 기숙사에서 생활하고 있으며, 별도의 소득은 없다. 5. 세부담을 최소화하는 방법을 선택한다.
수행과제	사원등록에서 부양가족명세를 작성하시오.

[실무수행평가] - 근로소득관리 1

번호	평가문제 [서윤종 근로소득원천징수영수증 조회]	배점
36	'25.배우자' 공제대상액은 얼마인가?	2
37	'26.부양가족' 공제대상액은 얼마인가?	2
38	'27.경로우대' 공제대상액은 얼마인가?	1
39	'28.장애인' 공제대상액은 얼마인가?	2
40	'56.자녀세액공제' 세액공제액은 얼마인가?	1

2. 일용직사원의 원천징수

자료 1. 김삼식의 주민등록등본

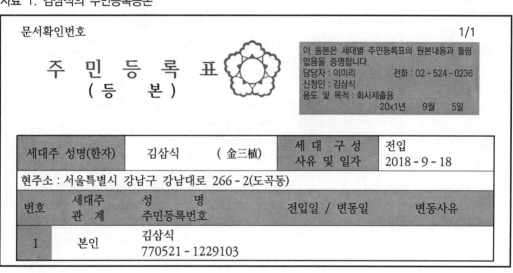

자료 2. 일용직급여내역

성명	입사일	급여	계산내역	9월의 근무일수
김삼식	20x1.9.5.	1,000,000원	1일 250,000원 × 총4일	5, 6, 7, 8일

자료설명	1. 자료 1, 2는 일용직 사원 관련 정보 및 급여지급내역이다. 2. 일용직 급여는 매일 지급하는 방식으로 한다. 3. 사회보험료 중 고용보험만 징수하기로 한다. 4. 제시된 사항 이외의 자료는 없는 것으로 한다.
수행과제	1. [일용직사원등록] 메뉴에 사원등록을 하시오.(사원코드 1000번으로 등록하고, 우편번호 입력은 생략할 것.) 2. [일용직급여입력] 메뉴에 급여내역을 입력하시오. 3. 9월 귀속분 원천징수이행상황신고서를 작성하시오.

[실무수행평가] – 근로소득관리2

번호	평가문제	배점
41	**평가문제 [일용직(김삼식) 9월 일용직급여입력 조회]** 공제항목 중 고용보험의 합계액은 얼마인가?	2
42	**평가문제 [일용직(김삼식) 9월 일용직급여입력 조회]** 9월 급여의 차인지급액 합계는 얼마인가?	2
43	**평가문제 [9월 원천징수이행상황신고서 조회]** 근로소득 지급인원은 모두 몇 명인가?	2
44	**평가문제 [9월 원천징수이행상황신고서 조회]** 근로소득에 대한 '10. 소득세 등'은 얼마인가?	1

3. 국세청연말정산간소화 및 이외의 자료를 기준으로 연말정산

자료설명	사무직 이승엽 대리(1004)의 연말정산을 위한 국세청 제공자료 및 기타자료이다. 1. 사원등록의 부양가족현황은 사전에 입력되어 있다. 2. 부양가족은 이승엽과 생계를 같이 한다. 3. 이승엽은 무주택 세대주로서 총급여액이 7,000만원 이하이다.
수행과제	[연말정산근로소득원천징수영수증] 메뉴를 이용하여 연말정산을 완료하시오. – 신용카드소득공제는 [신용카드] 탭에서 입력한다. – 보험료세액공제는 [소득공제] 탭에서 입력한다. – 교육비세액공제는 [소득공제] 탭에서 입력한다. – 월세액세액공제는 [정산명세] 탭에서 입력한다. (임대차계약서상 주소지는 이승엽의 현 주소지와 동일함.)

자료 1. 이승엽 대리의 부양가족내역

	연말정산관계	기본	세대	부녀	장애	경로 70세	출산 입양	자녀	한부모	성명	주민(외국인)번호	가족관계
1	0.본인	본인	○							이승엽	내 690601-1985018	
2	3.배우자	배우자								김희애	내 781111-2222220	02.배우자
3	1.(소)직계존속	부								이춘희	내 380505-1111111	03.부
4	4.직계비속(자녀 20세이하							○		이대한	내 070203-3023180	05.자녀

자료 2. 이승엽의 국세청 간소화 서비스 자료 및 기타자료

20x1년 귀속 소득 · 세액공제증명서류 [신용카드]

■ 사용자 인적사항

성 명	주 민 등 록 번 호
이승엽	690601 – 1******

■ 신용카드 사용내역

(단위 : 원)

일반 인별합계금액	13,450,000
전통시장 인별합계금액	0
대중교통 인별합계금액	650,000
인별합계금액	14,100,000

 국 세 청 National Tax Service

• 본 증명서류는 『소득세법』 제165조 제1항에 따라 영수증 발급기관으로부터 수집한 서류로 소득·세액공제 충족 여부는 근로자가 직접 확인하여야 합니다.
• 본 증명서류에서 조회되지 않는 내역은 영수증 발급기관에서 직접 발급받으시기 바랍니다.

20x1년 귀속 소득 · 세액공제증명서류 [현금영수증]

■ 사용자 인적사항

성 명	주 민 등 록 번 호
김희애	781111 – 2******

■ 현금영수증 사용내역

(단위 : 원)

일반 인별합계금액	620,000
전통시장 인별합계금액	3,450,000
대중교통 인별합계금액	230,000
인별합계금액	4,300,000

 국 세 청 National Tax Service

• 본 증명서류는 『소득세법』 제165조 제1항에 따라 영수증 발급기관으로부터 수집한 서류로 소득·세액공제 충족 여부는 근로자가 직접 확인하여야 합니다.
• 본 증명서류에서 조회되지 않는 내역은 영수증 발급기관에서 직접 발급받으시기 바랍니다.

20x1년 귀속 소득·세액공제증명서류 : 기본(지출처별)내역
[보장성 보험, 장애인전용보장성보험]

■ 계약자 인적사항

성 명	주 민 등 록 번 호
이승엽	690601 – 1******

■ 보장성보험(장애인전용보장성보험) 납입내역

(단위 : 원)

종류	상 호	보험종류			납입금액 계
	사업자번호	증권번호	주피보험자		
	종피보험자1	종피보험자2	종피보험자3		
보장성	삼성생명보험(주)	**생명보험			2,100,000
	106 – 81 – 41***	100540651**	380505 – 1******	이춘희	
보장성	동부화재(주)	**어린이보험			550,000
	108 – 81 – 15***	5478965**	070203 – 3******	이대한	
인별합계금액					2,650,000

 국 세 청
National Tax Service

- 본 증명서류는 「소득세법」 제165조 제1항에 따라 영수증 발급기관으로부터 수집한 서류로 소득·세액공제 충족 여부는 근로자가 직접 확인하여야 합니다.
- 본 증명서류에서 조회되지 않는 내역은 영수증 발급기관에서 직접 발급받으시기 바랍니다.

20x1년 귀속 소득·세액공제증명서류 : 기본(지출처별)내역 [교육비]

■ 학생 인적사항

성 명	주 민 등 록 번 호
김희애	781111 – 2******

■ 교육비 지출내역

(단위 : 원)

교육비구분	학교명	사업자번호	납입금액 계
대학교등록금	**사이버 대학교	108 – 90 – 15***	5,000,000
인별합계금액			5,000,000

 국 세 청
National Tax Service

- 본 증명서류는 「소득세법」 제165조 제1항에 따라 영수증 발급기관으로부터 수집한 서류로 소득·세액공제 충족 여부는 근로자가 직접 확인하여야 합니다.
- 본 증명서류에서 조회되지 않는 내역은 영수증 발급기관에서 직접 발급받으시기 바랍니다.

월세 납입 내역서

가입자 (임차인)	성명	이승엽	주민등록번호	690601 – 1985018
	주소	서울특별시 관악구 신림로 45길 삼성아파트 101동 1402호		
출금계좌번호		우리은행 1002 – 33 – 246807		
(임대인)	성명	김영숙	주민등록번호	541201 – 2135218
	주소	경기도 파주시 송학3길 4 이산아트빌 201호		
입금계좌번호		국민은행 551 – 1232 – 5656		

세부내용

- 임대차 기간 : 20x1년 7월 1일 ~ 20x3년 6월 30일
- 임대차계약서상 주소지 : 서울특별시 관악구 신림로 45길 삼성아파트 101동 1402호
- 주택유형 : 아파트, 계약면적 85㎡(국민주택 규모 이하)

조회 기간 : 20x1.01.01. ~ 20x1.12.31.

SEQ	일자	금액(원)	수취인명 (임대인)	은행명	수취인계좌
1	20x1.07.01	750,000	김영숙	국민은행	551 – 1232 – 5656
2	20x1.08.01	750,000	김영숙	국민은행	551 – 1232 – 5656
3	20x1.09.01	750,000	김영숙	국민은행	551 – 1232 – 5656
4	20x1.10.01	750,000	김영숙	국민은행	551 – 1232 – 5656
5	20x1.11.01	750,000	김영숙	국민은행	551 – 1232 – 5656
6	20x1.12.01	750,000	김영숙	국민은행	551 – 1232 – 5656
합계액		4,500,000	사용목적		소득공제신청

월세를 위와 같이 납입하였음을 증명하여 주시기 바랍니다.

20x1년 12월 31일

신청인   이승엽   (서명 또는

[실무수행평가] – 근로소득관리3

번호	평가문제 [이승엽 근로소득원천징수영수증 조회]	배점
45	'42.신용카드등' 소득공제 최종공제액은 얼마인가?	2
46	'60.보장성보험' 공제대상금액은 얼마인가?	2
47	'62.교육비' 세액공제액은 얼마인가?	2
48	'69.월세액' 세액공제액은 얼마인가?	2
49	'74.기납부세액(소득세)'은 얼마인가?	1
50	'81.실효세율(%)'은 몇 %인가?	1
근로소득 소계		25

실무이론평가

1	2	3	4	5	6	7	8	9	10
③	③	①	①	④	③	④	②	①	③

---

01 내부회계관리제도는 외부감사인이 따라야 하는 절차가 아니라, **기업 내부의 구성원들에 의하여 운영 되는 제도**이다.

02 재고자산 매출시 운반비는 판매비와관리비에 포함된다.

03 기말대손충당금 = 1억원 × 1% = 1,000,000원

대손충당금

대손	300,000	기초	400,000
		회수	100,000
기말	1,000,000	*대손상각비(설정?)*	*800,000*
계	1,300,000	계	1,300,000

04 3월 5일 주식발행 = [발행가(20,000) - 액면가(10,000)] × 1,000주 = 10,000,000원(할증발행)

9월 20일 주식발행 = [발행가(8,000) - 액면가(10,000)] × 1,000주 - 수수료(200,000)

$\qquad$ = △2,200,000원(할인발행)

3월 5일거래에서 주식발행초과금 10,000,000원 발생하고, 9월 20일 거래에서 주식할인발행차금 2,200,000원 발생한다. 따라서 상계 처리 후 주식발행초과금의 잔액은 7,800,000원이다.

05 외화외상매출금은 화폐성 항목이므로 기말 환율로 환산하여 기말 재무상태표에 표시한다.

기말외화외상매출금 = $1,000 × 1,100원 = 1,100,000원

환산손익 = [공정가액(1,100) - 장부가액(1,000)] × $1,000 = 100,000원(환산이익)

06 A주식(단기매매증권) = 1,000주 × (7,000원 - 6,000원) = 1,000,000원(이익)

B주식(단기매매증권) = 3,000주 × (5,000원 - 8,000원) = △9,000,000원(손실)

C주식은 매도가능증권으로 **매도가능증권평가손익은 기타포괄손익누계액(자본)에 반영**한다.

07 장기외상매출금의 할부이자 상당액과 제품의 외상판매가액에 포함된 운송비는 부가가치세 공급가액 에 포함된다.

08 매출세액 = 300,000,000원 × 10% + 120,000,000원 × 0% = 30,000,000원

매입세액 = 110,000,000원 × 10% + 70,000,000원 × 10% = 18,000,000원

납부세액 = 매출세액(30,000,000) - 매입세액(18,000,000) = 12,000,000원

09 직장공제회 초과반환금은 **무조건 분리과세대상**이며, 이를 제외한 이자·배당소득의 합계액이 1,900 만원으로 2,000만원을 초과하지 않는다. 그러므로 **무조건 종합과세대상인 외국법인으로부터 받은 현금배당금에 대해서만 종합과세**한다.

10 ① 복권 당첨 소득 중 **3억원 초과분은 30%의 세율**로 원천징수한다.
② 연금계좌에서 **연금 외 수령한 기타소득은 무조건 분리과세 대상 기타소득**에 해당한다.
④ **뇌물, 알선수재 및 배임수재에 따라 받은 금품은 무조건 종합과세 대상 기타소득**에 해당한다.

실무수행평가

실무수행 1. 거래자료입력

1. 3만원 초과 거래 자료에 대한 영수증수취명세서 작성

(1) [일반전표입력] 2월 15일

| (차) 복리후생비(제) | 100,000원 | (대) 현금 | 100,000원 |

(2) [영수증수취명세서(2)]

	거래일자	상 호	성 명	사업장	사업자등록번호	거래금액	구분	계정코드	계정과목
☐	-01-05	(주)두미리주유소	이선웅	서울특별시 강남구 강남대로 77	218-81-20682	700,000		522	차량유지비
☐	-01-28	(주)피이제이	최경주	서울특별시 강남구 강남대로 36	144-81-12955	35,000		830	소모품비
☐	-01-30	교보문화재단	김종식	서울특별시 서초구 헌릉로9길 22	102-82-02601	300,000	20	933	기부금
☐	-02-15	비둘기마트	이문희	강원도 춘천시 명동길 22	119-15-50400	100,000		511	복리후생비

(3) [영수증수취명세서(1)]

1. 세금계산서, 계산서, 신용카드 등 미사용내역

9. 구분	3만원 초과 거래분		
	10. 총계	11. 명세서제출 제외대상	12. 명세서제출 대상(10-11)
13. 건수	4	1	3
14. 금액	1,135,000	300,000	835,000

2. 3만원 초과 거래분 명세서제출 제외대상 내역

구분	건수	금액	구분	건수	금액
15. 읍, 면 지역 소재			26. 부동산 구입		
16. 금융, 보험 용역			27. 주택임대용역		
17. 비거주자와의 거래			28. 택시운송용역		
18. 농어민과의 거래			29. 전산발매통합관리시스템가입자와의		
19. 국가 등과의 거래			30. 항공기항행용역		
20. 비영리법인과의 거래	1	300,000	31. 간주임대료		
21. 원천징수 대상사업소			32. 연체이자지급분		
22. 사업의 양도			33. 송금명세서제출분		
23. 전기통신, 방송용역			34. 접대비필요경비부인분		
24. 국외에서의 공급			35. 유료도로 통행료		
25. 공매, 경매, 수용			36. 합계	1	300,000

2. 기타일반거래 [일반전표입력] 3월 1일

    (차) 장기성예금(교보생명보험)   540,000원   (대) 보통예금(국민은행(보통))   600,000원
        보험료(판)   60,000원

3. 기타일반거래 [매입매출전표입력] 4월 5일

거래유형	품명	공급가액	부가세	거래처	전자세금
53.면세	정화조청소	2,150,000		대신환경	전자입력
분개유형	(차) 수수료비용	2,150,000원	(대) 미지급금		2,150,000원
3.혼합					

실무수행 2. 부가가치세관리

1. 전자세금계산서 발급

(1) [매입매출전표입력] 4월 10일

거래유형	품명	공급가액	부가세	거래처	전자세금
11.과세	복사기	1,000,000	100,000	(주)중고나라	전자발행
분개유형	(차) 감가상각누계액(213)	2,500,000원	(대) 비품		3,000,000원
	보통예금	1,100,000원	부가세예수금		100,000원
3.혼합	(국민은행(보통))		유형자산처분이익		500,000원

(2) [전자세금계산서 발행 및 내역관리] 기출문제 77회 참고

2. 수정전자세금계산서의 발급

(1) [수정전자세금계산서 발급]

  ① [매입매출전표입력] 5월 10일 전표선택 ➡ [수정세금계산서] ➡ [수정사유](5.내국신용장 사후 개설)
    를 선택 ➡ [내국신용장개설일(7월 15일)]을 입력하고 [확인(Tab)]을 클릭

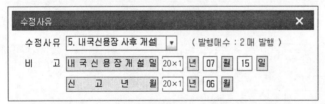

  ② 수정세금계산서(매출)화면에서 수량, 단가, 공급가액을 입력한 후 [확인(Tab)]을 클릭

③ 수정세금계산서 2건에 대한 회계처리가 자동 반영된다.

거래유형	품명	공급가액	부가세	거래처	전자세금
11.과세	골프화	-30,000,000	-3,000,000	(주)유정산업	전자발행
분개유형	(차) 외상매출금	-33,000,000원	(대) 제품매출		-30,000,000원
2.외상			부가세예수금		-3,000,000원

거래유형	품명	공급가액	부가세	거래처	전자세금
12.영세	골프화	30,000,000		(주)유정산업	전자발행
분개유형	(차) 외상매출금	30,000,000원	(대) 제품매출		30,000,000원
2.외상					

(2) [전자세금계산서 발행 및 내역관리] 기출문제 77회 참고

3. 매입세액불공제내역 작성자의 부가가치세 신고서 작성

(1) [매입매출전표입력] 7월 4일

거래유형	품명	공급가액	부가세	거래처	전자세금
51.과세	기계장치	25,000,000	2,500,000	(주)대영기계	전자입력
분개유형	(차) 기계장치	25,000,000원	(대) 미지급금		27,500,000원
3.혼합	부가세대급금	2,500,000원			

(2) [매입세액불공제내역]7월~9월

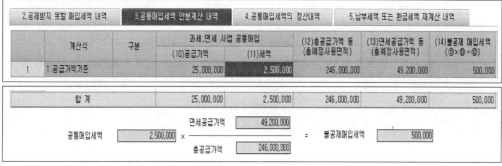

(3) [부가가치세신고서] 7월 1일 ~ 9월 30일

	구분		금액	세액
16 공제받지 못할매입 세액명세	공제받지못할매입세액	50		
	공통매입세액면세사업	51	5,000,000	500,000
	대손처분받은세액	52		
	합계	53	5,000,000	500,000

(4) [일반전표입력] 9월 30일

(차) 기계장치   500,000원   (대) 부가세대급금   500,000원

4. 건물등감가상각자산취득명세서 작성자의 부가가치세신고서 작성

(1) [매입매출전표입력]

- 10월 15일

거래유형	품명	공급가액	부가세	거래처	전자세금
51.과세	스마트팩토리솔루션	30,000,000	3,000,000	(주)스마트산업	전자입력
분개유형	(차) 소프트웨어	30,000,000원	(대) 미지급금		33,000,000원
3.혼합	부가세대급금	3,000,000원			

- 11월 14일

거래유형	품명	공급가액	부가세	거래처	전자세금
51.과세	건물증축공사	50,000,000	5,000,000	(주)인우건설	전자입력
분개유형	(차) 건물	50,000,000원	(대) 미지급금		55,000,000원
3.혼합	부가세대급금	5,000,000원			

- 12월 7일

거래유형	품명	공급가액	부가세	거래처	전자세금
61.현과	복사기	1,500,000	150,000	(주)애플전자	
분개유형	(차) 비품	1,500,000원	(대) 현금		1,650,000원
1.현금	부가세대급금	150,000원			

(2) [건물등감가상각자산취득명세서] 10월~12월

	감가상각자산 종류	건 수	공 급 가 액	세 액	비 고
취득내역	합 계	3	81,500,000	8,150,000	
	(1) 건 물 · 구 축 물	1	50,000,000	5,000,000	
	(2) 기 계 장 치				
	(3) 차 량 운 반 구				
	(4) 기타감가상각자산	2	31,500,000	3,150,000	

일련번호	취득일자 월	취득일자 일	상 호	사업자등록번호	자산구분	공 급 가 액	세 액	건 수	유 형
1	10	15	(주)삼보마켓	612-81-13326	4 기타감가상각자산	30,000,000	3,000,000	1	세금계산서
2	11	14	(주)인우건설	108-81-21220	1 건 물 / 구 축 물	50,000,000	5,000,000	1	세금계산서
3	12	07	(주)애플전자	342-81-00349	4 기타감가상각자산	1,500,000	150,000	1	신용카드 등

(3) [부가가치세신고서] 10월 1일 ~ 12월 31일 전자신고세액공제 10,000원

매입세액	세금계산서 수취부분	일반매입	10	36,600,000	3,660,000
		수출기업수입분납부유예	10-1		
		고정자산매입	11	80,000,000	8,000,000
	예정신고누락분		12		
	매입자발행세금계산서		13		
	그밖의공제매입세액		14	1,500,000	150,000
	합계 (10-(10-1)+11+12+13+14)		15	118,100,000	11,810,000
	공제받지못할매입세액		16		
	차감계 (15-16)		17	118,100,000	ⓝ 11,810,000
납부(환급)세액 (㉮매출세액 -ⓝ매입세액)				ⓓ	11,874,000

평가문제 | 입력자료 및 회계정보를 조회하여 [평가문제]의 답안을 입력하시오.(70점)

[실무수행평가] – 부가가치세관리

번호	평가문제	배점	답
11	평가문제 [계산서합계표 조회]	2	2,350,000
12	평가문제 [매입매출전표입력 조회]	2	5
13	평가문제 [세금계산서합계표 조회]	2	25
14	평가문제 [부가가치세신고서 조회]	2	30,000,000
15	평가문제 [부가가치세신고서 조회]	2	6,000,000
16	평가문제 [매입세액불공제내역 조회]	2	500,000
17	평가문제 [부가가치세신고서 조회]	2	11,900,000
18	평가문제 [부가가치세신고서 조회]	3	③
19	평가문제 [부가가치세신고서 조회]	3	80,000,000
20	평가문제 [부가가치세신고서 조회]	2	11,864,000
	부가가치세 소계	22	

실무수행 3. 결산

1. 수동결산

[일반전표입력] 1월 1일

    (차) 선수수익   250,000원   (대) 이자수익   250,000원

[일반전표입력] 12월 31일

    (차) 선급비용   272,000원   (대) 보험료   272,000원

      ☞선급비용 = 816,000원×8월÷12월=272,000원

2. 결산자료입력에 의한 자동결산

[결산자료입력]

    – 결산자료입력에서 기말 원재료 10,000,000원, 제품 45,000,000원을 입력하고 [전표추가(F3)]를
      클릭하여 결산분개를 생성한다.

[이익잉여금처분계산서]

    – 이익잉여금처분계산서에서 **처분일을 입력한 후,** [전표추가(F3)]**를 클릭하여 손익대체 분개**를 생성한다.

[실무수행평가] - 재무회계

번호	평가문제	배점	답
21	**평가문제 [영수증수취명세서 조회]**	1	835,000
22	**평가문제 [일/월계표 조회]**	2	1,600,000
23	**평가문제 [일/월계표 조회]**	2	896,000
24	**평가문제 [일/월계표 조회]**	2	10,050,000
25	**평가문제 [일/월계표 조회]**	2	1,500,000
26	**평가문제 [거래처원장 조회]**	1	193,250,000
27	**평가문제 [합계잔액시산표 조회]**	1	95,540,000
28	**평가문제 [합계잔액시산표 조회]**	1	29,295,000
29	**평가문제 [손익계산서 조회]**	2	2,810,000
30	**평가문제 [재무상태표 조회]**	2	97,500,000
31	**평가문제 [재무상태표 조회]**	2	272,000
32	**평가문제 [재무상태표 조회]**	1	45,000,000
33	**평가문제 [재무상태표]**	1	④
34	**평가문제 [재무상태표 조회]**	2	57,000,000
35	**평가문제 [재무상태표 조회]**	1	모두정답
	재무회계 소계	23	

실무수행 4. 근로소득관리

1. 가족관계증명서에 의한 사원등록(서윤종)

관계	요 건		기본공제	추가(자녀)	판 단
	연령	소득			
본인(세대주)	–	–	○		
부(82)	○	○	○	경로,장애(1)	사망전일로 판단
배우자	–	○	○		사적연금이 15백만원 초과하더라도 분리과세 선택가능
자1(24)	×	○	부		총급여액 5백만원이하자이고 실업급여는 소득금액에서 제외
자2(17)	○	○	○	자녀	종합소득금액 1백만원 초과자

[실무수행평가] - 근로소득관리 1

번호	평가문제 [서윤종 근로소득원천징수영수증 조회]	배점	답
36	25.배우자공제	2	1,000,000
37	26.부양가족공제대상액(2명, 부친, 자1)	2	3,000,000
38	27.경로우대공제(부친)	1	1,000,000
39	28.장애인공제(부친)	2	2,000,000
40	56.자녀세액공제(자2)	1	250,000(개정세법 25)

2. 일용직사원의 원천징수

(1) [일용직사원등록] 1000.김상식 매일지급

```
1.  입 사 년 월 일    20×1 년 09 월 05 일 [?]
2.  퇴 사 년 월 일        년    월    일 [?]
3.  주 민 등 록 번 호    내외국인 0 내국인  770521-1229103
4.  주           소    [?] 서울특별시 강남구 강남대로 266-2(도곡동)

5.  전 화 번 호    ( ) - 6. 핸드폰번호 ( ) -
7.  E m a i l 등 록    @      직접입력  ▼
8.  은행/계좌번호/예금주   [?]             김상식
9.  직종/부서/직급   현 장 [?]    직 종 [?]
                    부 서 [?]    직 급 [?]
                    프 로 젝 트 [?]
10. 국적/체류자격   국 적 100 [?] 한국   체류자격 [?]
11. 거주구분/거주지국   거주구분 0 거주자   거주지국 KR [?] 대한민국
12. 퇴직금적용   0 부
13. 단기예술인여부   0 부    단기예술인 사업장 [?]

급여 사항등록

13. 급 여 지 급 방 법   0 매일지급
14. 정 상 급 여   250,000 원 급여유형 0 일급직
15. 연 장 급 여   0 원 연장급여방식 0 일급직
16. 국 민 연 금   0 일당        0 원 지급방식 0 일지급
17. 건 강 보 험   0 일당        0 원 지급방식 0 일지급
18. 요 양 보 험   0 부        0
19. 고 용 보 험 율   1 여   0.9 % 지급방식 0 일지급
```

(2) [일용직급여입력] 귀속년월 9월, 지급년월 9월

	현장	일자	요일	근무시간 정상	근무시간 연장	지급액 정상	지급액 연장	기타비과세	고용보험	국민연금	건강보험	요양보험	소득세	지방소득세	임금총액	공제총액	차인지급액
□	코드 현장명	05 월	○			250,000			2,250				2,700	270	250,000	5,220	244,780
□		06 화	○			250,000			2,250				2,700	270	250,000	5,220	244,780
□		07 수	○			250,000			2,250				2,700	270	250,000	5,220	244,780
□		08 목	○			250,000			2,250				2,700	270	250,000	5,220	244,780
	합계	4				1,000,000			9,000				10,800	1,080	1,000,000	20,880	979,120

(3) [원천징수이행상황신고서] 귀속기간 9월, 지급기간 9월, 0.정기신고

| | 구분 | 코드 | 소득지급(과세미달,비과세포함) | | 징수세액 | | | | 9.당월 조정 환급세액 | 10.소득세 등 (가산세 포함) |
			4.인원	5.총지급액	6.소득세 등	7.농어촌특별세	8.가산세			
근로소득	간 이 세 액	A01	4	12,500,000	393,810					
	중 도 퇴 사	A02								
	일 용 근 로	A03	1	1,000,000	10,800					
	연말정산합계	A04								
	연말분납금액	A05								
	연말납부금액	A06								
	가 감 계	A10	5	13,500,000	404,610					404,610

[실무수행평가] – 근로소득관리2

번호	평가문제	배점	답
41	평가문제 [일용직(김삼식) 9월 일용직급여입력 조회] 고용보험합계	2	9,000
42	평가문제 [일용직(김삼식) 9월 일용직급여입력 조회] 차인지급액	2	979,120
43	평가문제 [9월 원천징수이행상황신고서 조회]	2	5
44	평가문제 [9월 원천징수이행상황신고서 조회] 10.소득세 등	1	404,610

※ 41,42,44은 프로그램이 자동계산되어지므로 시점(세법개정, 프로그램 업데이트)마다 달라질 수가 있습니다.

3. 국세청연말정산간소화 및 이외의 자료를 기준으로 연말정산(이승엽)

| 항 목 | 요건 | | 내역 및 대상여부 | 입력 |
	연령	소득		
신용카드	×	○	• 본인 신용카드 • 배우자 현금영수증	○(일반 13,450,000 대중 650,000) ○(일반 620,000 전통 3,450,000 대중 230,000)
보 험 료	○ (×)	○	• 부친 생명보험(소득요건 미충족) • 자 보장성보험료	× ○(일반 550,000)
교 육 비	×	○	• 배우자 대학교 등록금	○(대학 5,000,000)
월세	본인외		• 본인 월세	○(4,500,000)

(1) 신용카드등 소득공제

공제대상자			신용카드 등 공제대상금액								
내외 관계 성 명 생년월일	구분	㉕소계(⑥+ ⑦+⑧+ ⑨+⑩)	⑥신용카드	⑦직불선불카드	⑧현금영수증	⑨도서공연박물관미술관사용분 (총급여7천만원이하자만)			㉑전통시장 사용분	㉒대중교통 이용분
							신용카드	직불선불카드	현금영수증		
내 이승엽	국세청자료	14,100,000	13,450,000								650,000
본인 1969-06-01	그밖의자료										
내 김희애	국세청자료	4,300,000			620,000					3,450,000	230,000
3 1978-11-11	그밖의자료										

(2) 보험료 세액공제

4	4	이대한	20세 이하	550,000	
	1	070203-3023180			

(3) 교육비 세액공제

| 정산명세 | 소득명세 | **소득공제** | 의료비 | 기부금 | 신용카드 | 연금투자명세 | 월세액명세 |

관계 코드	성 명	기	보험료		의료비				교육비		
내외 국인	주민등록번호	본	보장성	장애인	일반	난임	65세이상, 장애인,건보 산정특례자	실손의료 보험금	구분	일반	장애인 특수교육
1 	0 1	이승엽 690601-1985018	본인/세대주 ,500							본인		
2 	3 1	김희애 781111-2222220	배우자							대학생	5,000,000	

(4) 월세액 세액공제

월세액								✕
2. 월세액 세액공제 명세						무주택자해당여부 ◉ 여 ○ 부		
임대인성명 (상호)	주민(사업자)등 록번호	주택유형	주택계약 면적(㎡)	임대차계약서상 주소지	임대차계약기간		월세액	
					시작	종료		
김영숙	541201-2135218	아파트	85.00	서울특별시 관악구 신림로 45길 심	20x1-07-01	20x3-06-30	4,500,000	

[실무수행평가] – 근로소득관리3

번호	평가문제 [이승엽 근로소득원천징수영수증 조회]	배점	답
45	42.신용카드등 소득공제	2	1,966,750
46	60.보장성보험 공제대상액	2	550,000
47	62.교육비 세액공제액	2	750,000
48	69.월세액 세액공제액	2	765,000
49	74.기납부세액(소득세)	1	2,354,150
50	81. 실효세율	1	2.2%
총 점			

※ 45,48,49,50은 프로그램이 자동계산되어지므로 시점(세법개정, 프로그램 업데이트)마다 달라질 수가 있습니다.

〈참고사항 : 총급여액 52,500,000원〉

※ 시험시 프로그램이 자동계산되어진 것으로 답을 입력하시고 시간이 남으시면 체크해 보시기 바랍니다.

		한도	공제율	대상금액	세액공제
1. 보험료	일반	1백만원	12%	**550,000**	120,000
2. 교육비	대학생	9백만원	15%	5,000,000	**750,000**
3. 월세		1,000만원	17%	4,500,000	**765,000**

저자약력

- **김영철** 세무사
  - · 고려대학교 공과대학 산업공학과
  - · 한국방송통신대학 경영대학원 회계 · 세무전공
  - · (전)POSCO 광양제철소 생산관리부
  - · (전)삼성 SDI 천안(사) 경리/관리과장
  - · (전)강원랜드 회계팀장
  - · (전)코스닥상장법인CFO(ERP. ISO추진팀장)
  - · (전)농업진흥청/농어촌공사/소상공인지원센타세법 · 회계강사

로그인 TAT 2급 기출문제집
세무정보처리(Tax Accounting Technician)

6 판 발 행 : 2025년 3월 13일
저   자 : 김 영 철
발 행 인 : 허 병 관
발 행 처 : 도서출판 어울림
주   소 : 서울시 영등포구 양산로 57-5, 1301호 (양평동3가)
전   화 : 02-2232-8607, 8602
팩   스 : 02-2232-8608
등   록 : 제2-4071호
Homepage : http://www.aubook.co.kr

저자와의
협의하에
인지생략

ISBN   978-89-6239-982-0   13320   정 가 : 20,000원